U0557584

知也无涯·走/近/科/学/家

献身抗震 哺育英才

林皋传

谢秉智 ◎ 著

大连理工大学出版社
Dalian University of Technology Press

图书在版编目(CIP)数据

献身抗震　哺育英才：林皋传 / 谢秉智著. -- 大连：大连理工大学出版社，2025. 4

ISBN 978-7-5685-4716-1

Ⅰ. ①献… Ⅱ. ①谢… Ⅲ. ①林皋－传记 Ⅳ. ①K826. 16

中国国家版本馆 CIP 数据核字(2023)第 198075 号

XIANSHEN KANGZHEN　BUYU YINGCAI: LINGAO ZHUAN

大连理工大学出版社出版

地址:大连市软件园路 80 号　邮政编码:116023

营销中心:0411-84708842　84707410　邮购及零售:0411-84706041

E-mail:dutp@dutp. cn　URL:https://www. dutp. cn

大连图腾彩色印刷有限公司印刷　大连理工大学出版社发行

幅面尺寸:148mm×210mm　印张:11. 75　字数:263 千字

2025 年 4 月第 1 版　2025 年 4 月第 1 次印刷

责任编辑:邵　婉　朱诗宇　责任校对:张　娜

封面设计:奇景创意

ISBN 978-7-5685-4716-1　定　价:99. 00 元

前言

按照国务院批准实施的《老科学家学术成长资料采集工程实施方案》，在国家科教领导小组领导下，由中国科学技术学会和中国科学院等 12 个部门和单位共同组织实施的老科学家学术成长资料采集工程，是中国科技界的一件大事。这项工程的主要目的是把反映老科学家的求学历程、师承关系、科研活动、学术成就等学术成长中关键节点和重要事件的各种文献资料完整系统地保存下来，并结合不同时期的社会发展和国际相关学科领域的发展背景加以梳理和研究，撰写客观反映老科学家成长经历的研究报告。这对充实新中国科技发展的历史文献，厘清我国科技界学术传承脉络，探索我国科技发展规律和科技人才成长规律，具有十分重要的意义。编辑出版老科学家学术传记，可以让公众更加系统深入地了解老一辈科学家的成就、贡献、经历和品格，让青少年更真实地了解科学家、了解科技活动，进而充分激发对科学家职业的浓厚兴趣，在全社会营造爱科学、学科学、用科学的良好氛围，掀起“万众创新”的热潮。

大连理工大学接受并启动了林皋院士学术成长资料采集项目，在建设工程学部党委领导和工程抗震研究所的支持下，组建了林皋院士学术成长资料采集与课题研究小组，先后同林皋院士本人及其周边的同事、研究生开展访谈，收集、研究林皋院士的各种著述、讲话及新闻媒体有关报道，在广泛收集各种资料的基础上编写年表、论著目录，整理其家庭背景、求学经历、师承关系、科研活动、教育活动、学术交流、同行评价等专题资料。在全面把握所有学术资料的基础上，围绕林皋院士的学术成长主线，重点挖掘和研究其在学术成长过程中的关键节点和重要事件、人物及其相互关系等，准确、完整、清晰地梳理其学术成长的脉络，从宏观和微观两个视角，有针对性地分析研究林皋院士学术思想和品格的形成，学术成就取得过程及成因，提炼总结林皋院士学术成长的特点及启示，以史料为依据，用事实说话，力图全面、立体地勾勒林皋院士精彩、鲜活的学术生涯，以呈献给广大读者。

目录

导 言

林皋,水利工程与地震工程专家,1997 年当选中国科学院院士,中国大坝抗震学科领域的主要开拓者之一。1929 年 1 月 2 日生于江西省南昌市,1951 年毕业于清华大学土木工程系,1954 年毕业于大连工学院水能利用研究生班,1981 年被评为中国首批博士生导师,现为大连理工大学水工结构工程国家重点学科学术带头人。20 世纪 50 年代以来,林皋一直战斗在教学和科学研究的第一线,为大坝及核电结构等工程建筑物抗震安全开展工作。

模型抗震试验是研究大坝动力特性的重要手段。1956 年,林皋率先开展了中国第一座拱坝动力模型抗震试验,解决了流溪河拱坝坝顶挑流泄洪振动对大坝安全影响的评价问题;1958 年,他又开展了中国第一座土坝模型抗震试验,论证了以礼河土坝的抗震安全问题;在兴建当时我国最高的白山拱坝的动力模型试验中,为克服仪器设备在“文化大革命”期间遭到严重破坏的困难,提出了直接摄影法这一创新性的试验技术,将试验研究推向国际先进水平;发展了混凝土拱坝和重力坝的仿真材料动力模型试验,研究了拱坝和重力坝的一些典型的地震破坏形态。大坝动力模型试验技术的系列创新,为评价大坝抗震性能奠定了基础。

混凝土大坝的地震震害主要表现为动态损伤与断裂。混凝土是速率敏感性材料,它的动态强度与变形特性成为大坝震害的控制性因素,但在混凝土坝的抗震研究中却是一个薄弱环节。林皋科研团队通过 2 000 多个试件的试验,系统研究了地震作用的速率范围内大体积混凝土的动力强度,反映了地震波变幅循环往复的特点,研究了湿度、含水量等诸多环境因素对动力强度的影响。混凝土材料动力强度的系统研究是合理评价大坝抗震安全的重要依据,其研究成果在国家《水工建筑物抗震设计规范》(NB35047－2015)中获得应用。

进入21世纪,我国大坝建设有了新发展,一批高200～300米世界级高坝在8度至9度的高烈度地震区进行建设,对大坝的抗震分析和安全评价提出了新的要求。林皋科研团队系统研究了大坝—水库—无限地基的地震响应问题,率先研究了复杂不均质地基与拱坝、重力坝的动力相互作用问题,提出了基于比例边界有限元的大坝动水压力的计算模型,阐明了水库边界吸收以及水库形状变化对水坝动水压力频响函数以及动水压力对坝面分布规律的影响。针对大坝—水库—地基大型复杂系统所开发的高精度的水坝—库水、大坝—无限地基的精细化计算模型,显著提高了大坝抗震分析水平。国际大坝委员会抗震设计专业委员会主席威蓝德(Wieland)博士给出的评价是:"林皋教授对了解混凝土大坝的抗震性能和安全性所取得的成就非常引人注目,从今天看来所有重要的领域他都已经进行过和正在进行研究,这些研究的成果处于国际最前列。"

核电作为重要的清洁能源在中国得到蓬勃发展,核电厂地基的抗震适应性评价决定着核岛结构和设备抗震设计的安全。在中国核电厂建设中,核岛地基复杂地质情况所表现出的地基不均匀特性,即参数的不确定性,对核电结构和设备地震响应的影响,也是核电厂地基抗震适应性评价的重要内容。林皋科研团队发展改进了地震动、地基和材料特性不确定性的概率统计计算模型，使核电厂地基抗震适应性评价建立在更为科学的基础上。进一步认定了中国自主研发的压水堆核电机组标准设计的厂址地基参数的适应范围，加速了中国核电的自主化进程。

林皋院士还带领研究生不断深化比例边界有限元这种高效精确的数值模拟方法的研究，进一步开拓了其在水波、波导、电磁波场分析等领域中的应用，在国际学术交流中获得比较高的评价。林皋院士在国内外学术刊物上共发表研究论文 500 余篇，专著 1 部，合著 4 部。他的多项学术创新成果先后获得国家科技进步一等奖、二等奖以及十余项省部级以上的奖励，此外还获得国家级教学成果二等奖一项。他被授予国家级有突出贡献专家、全国优秀科技工作者等荣誉称号。

林皋院士的研究工作密切结合我国重点建设工程的需要，其研究成果成功地应用于丰满大坝大药量水下岩塞爆破振动安全评价，二滩、小湾、李家峡、拉西瓦、大岗山、溪洛渡、锦屏等我国许多重要大坝的抗震安全评价，岭澳、阳江、田湾、红沿河、防城港等许多我国核电厂地基及防护构筑物的抗震安全评价，为它们的设计和施工提供了科学依据，取得了巨大的经济效益和社会效益。

林皋院士作为我国首批博士生导师，至 2021 年共培养了博士研究生 83 名，硕士研究生 68 名，许多毕业的研究生已经在国内外著名大学成为学术领导人，其中王复明(现为郑州大学教授)于 2015 年当选中国工程院院士，孔宪京(大连理工大学教授)于 2017 年当选中国工程院院士。不少学生在国内外教学和工程设计岗位上发挥着重要的骨干作用。林皋院士被中华人民共和国教育部、原人事部授予全国模范教师称号，并荣获大连理工大学功勋教师称号。

林皋院士在耄耋之年仍坚持在抗震学科领域的学术前沿不断创新，继续为培养国家栋梁之材、实现学术传承而奋斗不止。

本学术传记以时间为序，通过林皋个人的学术成长经历这一主线，把影响林皋个人学术成长的关键环节以及他一生努力工作所取得的重要成就比较系统地记录下来，将林皋院士的学术生涯和贡献与抗震学科领域的国内外发展结合起来，并将其置于中国社会变迁的背景之下予以审视。

本传记将林皋生平分为七章，力求每章记述一个主题：

第一章：求学之路　砥砺前行。内容包括家庭背景、求学经历、师承关系等。

第二章：雏鹰展翅　几多磨难。内容包括大坝抗震研究的开创阶段所从事的多项大坝模型抗震试验研究以及“文化大革命”中所遭受的磨难。

第三章：春风化雨　大展宏图。内容包括改革开放年代迎来了科学春天，大坝抗震研究进入蓬勃发展的第二阶段，在多项国家重点科技攻关项目的研究中取得众多创新成就，使大坝抗震研究达到了新的高度。

第四章：大坝抗震　勇攀巅峰。内容包括 21 世纪大坝抗震研究进入精细化发展的第三阶段，得到国家自然科学重点基金和中德科学基金的大力支持，研究工作进一步激发了活力，自主创新能力有了很大提高，研究成果进入国际最前列。

第五章:核电抗震　新的征程。内容包括进一步拓宽研究领域,为核电抗震作出了新贡献。

第六章:精心育人　学术传承。内容包括反映科学家视角的教育理念及其为培养国家栋梁之材的教育实践的丰硕成果。

第七章:走向世界　合作交流。内容包括率团出国考察和出席国际学术会议,在国际学术界赢得声誉,并积极参与国际合作研究与学术交流活动。

由于时间较为仓促,查阅的资料有限,尤其是在历史细节、故事情节方面收集不够,倚重于学科领域的叙述,而显得过于简略、枯燥,使传主的形象欠丰满、鲜活、生动。受我们学识水平和研究能力的限制,对传主的学术思想发展的过程、学术成长的特点及其重要影响因素等挖掘不深,缺乏细致入微的准确把握,因而写得十分浅显,有待读者批评指正,更期待有更多的研究者加入,使之形成完整体系,真正成为一部科学家的学术传记。

第一章

求学之路　砥砺前行

2016 年 4 月 29 日，大连理工大学隆重举行“感动大工”年度人物颁奖典礼。经过基层初选、评委会审核、网络投票，评选产生了 15 位“感动大工”年度人物。“筑科学研究之坝，树人才培养之碑”的林皋院士名列其中，对他的“颁奖词”中这样写道：

“科学竞技场中的真正斗士，前沿探索中开疆拓土的勇者。因为有了你，让那难以攻克的科技难关迎刃而解，为大工、为国家、为民族做出了彪炳史册的贡献。

国之栋梁，民族骄傲；老而弥坚，壮志满怀；耄耋银发，创新为乐；教书育人，引领传承。为国之学人树起楷模，坚定的信仰，如一脉香火，代代相传。”

林皋院士所成就的伟业及其人格魅力，之所以令当今莘莘学子如此感动、点赞和敬仰，这与他所处的环境，经受的磨炼，形成的性格，成长的道路有着密切的关联。

第一节　书香世家

1929 年 1 月 2 日，林皋出生在江西省南昌市的一个书香世家。从小一直被父亲告知祖籍为福建省莆田县（今莆田市）。但从什么年代由于什么原因先祖辈从福建省莆田县（今莆田市）迁来江西省新建县尧岗村落户，现已无从查考。尧岗村林姓老支人口繁衍，据说尚留有族谱。林皋曾祖父所居同田村属于尧岗村林姓后来发展的新支。同田这个地方遍地多竹，有富竹园或富竹山之称。行政区划现转入江西省南昌市管辖。林皋的曾祖父林应祥号鼎臣，就是这个同田村新支后裔中的一位多才多艺的神童，爱好琴棋书画，擅长古乐，九岁上台拉胡琴唱京剧，性慈，乐善好施，颇有文人雅士的风度，以务农为主，兼营工商业。曾祖母党氏，出自望族，识诗书，其父党公是清朝的解元，即举人中的第一名，世居南昌市叠山路党家巷。曾祖父林应祥年 48 岁因病去世，遗留下新建县同田村祖屋一处，南昌市经堂巷 54 号房屋若干间。另有同田村湖边薄田 72 亩，因为河滩地常遭水淹，收成得不到保证，只能贴补一些家庭日常开支。

林皋的祖父林松涛号纪丰，生于 1885 年，少年好学，天资聪颖，饱读诗书。他正赶上晚清的科举考试，考中了秀才，不久科举制度即被废止。民国时期曾毕业于江西优级师范学校，并考取东渡日本出国留学资格，因时值曾祖父逝世丁忧期间不能成行而终止。以后历任南昌市中小学语文教师，因学识渊博，授课翔实生动，学生均乐意听课。后又在江西政法专门学校毕业，获第一名，取得律师资格。此后又在江西吏治训练班第一期毕业，获第一名。曾任江西省新建县教育局局长，江西省教育厅专员，1929 年署理江西省广昌县长，群众颂扬为仁慈县长，半年左右即因病辞职，回到南昌市继续在中小学任教。他的文学修养很高，以其学问文章和高尚德行而闻名一方，尤其擅长写对联，他写的对联经常被左邻右舍传抄，广为传诵。于 1933 年病逝，享年 49 岁。祖母罗序五 1884 年生，出身望族，其父罗公是南昌市的富商，在樟树镇开设大绸缎店，在宁都县也有衣庄。祖母于 1968 年逝世，享年 85 岁。

林皋的父亲林星照号夙明，1904 年生，1924 年自南昌二中(高中)毕业后考入南京的金陵大学农科,大学二年级时因祖父患病,家境拮据,不得不中途辍学,回到南昌。1926 年 4 月考入江西省邮政管理局,在会计科当秘书。当时,大学毕业生才可任甲级邮务员,因其大学未毕业,只能任乙级邮务员。他的文笔较好,经常写些公文,就这样勤勤恳恳地做了一辈子的普通职员,直到 1976 年退休,在邮政局工作了整整 50 年。2003 年底逝世,享年 99 岁。林皋的母亲吴懋勤,号康姒,1910 年生于江西九江的一个有文化的大家族,其堂兄、堂姐均为归国的留美学生,堂兄吴山为西安市银行襄理,大堂姐吴懋诚为江西九江儒励女子中学的校长,还有一位堂姐吴懋仪在南京的金陵女子大学任化学教授,弟吴萱为天津市电信局会计科科长。1926 年底,林皋的父母结婚,一个拥有十几口人的大家庭就由林皋的母亲来操持家务,先后生育子女共十一人,养育八人中二人夭折,现存活六人。林皋在兄弟姐妹中排行老大。林皋出生时,祖父正在给仅有 7 岁的叔父林乙照讲岳飞的故事。故事中讲到,岳飞的副将牛皋特别英勇善战,于是祖父就给刚出生的大孙子起名叫林皋,期望他长大能像牛皋一样建功立业,并成为一员福将。林皋就是在这样一个书香世家中慢慢长大。他清楚地记得在祖父的书房里放着许许多多的书,在林皋尚未上小学读书时,学识渊博的祖父就因病逝世了。父亲负起全家生活的重担,因而进入邮局工作,常被派往外地邮局开展业务,远离南昌。林皋 5 岁起进入小学读书,只能靠祖母照顾。小学三年就是这样度过的。林皋 5 岁起就同祖母、叔父一起住在南昌,上了三年小学。1937 年,随着抗日战争局势的变化,父亲所在的江西省邮政管理局从南昌先后搬迁至吉安、赣州、宁都、南丰等地，林皋全家十几口人也就跟随着搬迁，仅靠父亲一人的工资维持生活。在家里经济十分困难的条件下，林皋的父亲带着子女过着颠沛流离的生活，但仍千方百计地支持子女上学读书。由于他自己没能如愿地念完大学，期望着子女能有比较好的前程。他对子女的教育十分投入，假期在家里常教子女练习书法。他的古文诗词很好，曾给子女讲解唐宋八大家的故事，并给他们买一些辅助的课外读物，培养兴趣。林皋清楚地记得，其中就有西汉文学家贾谊撰写的《过秦论》等古文。这部长篇散文所用的排比夸张手法，效果强烈，至今林皋还能背诵出其中某些精彩的句子，可见印象十分深刻。林皋父亲还常常教子女学英语。他也擅长绘画，有时指导林皋完成绘图等作业。林皋在学习甚至在工作中需要买什么参考书，父亲都会想方设法买到。比如，林皋在读高中时，父亲就曾给他买过《范氏大代数》等外文参考书（注：抗日战争时期，许多外文教材都有复印的版本，价格比较低廉）。后来，林皋在刚参加工作时，曾担任戴宗信教授“结构力学”课程的助教。林皋给学生们上习题课时，父亲又帮助买到当时比较著名的教材——蔡方荫著的《结构力学》，寄给林皋作为教学参考书。在林皋读研究班学俄语时，父亲又买了《俄英技术字典》，寄给林皋作为工具书。由此可见，父亲对林皋的学习、成长是何等重视。这也反映了一个书香世家对子女教育的关心。

中华人民共和国成立后，林皋从清华大学本科毕业被分配到大连工学院任教，又被派到哈尔滨工业大学研究班向苏

图 1-1　林皋父母合影(1937 年,江西南昌)

图 1-2　林皋与弟、妹们合影(1953 年,江西南昌,林皋当时在哈尔滨工业大学研究班学习)

联专家学习，林皋的弟弟林恺也于1950年考入上海交通大学，又响应国家抗美援朝的号召参军，在杭州笕桥空军基地从事军事训练，后被组织派至哈尔滨军事工程学院学习。兄弟二人确实没辜负父亲的一片苦心和殷切期望，父亲感到非常欣慰。

第二节　颠沛流离的中小学时代

1934年9月，5岁多的林皋进入南昌状元桥小学读书。当时林皋的父亲被外调到九江邮政局工作，父母带着弟弟妹妹赴任，留下林皋跟随祖母和叔父一起在南昌生活。祖母是一位十分勤俭的老人。由于祖父早逝，家境拮据，人口众多，家务繁忙，为了节省开支，每天晚饭后家里的人就被祖母催促着早早熄灯上床睡觉，林皋根本不能在晚上做家庭作业。每天早晨，祖母又不提前叫醒林皋，林皋一觉醒来赶到学校经常迟到，作业没有完成还不按时到校，所以常常被打手心。就这样，小学的头三年林皋基本上还处于朦胧的状态，不知如何学习，也不会学习。父亲在外地工作，疏于照看，林皋三年中很少做过家庭作业，对学习没有留下什么印象。

1937年7月，抗日战争全面爆发，为躲避日本飞机对南昌市区的轰炸，祖母和母亲带着全家的小孩儿离开南昌，回到新建县家乡农村暂避，林皋辍学在家。1938年初，父亲关心林皋的学习，就在状元桥小学对面租了间房子，把母亲接来，同时带林皋回到南昌原校继续学习。开始学校不同意插班，要降入下一年级，在父亲的坚持下还是回到了四年级跟班学习。林皋在父母的教育下，开始认识到要努力学习了。这时每天晚上有电灯，为林皋复习功课、完成家庭作业提供了良好的环境和条件。在半年的时间内，林皋不但补上了被耽误半年多的课程，并且学习成绩很快得到提高。这得益于父亲的引导和林皋的自觉努力，关键是逐渐培养起了对学习的兴趣。

1938 年下半年，日军侵占了大片国土，江西北部许多城镇相继沦陷，江西省行政机关均向南部搬迁，江西省邮政管理局迁至吉安，家属随行。林皋进入吉安第一区中心小学分校五年级继续学习，但只学了半年。1939 年初，学校遭日本飞机轰炸，几乎夷为平地，学生只能暂时辍学。1939 年春夏之交，江西省邮政管理局又南迁到赣州，林皋就近在私立卓英小学插班上了六年级。学校利用罗氏宗祠的几间房舍办学，校舍比较简陋，师资也相对缺乏。校长是一位非常有趣的老者，身兼数职，既教语文，又教算术。有时给一些物质奖励，引导学生的学习积极性。此时，林皋已逐渐增强了学习的自觉性，学习成绩比较好。总的来看，林皋小学六年的学习，是在抗日战争期间颠沛流离的生活中度过的，甚至中途多次部分辍学，缺乏正规系统的学习。

这一时期日本飞机经常隔三岔五就飞来赣州轰炸一次，炸的主要是市区，包括繁华的商业区。赣州市所有中学都搬迁至郊区小镇或农村办学。因刚到赣州，生活不安定，林皋在小学读了不到一年就毕业了，对情况不是很熟悉，从而错过了中学的招生入学考试时间。正茫然时，幸好 1940 年秋季当地政府在赣州城郊相距 15 里的善边村新办了赣县县立中学,并开始招生,林皋得以进入赣县县立中学初中学习。该校由教导主任郭宗珪主管,他是北京大学的毕业生,他临时组建了一个班子,聘请了若干教师在相对简陋的条件下进行办学,为逃避战乱的学生提供学习机会。学校初创,校舍大部分借用当地的庙宇房屋,一面办学,一面再继续增建教室用房,所以条件较差,更谈不上补充仪器设备。学校师资缺乏,尤其是外语、数学、物理、化学等课程的教师比较缺乏,很多教师是临时应聘,工作时间不长。而且教师经常更换,教学质量较差。林皋在学校的成绩虽然不错,但实际学习水平不高。林皋曾想中途转学至其他较好的学校,但插班生录取名额很少,而且一些入学考题林皋没有学过,不得已只能勉强在赣县县立中学读完初中三年,直至毕业。学校初创,住宿和就餐条件有限,大部分同学只能走读,自带午饭,只有女同学可在校住宿和就餐。林皋入学的前一、二年基本上只能走读,天不亮就从家里出发,以便赶到学校上课。放学回到家就天黑了。一天往返 30 里,从未间断。林皋走路比较快,就是这个时候锻炼出来的。对于一个十来岁的孩子来说,每天要走那么多的路实在是够辛苦了。1942 年后,情况较好一些,和很多同学一样,林皋也在学校附近与几个同学合租一间农家住房做饭和住宿,既节省了时间,又节省了开支。当时的生活比较艰苦,对林皋来说也是一种磨炼。他是班里年龄最小的,由于学习成绩比较好,初中一年级第二学期还被选为班长。当时林皋的学习还比较努力,初中毕业时总成绩列前三名,获得了学校颁发的奖学金,为此父亲高兴得还拿出一部分钱请客，聊表祝贺。初中三年的学习基本比较稳定，课程门类齐全，这为以后进一步的学习和提高打下了必要的基础。但受学校教学水平的限制，进一步发展提高的余地稍显不足。

在林皋初中毕业的时候，适逢蒋经国任赣州专署主任，提出三年建设新赣南的计划，并重视人才培养，在离赣州城区十余里的虎冈创立了正气中学，新建了大批校舍，虽然是土坯房，比较简易，但教室很宽敞，住宿条件也比较好。这所学校与众不同，从幼儿班办起，有小学、初中直到高中。当时有许多从日军侵占的沦陷区流亡来的学生被正气中学吸纳，并实行免费或只收较低的学费。同时设有奖学金，与学习成绩挂钩。1943 年秋季，林皋考取了正气中学高中部。按入学成绩分班，他被分在乙班。一年之后他在乙班几乎门门功课成绩都是第一名，到 1944 年秋季高中二年级上学期时，就将他一个人调整到甲班学习。班上的同学人才济济，各有所长。有一位华侨学生廖綵班，英语讲得比较流利，发音非常纯正；还有一位董俊良同学，英语特别好，能够翻译一些英文名著，译文常在报刊上发表；还有一位叫钟维国的同学，自己能作曲，他谱的曲子受到同学们欢迎。另外，还有不少擅长语文、绘画、表演的同学。这些同学在学校里很有名，老师都很欣赏他们。这样竞争激烈的环境促使林皋更加努力上进，培养了进取精神。不久，太平洋战争爆发，甲班的班长参军去了，在重选班长时，林皋被选为班长，林皋的期末考试成绩在甲班也是第一名。在正气中学读书期间，还受到过一次日本飞机专门的袭击，飞机低飞盘旋，不断地用机枪扫射，师生们都逃散到附近的稻田里，幸好无人伤亡。

正气中学的师资力量很强，教师很多是从中正大学（也从南昌迁来赣州）聘请来兼课的，他们的教学水平比较高，采用启发式教学，激发学生的学习兴趣，引导学生看课外参考书，打开了学生的眼界。比如，代数老师张学铭（新中国成立后被聘为山东大学教授），课讲得很生动，他带来了一本很厚的原版日本上野青编的代数习题集，引导同学由浅入深求解一道道难题，不仅扩大了学生的知识面，还启发培养了学生的学习兴趣和钻研能力。正气中学老师讲课的内容并不限于课本上的东西，很多课外的内容还非常有吸引力，这就需要做好课堂笔记，林皋从而养成了记笔记的习惯，并锻炼了思维能力，逐渐形成了一套自己独有的学习方法，为他以后的学习打下了坚实的基础。在课余时间，林皋还阅读了不下几十本的中国古典章回体小说，如《红楼梦》《三国演义》《水浒传》《西游记》《儒林外史》《精忠岳传》《隋唐演义》《七侠五义》等，还非常感兴趣地阅读了一些现代作家的作品，如茅盾的《子夜》、巴金的《家》《春》《秋》等，不仅增加了许多文史知识，并且提高了语文写作水平。在这样的学习环境中成长，林皋开阔了眼界，自学能力有了很大的提高。高中毕业后，林皋能考上清华、上海交大等诸多名校，正气中学这一年半的学习发挥了比较关键的作用。

太平洋战争爆发，1945 年春季后，日军为打通南进的通道而侵占了赣州，正气中学随之南迁。但父亲所在江西省邮政管理局则迁至宁都，林皋全家也随之搬迁到宁都。当时交通十分困难，林皋只好离开正气中学，于 1945 年秋季转学到邻近的南昌一中继续学习。南昌一中也是江西省的一所名校，当时在广昌郊区办学，靠近宁都。校长吴自强是归国的日本留学生，比较认真负责。数学老师杨雄、金复恩教的数学课程和物理老师邓俊昌教的物理课程，教学效果都比较好。林皋至今还非常怀念正气中学和南昌一中在学习上为他指点迷津的许多老师。抗日战争胜利后，1946 年初，父亲母亲随所在江西邮政管理局迁回南昌定居，林皋随南昌一中也迁回南昌上学，完成了高中三年级的最后一学期的学业。

第三节　“水木清华”筑实专业基础

1946 年夏，高中毕业后，根据当时条件，全国大学招生只在少数城市设有考场，林皋只能设法到上海去报考大学。经过多方联系，刚好林皋叔父的一位要好同学的父亲在上海外滩附近的一家盐号当经理。盐号占有两层楼房，一楼两间是商店的业务办公室，二楼是仓库。盐号经理的亲属也有两个孩子要考大学，林皋和他们就借住在二楼仓库里复习功课并准备考试。林皋总共报考了上海交通大学、复旦大学、浙江大学、武汉大学、北洋大学、清华大学等 6 所大学，并被这 6 所大学先后录取。当时上海交通大学最先发榜，因为该校抗日战争胜利后迁回上海，校舍紧张，要求新生在报到时交一笔宿舍建设费。这可不是一笔小的数目，林皋家无力负担，原本打算上交通大学的希望落空。幸好，不久清华大学也发榜了，而且清华大学校友会租了一条江华轮停靠在上海外滩码

44-2640。

國立清華大學學生註冊片

（此片務須逐項填明）

Lin Kao

學號：350565　姓名：林皋　性別：男　次章：　籍貫：江西省新建縣

現在年齡：十七　出生年月：民國十九年　一　月　二　日（如係民國紀元前出生可填陰歷年月）

院別或所別：工學院　系別或部別：土木工程系　結構組　年級：一年級

入校前經過之學校：(1)高級中學　江西省立南昌第一中學校　(2)大學

將來志願：(1)農 (2)工 (3)商 (4)學 (5)軍 (6)警 (7)政 (8)法 (9)醫（請註明一項）第　(2)　項

婚姻狀況：(1)未婚　(2)已婚　(3)離婚　(4)死別　（請註明一項）第　(1)　項

校內住址：平齋　宿舍第　651　號

家長姓名：林星照　次章：凤明　關係：父子　職業：学

（家長職業分 (1)農 (2)工 (3)商 (4)學 (5)軍 (6)警 (7)政 (8)法 (9)醫 (10)賦閒 請註明一項）

正保證人姓名：王仲怡　職業：商　通信處：上海天津路恒源里四号A聚源盐号

副保證人姓名：吴萱　職業：政　通信處：天津電信局會計科

學籍核准文號：

入學年月：民國三十五年十月十八日

備註

35年度上海區錄取　土一新生　35年度　系級土一　學籍正式生　年齡17

36年度　系級土二　正式生　年齡18

休學（卅六年度下學期）　37.6.14.

37年度　系級土二　正式生　年齡19

38年度　系級土三　正式生　年齡20

1950年度　系級土四　正式生　年齡21

1950年度在工學院土木工程學系畢業22歲

图 1-3　林皋的清华大学学籍卡（1947 年）

头，录取新生凭准考证都可免费登船北上。机会难得，林皋在上海外滩九江路清华大学校友会的圆柱大厅里办理了乘船手续，便从上海启程北上。该轮原本是在长江沿线航行的江轮，所以出海后颠簸得比较厉害，幸好风浪还不算大，经过四个昼夜的旅程，总算平安地抵达塘沽。在码头上，林皋受到清华校友们的热情接待，校友们并为新生准备好了晚餐，还买好了从塘沽到北京的火车票。于是，林皋这批新生就顺利地乘火车到达北京，进入清华园。林皋顿时被良好的校园环境和颇具特色的建筑物吸引，当时的心情无比兴奋，为进入理想的学府而自豪。林皋报考的是土木系，他办理了入学注册手续后，被分配在平斋住宿。

对于长期处在江西边远山区求学，消息比较闭塞的林皋来说，1946 年初冬来到清华园，感受到校园里进步氛围非常浓烈。党所领导的民主革命气息扑面而来，饭厅四周民主墙上的进步报刊和宣传材料琳琅满目，使林皋耳目一新，在他眼前展现了一片新的天地。他参加了纪念昆明死难四烈士和闻一多、李公朴先生被害一周年的晚会活动，闻一多的铮铮铁骨，死难烈士的鲜血揭露了国民党反动派的狰狞面目；和国民党政府官员们的贪污腐败形成对照的是，朱自清不食美国救济粮的民族气节，这些都深深地教育了年轻的林皋，使他逐渐对党所领导的进步学生民主运动有了一定的认识。知道“国家兴亡，匹夫有责”，再不能“两耳不闻窗外事，一心只读圣贤书”。他将自己融入爱国学生民主运动的洪流之中。1946 年 12 月，林皋参加了抗议美军士兵强暴北京大学女学生的示威游行。1947 年 5 月,林皋参加了反抗国民党反动派迫害进步学生的“反饥饿、反内战”的示威游行,沿途高呼“反对内战,要求和平;反对独裁,要求民主”的口号,围观的市民对学生斗志昂扬的革命精神报以热烈的掌声。林皋当时被分配随着游行队伍义卖报纸,当群众从手中买去一份份报纸给学生运动以支援时,林皋感受到了群众革命力量的伟大。他在革命浪潮的冲击下参加了一些进步学生的民主运动,阅读了一些革命书籍,如毛泽东的《新民主主义论》、艾思奇的《大众哲学》等,思想有了明显的变化,认识到中国共产党代表进步的民主力量,代表中国未来的希望,对前去解放区参加革命的同学和敢于无情揭露国民党反动派黑暗统治罪行的进步教授从内心感到敬佩。

1948 年 2 月底开学时,林皋因患中耳炎与乳突炎在北京大学附属医院诊治。前期看门诊期间借住在北京铁道学院同学肖英达的宿舍,后期则住院动了两次手术,不得已休学了一个学期,6 月初出院后,回南昌家中休养了一段时间,9 月初返回学校复学。这时国民党反动派加紧迫害进步学生,不少同学前往解放区参加革命,其中就有和林皋比较接近的袁承法。此外,陈世柽、赵立澍等进步同学经常约林皋谈话,给他看革命的小册子,耐心回答林皋提出的问题,使林皋预感到中国革命的伟大胜利即将到来。不久传来了东北全境解放的消息,东北解放军大举进关,这时林皋和大多数同学一样,以欢欣鼓舞的心情迎接解放。12 月底清华园首先获得解放,解放军的优良作风、官兵平等以及为人民服务的精神给林皋的教育非常深刻。1949 年 2 月 1 日北京和平解放，林皋和同学们积极参加了入城宣传工作，宣传党的政策。新旧社会的明显对比使林皋感到党领导下的新社会蓬勃向上，前途光明。这时林皋积极地靠近党的组织。1949 年 7 月，清华大学组织同学到沈阳东陵浑河灌区进行测量实习时，林皋曾被同学选为队长，并主动接受党的领导。党组织也关心林皋的进步，刘惠群等同志曾多次带林皋参加党支部发展新党员的会议，给林皋以受教育的机会。

1949 年 10 月 1 日，林皋和同学们在天安门前参加中华人民共和国开国大典。清华大学师生队伍早早进城，被安排在天安门前的位置上，静静地等候着下午三点钟那个庄严的时刻。有幸聆听毛主席在天安门城楼上庄严宣告：中华人民共和国中央人民政府成立了。亲眼看到五星红旗在天安门广场上冉冉升起，可真是热血沸腾。戴着宣传员袖标的林皋亲身经历了开国大典的全过程，内心深处感到中国人民和革命先烈为之奋斗将近百年的新中国终于得到新生，只有中国共产党才能领导人民获得解放，从而真正地站立了起来。

在清华园里，林皋不仅在政治上接受了革命思想，并且可以更广泛地阅读到许多国外文学名著，如法国作家罗曼·罗兰的《约翰·克利斯朵夫》、美国作家玛格丽特·米切尔的《飘》、俄国作家列夫·托尔斯泰的《复活》《安娜·卡列尼娜》以及更多的苏联作家的作品，如奥斯特洛夫斯基的《钢铁是怎样炼成的》、法捷耶夫的《青年近卫军》等。其中，《约翰·克利斯朵夫》《钢铁是怎样炼成的》和《青年近卫军》这三本书中主人公的不懈奋斗和人生道路选择,对林皋的影响特别深,使他丰富了精神世界,拓展了人文素养,提升了对生活境界的追求。1949 年 11 月,经余汝南介绍,林皋加入了中国新民主主义青年团。入团以后,在个人利益服从革命利益的问题上经受到一定的考验。1950 年底抗美援朝战争爆发,1951 年初党号召知识分子参军。一方面有生与死的考验,另一方面又想到只有半年就要毕业了,好容易读了十几年的书,一下子抛弃了很可惜,林皋在思想上展开了激烈的斗争。在革命形势的教育下,思想斗争取得了一定的胜利,他给父亲写信,表示决心参军,家中回复不同意并加以责难,但林皋还是下定决心报名参军。1951 年 7 月毕业时,王荫国老师通知林皋,清华大学要他留校当助教,但经过国家统一分配教育后,林皋毅然填表,服从国家统一分配,第一志愿到朝鲜战场,第二志愿到国家需要的任何岗位。由于东北地区工业相对发达,需要大量人才搞经济建设,同学们大都被分配到东北工作。于是林皋就愉快地服从分配,前去报到。正如林皋 50 年后在其《回忆清华》一文中所写:"清华是我人生道路的转折点","在清华我开始接受革命思想,并逐步走上革命道路";"我感谢教育我成长的敬爱的师长们,我感谢在我前进道路上指引和帮助我的许多热心的进步的同志们"。

清华大学原本是清朝政府用美国"退还"的部分"庚子赔款"办起来的专门培养留美预备生的清华学堂,后来改名为清华大学,其教师大都是从美国留学归来的专家学者,实行的是一整套美国式的大学教育。抗日战争胜利后,清华大学更是名师云集，很多基础课都是由很有名的教授授课，当时有的老师还用英语授课，有的用汉语夹带着英语讲授，一些专业名词就直接使用英文，这对提高学生们的英语听力十分有好处。许多来自上海、重庆等大城市的学生基础雄厚、英语好，学习起来真是如鱼得水，而对来自边远山区的林皋来说，英语缺乏系统严密的训练，听课就相对比较吃力。当时的英语教学是按照学生入学时的英语成绩依次分班上课，共分 21 个班，林皋被分在第 20 班，也就是倒数第二那个班。英语感到吃力，教材和参考书也大多是英文的，这样开始的时候学习就有些不适应。第一学年除"微积分"课程考了 86 分外，其余的课程学习成绩都是平平的，其中"应用力学"和"材料力学"两门重点课程，由著名的钱伟长教授和张维教授分别讲授，不少同学考不及格，林皋也只勉强取得了 60 分的及格成绩。也就是说，林皋在入学初期，学习基本上是处于一种中游的状态。

林皋具有永不放弃的坚毅品格。他对自己的现状不满意，就自觉改进学习方法，并且阅读课外书吸取营养，提高自学能力。这样一步一个台阶，力争后来居上。林皋对每一门课程的学习都很认真。比如，李庆海教授主讲测量课，他将原有的英文教材翻译成中文讲解，逐字推敲，非常认真，这种严谨的科学精神使林皋深受感动，也培养了对测量课学习的兴趣，在测量课学习中林皋成为班上的佼佼者。林皋的测量(一)成绩为 80 分，测量(二)提高到 92 分，是班上的最好成绩。班上很多同学由于不够重视，几乎有三分之一的同学考试不及格。水利学家施嘉炀老教授学问高深，他讲授的内容深入浅出、生动新奇，林皋感到听课是一种享受。水利工程专家张光斗教授从美国考察回国时，带来了一部美国田纳西流域规划局摄制的彩色电影，片名叫“大苦力坝的施工建设”，让同学们看到了水利工程的宏伟，它可以改变山河，兴利除害，造福人民。张光斗教授主讲结构学(二)和水力发电工程两门课，他学识渊博，工程经验十分丰富，吸引着许多同学争相选修他所讲的课程，林皋也抱着如饥似渴的态度去听他讲课。在课堂上，张光斗教授展示了许多水电站施工的图片，他讲大坝施工结合实际，阐述如何解决工程具体问题，非常生动，具有吸引力，这些东西在书本上难以看到，林皋如饥似渴地记笔记。林皋的笔记详尽周到，对学习很有帮助。通过努力学习，结构学(二)课程考试成绩是 92 分，水力发电工程课程考试成绩是 90 分。当时，张光斗教授对林皋印象深刻，以至在 48 年后他很高兴地为自己的学生林皋申报中国科学院院士写了推荐材料。

林皋在清华大学优良学风的陶冶下，在学习上很快从中游进入前列。他充分利用了学校图书馆和土木系图书室拥有的丰富的参考书，并充分发挥了自学能力强的优势，在学习上逐渐取得主动。课程的考试成绩年年不断地稳步提高，后来居上。1951 年 7 月，清华大学颁发的《毕业证书》(盖有校务委员会主任叶企孙，副主任周培源、吴晗，工学院院长施嘉炀签名的印章)的背面列出了林皋历年各科成绩表(有注册组主任朱启章签名)，其中记载了他在校时各门课程的成绩，各个学年的平均成绩分别是：第一学年(1946 年度)为 78.43 分；第二学年(1947 年度)为 72.63 分(附注：因耳病休学半年);第三学年(1948 年度)为 81.39 分;第四学年(1949 年度)为 87.41 分;第五学年(1950 年度)为 90.63 分。毕业成绩 82.10 分。1946 年至 1950 年各年度体育成绩分别为 79.5,71.65,81,85 分。因为林皋在第二学年下学期患耳疾、住院动手术而休学了半年,只能延期到 1951 年夏毕业,这样林皋实际上在清华大学学习了四年半的时间,他就充分利用了这些时间,不但学完了结构专业组的课程,并且学完了水利专业组的课程。结构组中主要的课程是四门"结构学",他学得都很好,杨式德先生讲的"结构学(一)"为 86 分;张光斗先生讲的"结构学(二)"为 92 分;夏震寰先生讲的"结构力学(三)"为 98 分;刘恢先先生讲的"结构力学(四)"为 98 分。低年级时,他的材料力学成绩只是 60 分,而到了高年级选修张维教授讲的"高等材料力学"课(实际上内容是弹性力学)时,他的成绩是:"高等材料力学(一)"87 分,"高等材料力学(二)"98 分。也就是说,林皋到了高年级几乎每门课程的考试成绩都是班上最高分(当时,清华大学每门课均按选课学生学号公布成绩,所以自己在班上每门课的成绩的排序是清楚的)。毕业前,林皋报考了清华大学的研究生,争取继续深造,已被录取,现在清华大学的研究生名单里还有林皋的名字。但从 1951 年开始,应届大学毕业生实行国家统一分配。林皋和许多同学一起被分配到国家最需要人才的东北参加工作,而未能留在清华大学任教或攻读研究生。

清华大学不仅有丰富而精湛的理论教学,也十分重视实践性的教学环节。1949 年 7 月至 8 月,学校组织学生到沈阳进行测量实习,结合东北水利总局规划的需要,以便为从清东陵浑河水闸引水的灌区设计提供基本技术数据。工作范围包括总干渠、南干渠、北干渠和新干渠，流域面积计260平方千米，由李庆海先生领队指导。林皋因为测量课学得好，被同学们推举为实习队长。李庆海先生布置任务，工作方法是采用小三角网控制，对三角测量和水准测量的误差有比较高的要求。经过几十里路转一圈回来检查同一点高程的闭合误差是一个考验。同学们使用经纬仪和视距尺测量距离，同时应用水准仪测量高程，再依据测量结果绘制地形图。要求标出灌区的受水面积、荒水面积、干渠支渠的高程和地形，以及周围的交通情况，包括道路、桥梁、村庄等有关数据。当时，邱大洪①负责整理数据和绘制图纸。林皋前期负责野外工作，后期也被抽调来绘制图纸。同学们工作的热情很高，将理论与实践相结合，测量成果直接为生产建设服务。测量工作十分艰苦，天晴时头顶烈日，酷热难当；适逢雨季则道路泥泞，在芦苇野草中艰难穿梭。早出晚归，一天工作十几个小时。原本要求满足三等水准测量标准，结果在最后闭合导线时，误差出乎意外的小，达到了一等水准测量的精度。李庆海先生十分高兴，赞扬同学们工作努力认真。这项测量任务的完成还得到了当地政府的表彰。

---

① 邱大洪，原籍浙江吴兴（今属湖州南浔），1930年4月6日生于上海，1951年毕业于清华大学土木工程系。海岸和近海工程专家，大连理工大学教授，海岸和近海工程国家重点实验室学术委员会顾问。1958年担任当时亚洲最大的大连渔港技术总负责人；1973年担任中国第一座现代化的原油输出港大连新港的主要技术负责人；1983年担任开发中国南海北部湾的石油资源联合设计组组长和技术总负责人。1991年当选为中国科学院院士（学部委员）。主要从事海岸工程、港口工程和近海工程中的应用基础和工程设计方面的研究和技术工作。

1950年,大学三年级的生产实习是去郑州火车站,为拟建的大型铁路枢纽建设进行测量,提供工程需要的测绘图纸。1951年,四年级的毕业实习仍然安排在郑州铁路局进行,在学习了解桥梁工程有关知识的基础上,最后分组安排一定的工作任务。林皋和邱大洪、夏靖华三人被分配的任务是从郑州到邯郸京汉铁路沿线测绘全部铁路桥梁的数据,为桥梁维护和更换提供技术依据。这就要求详细提供沿线每座铁路桥梁的桥型、桥孔、跨距、桥墩结构等的详尽数据。测量后绘制简图,标明具体尺寸后存档。因为战乱,原有资料大部分丢失,这次测量的图纸资料将在以后铁路运行和维护时使用。林皋和邱大洪、夏靖华感到责任重大,三人沿线徒步跋涉,早起晚归,日夜操劳,历时半个月圆满地完成了任务。这两次为铁路建设服务的实习,使林皋的实际工作能力得到了很好的锻炼。

当时,清华大学土木系本科学生的毕业论文(课程名称为专题报告)是由杨式德教授指导的,专题报告的题目可以自选,也可以请教师指定。杨先生刚从美国回来,林皋征求他意见时,他指出,应用电阻应变片测量应力是当时一项比较新的技术,将来很有发展前途。他将从美国带回的只有三页纸的介绍电阻应变片的简单资料交给林皋参考。林皋回来后就阅读参考书,向电机系的有关老师请教,借到了一些参考资料,在此基础上最后写出了六十多页的专题报告。其主要内容为电阻应变片的原理、特点和发展情况,林皋获得88分,这是当时班上的最好成绩。

林皋对清华大学那时所实施的美国式大学教育模式最

深刻的体会是教材比较简练，阐述基本概念和原理，教授们讲课富有启发性，给学生指点迷津，并留有时间去看参考书，去深入思考，学习主动性强的学生收获就会很大。林皋说他在清华大学学习的最大收获是培养了较强的自学能力，由此建构起了具有自己特点的知识结构和思维方式，使之终身受益，并能在相对不利的条件下克服困难，勇于前进。清华大学的同学很多都是上海、重庆等著名中学的高才生，在强手如林的竞争环境中很容易发现自己的不足，林皋凭着努力，脚踏实地一步一步地前进，从普通一员最后脱颖而出，名列前茅，也逐渐增强了自己攻坚克难的信心。

图 1-4 清华大学校门

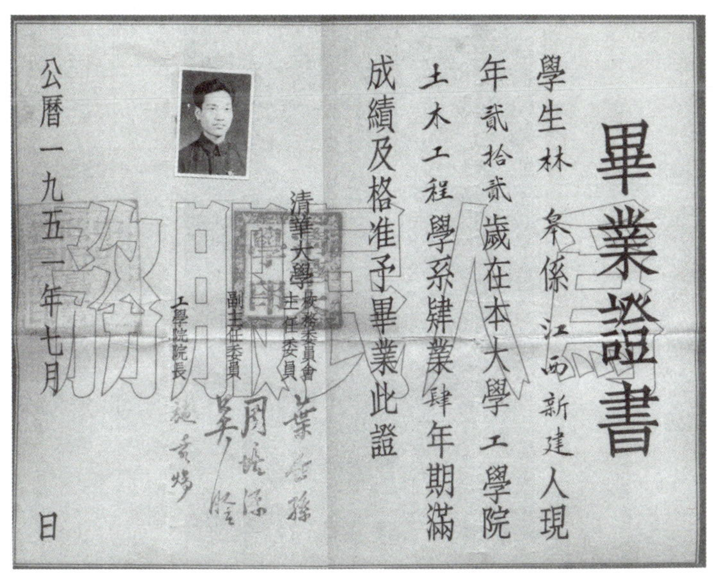

畢業證書

學生林皋係江西新建人現年貳拾貳歲在本大學工學院土木工程學系肄業肆年期滿成績及格准予畢業此證

清華大學校務委員會主任委員 葉企孫

副主任委員 周培源 吳晗

工學院院長 施嘉煬

公曆一九五一年七月　日

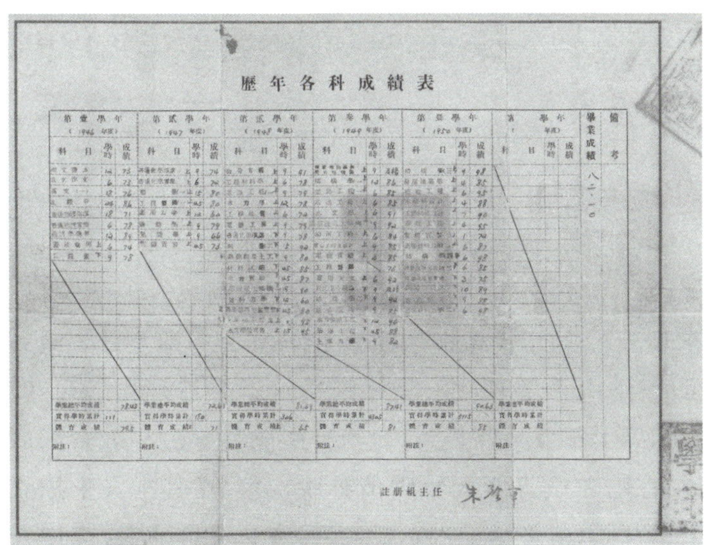

歷年各科成績表

第壹學年（1946年度）			第貳學年（1947年度）			第叁學年（1948年度）			第肆學年（1949年度）			第伍學年（1950年度）			第　學年（　年度）			畢業成績	備考
科目	學時	成績	科目	學時	成績	科目	學時	成績	科目	學時	成績	科目	學時	成績	科目	學時	成績	八二·一〇	
[illegible]	[illegible]	[illegible]	[illegible]	[illegible]	[illegible]	[illegible]	[illegible]	[illegible]	[illegible]	[illegible]	[illegible]	[illegible]	[illegible]	[illegible]					
學業總平均成績		[illegible]	學業總平均成績		[illegible]	學業總平均成績		[illegible]	學業總平均成績		[illegible]	學業總平均成績		[illegible]	學業總平均成績				
實得學時累計		[illegible]	實得學時累計		[illegible]	實得學時累計		[illegible]	實得學時累計		[illegible]	實得學時累計		[illegible]	實得學時累計				
體育成績		[illegible]	體育成績		[illegible]	體育成績		[illegible]	體育成績		[illegible]	體育成績		[illegible]	體育成績				
附註：			附註：			附註：			附註：			附註：			附註：				

註册組主任 朱啓章

图 1-5　清华大学毕业证书和成绩单（1951 年）

图 1-6　清华大学张光斗院士

第四节　研究班的优秀毕业生

1951 年 7 月,林皋被国家统一分配到大连工学院(现为大连理工大学)土木系担任助教工作,9 月开始为戴忠信教授主讲的“结构力学”助课,具体负责给学生答疑和上习题课。但实际只工作了两个多月。当时,中国科学院和教育部联合决定,在哈尔滨工业大学聘请苏联专家,在其指导下招收研究生,为我国高等学校“向苏学习”培养青年师资,以便在我国的大学中采用苏联的教学计划、教学大纲和教材进行教学。11 月,林皋被派至哈尔滨工业大学研究班学习,学制三年。入学后第一年学习俄语,林皋 11 月后期到校时,俄语学习已开始 2～3 个月,这是一个新的语种,过去没接触过,林皋通过努力很快赶上了。1952 年初学年考试中仍然获得了优异的成绩。1952 年 7 月初暑期开始,林皋又接受了一项新的任务。由于抗美援朝加强空军建设的需要,组织上派他和东北工学院的梁绍俭、马绍武、李玉新等几位研究班同学一道,暂时被抽调至当时的松江省 549 修建委员会参加机场的修建工程。林皋被分派担任第一工区主任,后又同时兼任第四工区主任,带领技校毕业的一些年青学生作为技术人员,负责组织民兵大队进行施工。主要是土方工程,由于机场要求的平整度很高,所以工作量很大。时间紧,任务重,很难得有休息日。他们和民工们同吃同住,一道战天斗地,这对于林皋来说是一次艰苦的锻炼,思想得到了提高。组织上原打算暑期结束后让林皋等返回学校继续学习。为此,哈尔滨工业大学校方曾几次来函催询。但实际上因工程施工紧张,直到 11 月下旬雪花飞扬时,机场工程基本完工,修建委员会才同意林皋等回校学习。12 月林皋向研究班党支部提交了第一份入党申请书,由于表现突出,被学校推选为研究班唯一的出席哈尔滨市团代会的代表。1953 年 4 月,林皋光荣地参加了哈尔滨市团代会。

1952 年 9 月新学年开始,研究班开始了专业学习。林皋被分配在水能利用专业,主要由具有较丰富教学经验的苏联列宁格勒工业大学的副教授郭洛瓦切夫斯基指导学习。苏联专家直接用俄语授课,讲授水力学、水能利用等课程。根据了解，研究班学生的主要任务是学习苏联先进的教学经验，所以，主要是采用苏联大学高年级教材作为教学内容。苏联很重视实践环节，许多课程特别是专业课程安排有大量的课程设计，解决工程中的一些实际问题。要求大学生们通过学习，毕业时具备解决工程问题的能力，达到工程师的水平。当时水力学和水能利用两门课程直接由苏联教授讲授，水利机械、水工建筑物等课程则以自学为主，学习苏联教材，必要时请相关教授（包括中国教授）进行答疑。为了能尽快适应苏联专家直接授课，哈尔滨工业大学校方安排了三个月的俄语辅助课程，以口语交流为主，与苏联专家的讲课同时进行。新学期开始，水能利用研究班的第一门课程为水力学，由列宁格勒工业大学瓦西里耶夫副教授讲授。当时研究班包括林皋在内共有 7 名学生。林皋从修机场回来，上课已过去 3 个月。但是，同学们都反映苏联专家讲课的内容听不懂。林皋随班听课，开始时显然无法适应。瓦西里耶夫专家看着大家面面相觑，生气地把手一指，说“балка”，意思是你们水平太差只能给你们 1 分（苏联采用 5 分制）。不过时间不长，林皋就能逐步适应了。林皋一方面阅读苏联教材，一方面又找了英语参考书和苏联专家展开讨论，得到了赞赏。当时口语交流还不是很顺畅，瓦西里耶夫副教授要林皋用俄语写成论文。为此，他还找到哈尔滨工业大学研究班的学生会主席，要他协助林皋去完成。林皋虽然做了努力，终因时间太紧和语言上的一定困难而未能完成俄语论文。但学习成绩还是很快得到了提高。一月份期终考试，得了 5 分。后来，“水能利用”专业课由苏联专家郭洛瓦切夫斯基直接授课，他很重视实践环节，曾带领学生到镜泊湖水电站、丰满电厂等单位参观实习，课程设计的内容也很丰富，同学们感到受益匪浅。和苏联专家接触多了，俄语口语水平得到了较大的提高。为了提高俄语的阅读和写作水平，研究班的同学们自发组织起来，翻译苏联教材。

第一本教材是《水力学、水文学、水文测量学》。同学们分头进行翻译，最后，由林皋统一校稿和整理，交由水利水电出版社出版。在研究班学习期间的最后一年，又翻译了一本《支墩坝》，这本书也是由林皋统一校核、修改和整理的，交由水利水电出版社出版。这些都使林皋的俄语水平得到很大的提高。水利水电出版社对林皋的翻译水平印象深刻。之后，水利部组织的苏联专家翻译组翻译的苏联教材《水工建筑物》（苏联著名专家格里申著），就是聘请林皋担任审校的。

1953 年 7 月第二学年结束时，研究班的体制发生了一次大的变化。当时，哈尔滨工业大学划归国防科工委领导，根据国家需要，培养军工方面的人才。因此，对学科专业进行了一次大的调整。当时土建方面的专业脱离哈尔滨工业大学，单独成立哈尔滨建筑工程学院，水能利用专业也在调整之列。苏联专家郭洛瓦切夫斯基不同意这种安排。那时他已和水利电力部联系，要为我国多培养一批水利水电方面的得力人才，从全国各有关设计单位抽调了 20 名左右大学毕业生另组一个研究班，由他负责培养。这一建议得到水电部的支持，并很快选拔了一批学生。经过多方联系，郭洛瓦切夫斯基专家建议将研究班全部转到大连工学院继续办学。同时，还建议将原哈尔滨工业大学本科四年级水能利用专业两个班的60余名学生也同时转到大连工学院办学。大连工学院屈伯川院长表示欢迎,还特别聘请郭洛瓦切夫斯基担任苏联专家组的组长和院长顾问。

1953年秋季以后,水能利用两个研究生班和两个本科班正式转到大连工学院办学,全面推行苏联的教学经验,进行教学改革,采用苏联的教学计划、教学大纲、教材和教学方法。教学组织方面则设立教研室。同时,还将上一研究班已毕业的研究生王世泽和陈可一等留校,由他们协助进行教学。

毕业设计是研究班学习的最后一个环节,也是检验学生学习成果的主要体现。郭洛瓦切夫斯基专家十分重视,定期进行检查。研究班的毕业设计要求完成一个大型水利水电工程项目主体工程结构的设计,全部采用实际的工程原始材料,为此组织学生到水电部北京水利规划院去收集地形、地质等有关工程设计资料。毕业设计工作量非常大,最后要提交设计说明书一本、计算书一本,及工程设计图纸十大张左右。其内容包括所要修建水电站的水库规划(水库的各种控制水位)、能量设计(电站装机容量,水轮发电机的机型、数量)、水利枢纽布置和水工建筑物设计(大坝、泄洪结构的型式和基本尺寸),最后是施工布置及施工进度计划等。各部分都要求进行技术经济比较。所以,内容丰富,工作量大。设计完成后由学校聘请的评阅人审查并写出评阅意见,再通过学校组织的答辩委员会进行答辩,通过后才准予毕业。1954年7月,水能利用研究生两个班共25名学员毕业,当时林皋的毕业设计质量是最好的,林皋获得了优秀研究生毕业证书。这儿有一个小插曲。据当时参加答辩的教授们说,答

图 1-7　20 世纪 50 年代哈尔滨工业大学校门

辩委员会投票时，对林皋的毕业设计评定为 A，其他很多学生评定为 B。但郭洛瓦切夫斯基专家认为其他学生毕业设计的质量也很好，也应评为 A。于是最后决定给林皋颁发优秀毕业证书，同时也给上一班的王世泽和下一班的陈壁宏也颁发优秀毕业证书。当林皋的毕业设计在二馆教学楼展出时，其设计的质量和设计图令全系师生惊讶并赞叹不止，林皋可能是传承了父亲的绘图才华，他所画出来的设计图纸其精美程度真是无与伦比。一九五四届部分本科毕业生回校半年都以林皋的毕业设计为范本来补做毕业设计，人们对林皋在研究班的毕业设计的赞叹在土木系流传了半个多世纪。苏联专家郭洛瓦切夫斯基先后到一些高校介绍苏联的教育经验时,总是带着他的最得意的门生林皋在研究班的毕业设计去一并展出,这样林皋的名声也随之在兄弟院校的水利系传播开来。

图 1-8　林皋(后排右三)在哈尔滨工业大学学习期间与同学们合影(1952 年)

林皋在大学本科学习阶段基本上接受的是美国式的大学教育模式,而在研究班学习阶段直接在苏联专家的指导下接受的是苏联工科专业教育模式,林皋能够注意吸取这两种迥然不同的教育模式的优点，使自己逐步成长，向更高的目标迈进。林皋后来回忆，大学本科和研究班的学习阶段既成为他人生道路的重要转折点，使他走上了革命道路，也培养了他为人民服务的本领，打好了为祖国水利水电事业服务的基础，使其成为事业的起点，可谓是起到了为人生伟业而精心奠基的作用。

图 1-9　大连工学院苏联顾问郭洛瓦切夫斯基同志回国前与水能利用研究班全体同学（前排左四为林皋）留影纪念（1954 年）

总览林皋的整个求学过程，不难看出，林皋无论是在正气中学、清华大学，还是在哈尔滨工业大学研究班，初始阶段在学习和基础方面并不突出，或处于相对不利的地位，和先进的同学间存在着一定差距。但是他通过努力，都能使条件转化，以至于后来居上，脱颖而出。他总结到，得益于严格要求，勤奋努力，锻炼培养了克服困难、勇往直前的精神，锻炼培养了看参考书从外部吸收营养，不断提高的自学能力。林皋深深地体会到天下无难事，只要肯攀登。

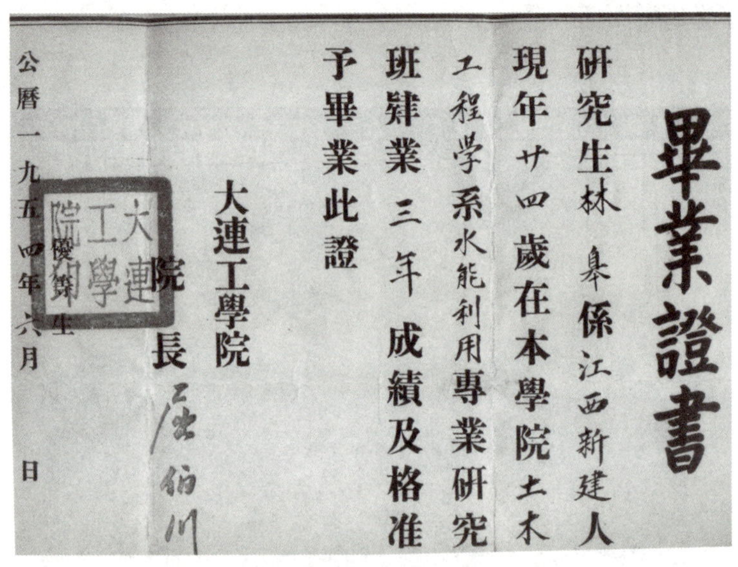
畢業證書

研究生林　皋係江西新建人現年廿四歲在本學院土木工程學系水能利用專業研究班肄業三年成績及格准予畢業此證

大連工學院

院長　屈伯川

公曆一九五四年六月　日

大連工學院院印

優等生

图 1-10　林皋研究生班优等毕业证书

第二章

雏鹰展翅 几多磨难

20 世纪 50—60 年代大坝模型试验是研究大坝动力特性的重要手段。应我国大型水库建设的需要，初出茅庐的林皋及其科研团队先后勇敢地担负起了拱坝坝顶挑流泄洪振动、土坝抗震安全和坝型选择两项试验研究的艰巨任务。在资料、经验、材料、设备极其匮乏的条件下，自力更生白手起家设计研制了所需要的一系列激振、测振设备和仪器；提出了大坝挑流振动的模型相似关系；研制了仿真模型材料。在当时政治运动频繁的情况下，努力完成了我国第一座拱坝模型抗震试验和我国第一座土坝模型抗震试验，论证了流溪河拱坝挑流泄洪方案的可行性和以礼河土坝的抗震安全性，为重大水利工程的设计方案的选择提供了技术支持，并获得较高评价。

在“文化大革命”期间，林皋较长时间地被审查、受到不公正对待。应当时兴建我国最高的白山拱坝的安全评价需要，林皋在尚未结束被审查的情况下，身处逆境，在设备、仪器遭到严重破坏十分困难的条件下，林皋带领科研团队开发了创新性的结构动力模型试验的新技术——直接摄影法，设备简单、直观性强，在这大坝抗震研究的开创阶段就将我国的大坝模型抗震试验技术推向了国际先进水平。

第一节　“向苏学习”的骨干教师

林皋以优异成绩从水能利用研究班毕业回到水工教研室不久，根据助教提升讲师标准，于 9 月 1 日经屈伯川院长批准晋升为讲师。系主任李士豪教授、副系主任戴宗信教授和教研室主任赵昭阳副教授都十分器重这位经过苏联专家精心培养出来的年轻的骨干教师,让他主讲“水工建筑物”这门重要的专业课程。他还同时担任苏联专家卡斯巴申讲授“水工概论”课程的课堂翻译。他讲课时很注意培养学生的独立工作能力。他第一次讲课时听课的是一九五五届的学生,他发现陈德钜思维活跃,对问题有独到的看法,在他的鼓励下陈德钜在学生时代就写出了一篇论文,在学校学报上发表。后来陈德钜毕业留校,成为他的科研助手。他给一九五六届学生上课时,陈德钜担任助课教师。课程遵照苏联的工科教育计划和培养目标的要求,使用苏联教材。学生认为讲得比较系统、详细。

林皋在讲授“水工建筑物”课程的同时,还承担着学生毕业设计指导教师的任务。1955 年暑期,教育部在大连工学院召开了全国水利院系领导人会议,讨论并通过水工专业全国统一的教学计划,要求全国高校必须严格执行,专业定名为“河川枢纽与水电站的水工建筑”,下设水工结构和水能利用两个专业方向。教学计划全部参照苏联的培养要求执行。一九五六届毕业设计答辩时,聘请了全国著名专家、清华大学的张光斗教授担任答辩委员会主席,他也是林皋的老师,他对我校毕业生质量给予很高评价。陈德钜回忆道,林皋指导毕业设计时非常认真,你算了一遍,有时他还要亲自给你再验算一遍,他感到你算得不对,就会要你再重新计算,在林皋指导下做毕业设计的学生心里都感到非常踏实。一九五六届毕业生崔广涛就是当年在林皋指导下做的毕业设计,

2009年，已是天津大学教授的崔广涛在庆祝我校建校60周年所撰写的《母校之风，山高水长》一文中深情地回忆了当时的情况，现摘录如下：

“林皋老师，是我毕业设计的指导教师，清华大学毕业，江西人，但说话非常清楚，慢条斯理，没有（地方）口音，总是笑眯眯的，他是苏联专家带的第一批中国研究生，他的毕业设计在二馆展览过，做得非常好，成为大家学习的榜样，很喜欢他来答疑。他给我准备的是一份高坝大流量泄洪工程的毕业设计题目，大概希望我做拱坝泄洪枢纽。可惜，最后我做成了重力坝泄洪的设计。

那是全面学习苏联时期的第一批毕业生。请清华大学张光斗先生作我们答辩委员会主席和我的设计评审人。看完我的设计，他找我谈话，在东山招待所，谈了一个多小时，他说他知道这个工程，称赞指导教师把这么个难题大胆交给我做，他说这是你一辈子的功课，让我毕业后接触实际，向实践学习，做些难做的事。说的是‘入学识门庭，毕业非学成，涉世或始今日，立身却在平生’的道理。没想到这个设计课题成为我一生水利事业的开头，成为我几十年的业务主题，从‘七五’到‘十五’国家重点科技攻关项目和国家自然科学基金项目，多与此有关。后来我多次请教林老师，他有求必应，终身为师。我做泄洪振动第一个水弹性模型时，我没把握。他在天津开会，我还拉他到实验室给我出主意，都得到他细心的指导和鼓励……

不管是李（士豪）老师，还是林（皋）老师，还有大工的许多老师，对我们来说都是终身难忘的，说不完的师生情谊。大工的老师们，终身难以忘怀。我做了 50 多年教师，没有专门学过‘怎样当老师’的课，时时都是在效仿他们的人品、师道。真是学为人之师，身正人之范……”

林皋除了主讲“水工建筑物”课程和毕业设计指导工作外，还承担了不少翻译工作，如给苏联专家做学术报告时的口语翻译，更多的是翻译苏联教材。由于他负责翻译校核的《水力学、水文学、水文测量学》和《支墩坝》两本教材的质量很好，水利水电出版社请林皋负责校核苏联著名专家格里申著的《水工建筑物》一书共四册。这是当时一套最主要的专业课教材，由水利部苏联专家组翻译。为了保证质量，出版社委托林皋校稿。这些统稿、校稿工作都是林皋在繁重的教学工作之余，挑灯夜战帮助完成的。由于时间太紧，林皋请金崇磐协助完成。出版社对林皋等的翻译水平和质量非常满意，后来还陆续请他校核《水工隧洞》等专著，但因为科研任务实在太重，只能婉言谢绝了。

1955 年党发出了“向科学进军”的号召，屈伯川院长特别重视教师通过科研来提高学术水平，鼓励教师组织起来相互学习提高。当时学校组织教师成立了一些研究小组，其中就包括林皋参加的结构动力学研究小组。该小组有唐立民等教授参加，讨论和交流活动比较活跃。当时著名力学家、教育家钱令希从 1952 年起来大连工学院任教，1954 年担任大连工学院新成立的（科学）研究部主任，领导和组织全院的科学研究工作,1955 年当选为中国科学院学部委员。他非常关心林皋这位刚从研究班毕业不久而极具发展潜力的年轻人在学术上的发展。在林皋从研究班毕业不久,有一次他将自己撰写的一篇准备在《大连工学院学刊》发表的关于隧洞结构分析的论文给林皋看,征求林皋的意见和看法。实际上钱令希院士是在启发引导林皋怎样去做研究工作。适逢全国力学学会准备召开一次学术会议,林皋撰写的一篇《支墩坝支墩抗弯稳定性计算》的研究论文被会议录取了,但林皋因故没能去参加会议,这篇论文就被搁置下来,没有正式发表。后来这篇论文的思想被用来作为支墩坝纵向弯曲稳定性试验的依据,利用顶部集中力来代替沿高度分布的体积力,使试验的设计得到了简化。在那个时期,我们新中国在共产党的领导下,独立自主,扬眉吐气,政府清廉,社会主义建设蒸蒸日上,全国一片新气象。林皋很受教育,他感到应该怎样更好地为新中国建设服务,贡献自己的一分力量。

第二节　拱坝挑流振动抗震模型试验

1956 年,广东省计划修建 78 m 高的流溪河双曲拱坝,广东水电设计院委托上海水利水电勘测设计院潘家铮总工程师负责设计,工程主体结构采用拱坝的结构型式。由于坝址两岸岸坡陡峻,修建泄洪结构开挖量大,采用坝顶溢流泄洪方案,具有技术经济的合理性。但下泄水流直冲坝脚,对坝的安全产生危害。经过选择,设计院建议坝顶挑流泄洪的方案,既可节省工作量和大量的工程投资,又可使下泄水流远离坝脚,避免对坝基造成不利冲刷,但挑流泄洪所产生的水流脉动冲激振动对拱坝安全的影响则是工程面临的巨大挑战,而成为需要解决的关键技术问题。国外虽有拱坝坝顶溢流的工程实例,但主要适用于小型工程,洪水流量不大。而上海设计院以潘家铮总工为首提出的差动式坝顶挑流泄洪方案则是一种大胆而先进的设想。当时上海设计院遍访了全国许多高校和中国科学院力学研究所等研究单位寻求帮助,承担拱坝挑流振动试验的研究工作。这是在我国首次开展这种大型工程结构的振动试验,既没有现成设备,又缺乏经验,可供参考的资料也很缺乏。所以,一切需要从零开始,国内很少有单位响应。林皋那时是刚从研究班毕业、从事教学工作不到两年的年轻教师,对研究方案和技术路线心中无数。在接待上海设计院来访的技术人员时,认识到问题的艰巨性和可能承担的风险,心中也有过斗争。但是,学生年代多次冲锋陷阵的经历给了林皋勇气,在和上海设计院来访人员洽谈时就勇于接受委托,挑起重担。林皋分析了可能具有的有利条件:第一,钱令希先生曾委托机械系张锡成老师利用火车车皮设计加工成轮式振动台,台面尺寸 3.0 m×2.2 m,很快可以完成。第二,学校聘请的苏联专家卡斯巴申举办了两期电测训练班,水利馆不少教师和试验技术人员接受过培训,可以制作波浪和流体运动的测试传感器。学校已购置了放大器和示波仪等电测设备。第三,结构动力学科研小组所进行的学术讨论打下了振动理论的基础。这些，增强了林皋的信心。

研究实验得到了学校的批准和很大支持。任命林皋、徐积善为秘书，并聘请钱令希教授和戴宗信教授担任顾问。试验研究工作实际上由林皋负责，并分配了刚毕业留校的助教陈德矩和徐福生(他们都曾是林皋教过的学生)，以及刚到职的实验员范垂义等参加工作。工程单位广东水电设计院则派出了技术员谭有达协助工作。此外，还有不少正在学习的高年级大学生参加工作(试验工作开始后不久进入“大跃进”，在群众运动期间，学生停课参加运动)。

林皋承担起了制订研究方案和技术路线的任务。在当时条件下，一切都是从零开始，只能摸索前进。要解决的问题很多，但工作只能逐步开展。第一，要抓的是模型的设计制作问题，这包括模型材料的选择和加工技术等方面。林皋有一定数学、力学基础，在查阅大量文献资料的基础上，认真总结了结构模型相似的一般规律。结合拱坝振动的内容，撰写出了《研究拱坝震动试验的模型相似律》一文，送请钱令希先生审阅，他认为很好。于是寄送到《水利学报》发表，这是林皋最早发表的一篇学术论文。模型相似关系解决后，接下来的问题就是选用什么样的模型材料。因为要便于测量，必须满足一定的要求：弹性好，弹性模量足够低，易于产生振动变形，还要便于精准加工。此外，为了满足坝水耦合的相似要求，材料容重和水容重必须保持原型的比例关系。林皋和徐积善二人去大连橡胶厂多次调研，研制了容重为 2.4 t/m^3

的加重橡胶模型材料,并利用木模压制成形。流溪河拱坝的橡胶模型(比尺为1∶200),测试效果较好。第二,需进行坝顶泄洪时水流脉动的水力学试验,掌握挑射水流脉动压力变化的规律,当时委托徐福生负责。第三,需设计研制激振设备和振动测试仪器(加速度和位移传感器)。这方面参与的人很多,起主要作用的是陈德钜、范垂义、谭有达等。这个问题看似简单,实际解决起来却非易事。所以,林皋和徐积善也都参加了有关工作。下面略举若干实例来加以说明。拱坝的自振频率分布十分密集,为了准确分辨各阶频率,经过研究比较,决定采用基于李萨如图原理的测试方法。实践表明,这种方法实施方便,效果好,而且准确度高。测量模型振动的加速度和位移的传感器,当时我国没有现成产品,也需要自行研制。设计和试制过程同样克服了重重困难。为了达到小型化,轻便,便于安装调试,而且要消除噪声,准确率高,经过比较,最终分别采用了电阻式和电感式的两种方案,通过示波器进行记录。但是要使制作的元件规格化,调试和校准仍需花费大量精力。此外,还设计了水流脉动压力的模拟试验装置,将脉动压力化为等价的谐波荷载,通过充气的橡胶气囊装置进行施加。第四,改造振动台。振动台一般用来研究结构模型的地震响应。当时进行的是流溪河拱坝的水流脉动振动研究,初看起来似乎和振动台关系不大。由于拱坝是三维壳体结构,在当时的条件下计算分析十分复杂。纵使通过试验测出了拱坝水流脉动振动的幅度大小,要据以评价拱坝的安全性,仍然有一定困难。考虑到工程技术人员一般对工程结构的地震振动有一定的感受，将水流脉动振动响应与地震振动响应进行比较，可以使他们对工程结构在水流脉动作用下的安全性获得一定的感性认识，所以，开展了模型的地震振动研究。但振动台加工完成后，发现原设计的振动台采用齿轮传动，激励频率太低，无法进行地震作用的模拟。所以，又进行了改造，以汽车变速箱作为振动台的驱动机构，从而形成了我国第一台大型的机械式振动台。

在林皋的带领下，由青年教师和学生组成的科研团队，白手起家，自力更生，从研制试验装备、测试仪器开始，经过无数次试验，在毫无现成经验可供借鉴的条件下，走一步、学一步，一步步地向前迈进。每一步前进都花费了巨大的劳动。在一年多的时间内就完成了我国第一座拱坝的振动试验研究任务，获得了拱坝坝顶挑流产生的水流脉动压力的变化规律，及其对拱坝安全性的影响，试验结果验证了拱坝挑流脉动振动的安全性，为拱坝挑流泄洪方案的工程实施提供了技术论证，使工程得以顺利建成。1958 年 8 月流溪河拱坝竣工后经历了多次洪水考验，坝体安然无恙。而且泄洪景象蔚为奇观，国际友人到访时，常招待前去参观。林皋在当时中、苏、朝、蒙水利科技学术交流会上所提交的试验研究论文在交流时受到好评。应《力学学报》约稿，林皋、陈德钜所撰写的论文《拱坝动力模型试验技术》(陈德钜执笔)于 1959 年 7 月发表在《力学学报》上。研究成果在苏联书刊中曾获得比较高的评价，1962 年苏联编著的《国外抗震建筑》一书认为“进行了科学水平高的精细的模型试验研究，采用了最新技术的测试仪器”。

1965年苏联编著的《拱坝》一书认为“所进行的流溪河拱坝坝顶挑流泄洪研究，……论证了结构具有足够的动力稳定性”。

试验研究任务完成时，正值群众运动开展之际，林皋也遭到波及，批评他过于突出个人作用。所以，以后发表研究成果和论文时，林皋都注意论文署名采用集体名义，而不以个人名义发表，包括在《力学学报》上发表的那篇论文也如此。拱坝抗震试验的实践培养提高了林皋解决工程和科研实际问题的能力，也使林皋从此走上了大坝抗震研究的道路。

水　利　学　报

1958年第1期　Journal of Hydraulic Engineering Society of China　No.1. 1958

研究拱壩震动的模型相似律

大連工学院　林　皋

提　要

本文分二部分。第一部分簡要地总結了結構模型相似律的一般理論，建議了適于各种水工建筑物研究的三个实用相似律，彈性力相似律、重力相似律、彈性力-重力相似律。第二部分着重地研究了水庫蓄水时考慮水动力作用影响的拱壩震动相似律，所得的結果并可以推廣于研究一切建筑物在液体中的震动相似問題。

图2-1　发表在《水利学报》的“研究拱坝震动的模型相似律”论文

第三节　强震区土坝模型抗震试验

拱坝挑流振动试验的成功在水利工程界产生了一定的

影响,有关的研究项目也接踵而来。1958 年在云南省地震活动区以礼河上游拟修建坝高约 80 m 的毛家村土坝,设计烈度为 8 度,由昆明水电设计院设计。大坝的抗震安全受到关注。中国土石坝权威,刚从美国回来的北京水利水电研究院的汪闻韶[①]院士推荐由大连工学院进行土石坝抗震试验,这是我国第一座土石坝抗震试验,在国内还没有先例。林皋只能勉力地承担起这项任务,在查阅大量的文献资料的基础上拟订出了试验方案,这个项目存在的困难在于当时对土壤的动力特性,还缺乏深入的认识。试验工作得到汪闻韶院士的支持,从北京水利水电科学研究院派来了李树棻和陈慰权两位技术人员来到学校协助进行土工试验。当时正值“大跃进”期间,学校的青年教师大都去参加大办钢铁和深翻地劳动了,只有林皋留下参加试验,而由丁大成、韩德兴、邹恩玉等一批学生作为主力参加。在群众运动的浪潮中,试验组由学生担任组长,实际上则是按照林皋所拟订的试验方案在运作。一切又是从零开始,从土壤的动力性能、砂土的临界孔隙率开始,到采用不同的模型材料测量它的变形,探讨动力作用下砂土与黏土物理力学性质变化的规律,测量坝体的振动频率与惯性力分布,研制了测量坝体变形的传感器,研究地震作用下坝体的变形、沉降和裂缝等地震震害形式,还进行了心墙坝和斜墙坝等代表性坝型抗震性能的比较,以及有

① 汪闻韶,江苏苏州人,1952 年获美国伊利诺伊理工学院博士学位,曾任中国水利水电科学研究院教授级高级工程师,中国土木工程学会荣誉会员、中国水利学会荣誉理事、中国振动工程学会顾问暨土动力学专委会荣誉主任、中国建筑学会工程勘察学委会顾问、中国地震学会地震工程专委会委员等职务。

关工程抗震措施的研究等。由于大坝与水库对岸的岸坡相距很近,还专门研究了水库地震涌浪对大坝安全的影响。林皋带领着学生排除各种各样的干扰,克服了许许多多的困难,经过艰苦努力,终于如期完成了我国强地震活动区第一座大型土石坝的抗震试验研究任务,实际上只能认为是对土坝抗震性能的一种探索。研究成果为工程的抗震设计和抗震安全评价提供了参考。研究报告《毛家村土坝工程抗震试验研究》①一文发表在《大连工学院学刊》1959 年第 5 期上。据以礼河毛家村土石坝工程的总工程师顾淦臣教授②回忆,该工程采纳了试验组提出的工程抗震措施的有关建议。这项抗震试验研究报告曾被水利部选为对外技术交流资料。

第四节　支墩坝纵向弯曲实验校核

1958 年末,接受了东北水电勘测设计院的委托,对吉林白山水电站宽缝重力坝的纵向弯曲稳定性进行实验检验。该坝所设计的档水坝段高 136. 5 m,坝墩中间厚度为 10. 2 m,最大主应力约 42. 5 kg/cm^2,因此,除强度和抗滑稳定性外,进一步研究该坝的纵向抗弯稳定性也是大坝安全评价的重要内容。

---

① 水工结构教研室 602 试验组《毛家村土坝工程抗震试验研究》《大连工学院学刊》1959 年第 5 期。

② 顾淦臣(1918—2022),生于江苏江阴,1942 年毕业于中央大学水利工程系,水利水电工程专家,曾任水电部昆明勘测设计院设计总工程师、水电部第五工程局总工程师、华东水利学院教授等职务,参加或领导设计施工的工程项目颇多,所有建成的工程运行都良好。

大坝三角形支墩在水压力及自重作用下的纵向弯曲稳定性是一个复杂的弹性力学问题。一方面，在一般工程设计中多采用简单的欧拉公式来校核，它是十分粗糙和近似的，包含过大的安全系数。另一方面，支墩纵向弯曲模型实验理论及合理的加载方法尚未完整地建立起来。林皋以前未曾正式发表的那篇《支墩坝支墩抗弯稳定性计算》一文和近期发表的《研究拱坝振动的模型相似律》一文实际上已为这项实验研究做好了先期的理论准备。基本思想为将各高程上作用的重力换算为顶部作用的集中力。这项实验研究由陈德钜带领二、三年级学生和实验员进行。由林皋进行了一定的支持。首先在理论方面建立了支墩在水压力、自重及侧向地震惯性力作用下的模型相似律，提出了采用变态模型进行支墩纵向弯曲试验的概念，对模型材料进行了比较全面的分析和实验研究，学生和实验员在实验中发挥了积极的创造精神，提出了很多加载方法，从中选取了比较合理的加载方法，试验结果进一步验证了所建立的试验方案是合理的，三角形支墩在水压力及自重作用下的纵向弯曲稳定性问题完全可以简便而精确地用模型试验的方法来解决，也说明了常用的计算方法带来过于保守的安全系数，其结果必然引起不必要的材料浪费。据此陈德钜撰写了《支墩坝纵向弯曲实验研究》一文，征求林皋意见后在《大连工学院学刊》1959 年第 5 期上发表，此文比较全面地总结了支墩坝纵向弯曲试验技术，为白山水电站进一步的坝型选择和设计提供了有力的技术支撑。陈德钜说，林皋非常谦虚，在论文上不让写他的名字，只好在论文中注明引用了林皋的那篇未曾正式发表的论文。

第五节　年轻有为的副教授

林皋 1958 年和 1959 年连续两年被评为学校的优秀(或先进)工作者,1959 年被任命为水工结构教研室副主任,成为教研室主任赵昭阳副教授的得力助手。他在日常行政事务工作中总是兢兢业业地为同事们服务。

林皋的教学科研工作业绩一直为学校所重视,从 1960 年开始就为林皋提升副教授准备材料,1960 年 6 月 29 日由屈伯川院长签署的院务委员会对林皋提升副教授在政治思想上和业务上的审查意见全文如下:

一、政治思想方面

林皋　1949 年 11 月于清华大学入团,现为共青团员,水利系讲师,现任水利系水工专业委员会副主任,水工结构教研室副主任。

林皋自来我院后,在政治上一贯要求进步,1953 年正式向党提出入党申请,在历次运动中立场较稳,如肃反运动中能坚决同坏人进行斗争,在整风反右斗争中未发现有很不正确言论,并能坚决向右派斗争,在政治上一直是“左”派,平时靠近组织汇报思想,听党的话,工作中能贯彻党的指示,工作上认真负责,积极,肯于钻研,教学活动上有较好成绩。

二、业务方面

林皋从研究班毕业后即担任水工结构课的讲授工作,一直到现在。在课程的内容上,能联系中国实际和中国水利工程建设及科学研究中的新成就，每次讲课时都能根据新技术成就编写教材使教材新颖，讲义水平较高，有一定思想性，能切实解决工程实际问题。在讲授方法上，有系统性，能由浅入深，讲授清楚，同学感到满意，乐于听林皋讲课，同学能在规定时间内学完该门课程，效果良好。

在科学研究上，自从参加工作以来即进行了科研工作，先后参加过流溪河拱坝抗震试验，领导了云南以礼河土坝、三峡混凝土坝抗震等试验，目前仍从事这项科研工作。

在水工抗震方面有较高水平，本人先后写出论文《研究拱坝振动的模型相似律》(1958年《水利学报》)、《拱坝地震应力的近似计算》《支墩坝纵向弯曲》(《大连工学院学刊》)三篇，前一篇已翻译成英文，拟在《中国科学》杂志上发表，作为出国论文，其次并合写有工程试验报告及论文各一篇。目前我院在水工抗震上成为全国基地之一与林皋的工作有一定关系。

外文方面，林皋能比较熟练地掌握英、俄两种文字，并能进行相互间的笔译工作，翻译过俄文书籍。

院长　屈伯川(签名盖章)

1960年6月29日

1962年2月12日，经辽宁省教育厅厅务会议讨论，批准林皋提升为副教授，当年林皋33岁，是学校里最年轻的副教授，这对林皋来说确实是一件大喜事，可喜可贺。

人们常说，喜事成双，林皋的婚姻大事也恰好在这一年解决了。林皋的夫人蔡立媛，生于 1935 年 10 月 31 日，安徽省巢县人，长沙师范学校毕业。当时，蔡立媛在大连中山区一所小学任教。她的兄、嫂蔡立毅和徐美葡在大连交通部所属第一航务工程局三处工作，与大连工学院常有业务往来。经人介绍，蔡立媛与林皋相识、相爱而结婚。婚后住在中山区枫林街学校的第八宿舍。每位教师都分配一间住房，共用公共走廊、公共厨房和公共厕所。住房比较拥挤，家具也十分简陋。邻居们大多是同校工作的各系新婚不久的年轻夫妇，邻里关系也比较融洽，都能相互帮助，就在这样的条件和环境下生活，林皋夫妇也感到十分幸福、愉快，不久就先后生下了两位女儿林茜和林蓓。

第六节　水工研究室的两项研究课题

1964 年，水利工程系为贯彻高校既是教学中心又是科研中心的办学理念，发挥组织力量开展科研工作，在屈伯川院长的关怀和支持下，决定在水工教研室的基础上成立“高坝结构与水力学研究室”(简称水工研究室)，集中 14 名骨干力量，组织起来形成水工科研中心。由系主任李士豪教授兼任研究室主任，副主任由水工教研室副主任林皋副教授兼任，由水工支部书记郭威勤兼任党支部书记，系科研秘书李彦硕兼任研究室秘书，成员有董毓新、韩国城、倪汉根、杨文祥、陈德钜、徐福生、王恩磊、范垂义、王焕典、郭淑珍等。全室人员学习大庆“三老四严”的科学作风，紧张地开展两项课题研究工作，为了培养学生，有5名一九六六届学生参加课题研究，实验分析与总结报告就成为他们毕业论文的内容。

水工研究室的第一项课题就是由中国科学院哈尔滨土木建筑工程研究所所长刘恢先院士牵头，有哈尔滨军事工程学院、大连工学院、长江水利委员会及清华大学等单位参加的长江三峡混凝土大坝抗核爆炸的模型试验研究。20世纪60年代初，三峡大坝尚未动工修建，课题属于先期开展的大坝安全防护研究。大连工学院作为项目的参加单位，开始由陈美珍负责开展一些试验工作，研究室成立后就转为由林皋负责从事水库中核爆炸冲击波对大坝动力响应的理论与实验研究。林皋等研究了大坝在爆炸冲击波作用下的应力和变形，以及可能发生的损伤和破坏情况，以评价大坝抗御各级爆炸作用下的安全性。其中，由徐福生负责开展水下爆炸的模拟试验研究，考察冲击波对大坝可能造成的冲击水压力。试验场地选在学校东山煤场附近修复了的废旧大水池，利用电力引爆，模型坝的响应由传感器进行测试。将熔解的TNT炸药中间放入雷管制成球形起爆试件，初步爆炸成功，水池中间掀起高高的水柱。模型试验与理论分析的结果进行了对比。根据初步研究成果，撰写了长江三峡大头坝在地震作用下的动力响应研究报告。

林皋曾多次参加在北京召开的各参研单位代表的工作会议。这项长江三峡大坝抗核爆炸的研究课题后因爆发“文化大革命”而中断，以后大连工学院再没有进行相关研究。

水工研究室的第二项课题是混凝土大坝的温度控制与大体积混凝土试件导温、导热性能的试验研究。说到这项课题的由来，在于林皋他们所开展的大坝抗震试验研究虽然取得了一定的成绩，并在国内享有一定的声誉，但是也有的教师提出，东北发生地震的概率很小，新中国成立十几年来也只发生过一次邢台大地震，将大坝抗震作为长远研究方向，与国家发展和工程需要结合不是很紧密。于是，党支部书记就出面组织讨论。考虑到东北天气寒冷，混凝土大坝施工期和运用期温度控制属于工程上需要解决的主要问题，于是温度控制就被选来作为研究室新的研究方向。

为了开展新课题的研究，经过讨论，决定首先从两个方面开展工作。第一，到工程单位和工程现场进行调查研究，了解工程的实际需要；第二，开展问题的基本理论探索。当时了解到北京水利水电科学院的朱伯芳等已经开展了大坝温度场和温度应力的研究，并且已经取得了不错的成绩。我校进行这方面研究，就需要从工程实际中找问题。抱着这个目的，林皋和陈德钜、范垂义一行于 1965 年春季开学后就来到桓仁混凝土大坝工地，并受到浑江水电工程局的欢迎。当时工程局已计划将骨料的预冷预热作为大坝重要的温控措施。根据桓仁工地当时实际的环境条件，冬季施工时要求将－20 ℃的骨料加热至 0 ℃以上；夏季施工时则需将＋24 ℃的骨料冷却至＋10 ℃以下，使浇注入仓的大坝混凝土能达到比较理想的温度，以减少温度应力，避免温度裂缝。骨料的预冷预热工作那时还处于筹措阶段，林皋小组的工作就是在 6 立方米的骨料箱中进行模拟试验，了解管路设计对不同粒径骨料和砂的预冷预热效果，为实际料仓的设计提供技术依据。林皋等进行了低温热电偶测温计的设计制作，测量骨料间隙中的气温和骨料内部的温度,测量误差可达±0.5 ℃,仪器制作主要由范垂义完成。进一步通过试验分析了解砂和不同粒径骨料的热交换过程以及传导、对流、辐射所起的作用和所占的比重,骨料堆内部的温度分布规律等,以便建立预冷、预热过程试验料箱和实际料仓间各种工程参数的换算关系。根据学校组织的要求,林皋小组一方面积极地进行试验的各项准备和测试工作,一方面又在大坝施工现场和工人们一道劳动,参加混凝土的浇注工作。这也是向工人学习的一次机会。

从 3 月初至 6 月初完成了全部的试验工作。共进行了骨料预冷预热试验 20 次,骨料传热试验 29 组。然后着手进行实际料仓预冷效果的原体观测工作。8 月 14 日至 17 日完成了原体观测的一个循环。从实测数据来看,骨料仓原体观测结果与根据料仓测试换算的结果,基本上是相符的。在试验的过程中,林皋做了详细的笔记。他因劳累过度,生病高烧住院,最后由陈德矩根据林皋的笔记撰写出了混凝土骨料间接预冷预热试验的阶段研究报告,提交给工程局。

这项课题的另一部分工作是进行基本理论方面的探索。经过研究讨论和征求意见,认为首先从开展混凝土材料热学性能的研究着手,以便掌握第一手资料,并为工程设计提供必要的技术支持。当时,大坝混凝土的温度场和温度应力分析所采用的导热、导温系数主要依据小型的二级配骨料实验获得,这与工程实际情况有出入。经过党支部组织进行的讨论,决定开展四级配骨料大型试件导温、导热特性的试验。于是,林皋着手进行了试验方案的预备研究,首先需要解决的是进行大型试件热学性能试验所需的试验装置和设备。在当时的条件下，一切都必须建立在自力更生的基础上，而且方法要简便易行，设备要能够自行设计加工制造。在查阅大量文献资料的基础上，林皋提出了“按正常工况”阶段热传导过程进行试验装备设计的思想。其基本内容为：对于初始温度按某一规律分布的均质物体在恒温介质中冷却(或加热)一定时间后，当傅里叶准数足够大时，初始温度场的影响即行消失，进入“正常工况”阶段，物体内任一点的剩余温度的对数随时间呈线性变化，据此可以测量导温系数。方法内容是将四级配骨料试件加热至均匀的温度，然后利用冷却水逐步降温，使其进入“正常工况”阶段，测量试件冷却过程中的温度变化，即可获得必要的材料热学参数。经过大家讨论，出主意补充，认为方案可行。具体做法是将四级配骨料设计成直径 80 cm 的大型球形试件。这样既节省材料，又便于测温。将试件置入保温装置中，注入热水将试件加热，直至球心和外表温度相同，试件基本达到均匀温度。然后通水冷却，利用试验室内已有之给水设备循环供水，进水和出水流量可保持在 20 dm^3/s 左右，一定时段后，即可进入“正常工况”。试件加热则利用供饮用开水加热之小型锅炉烧水供应。采用这种实验方法，所需设计加工的设备仅为圆柱形大型恒温水浴装置，内径 1.6 m，净空高 1.7 m，学校机械工厂可以很方便地进行加工。

设计大型恒温水浴装置的任务，也落到林皋肩上。除提出设计图外，还全程参与了设备的制作和安装过程。那时，上午雷打不动地学习毛泽东著作，下午工人师傅们来到试验室进行设备的部分加工与安装。林皋就给他们递送构件和材料,有些部位则需要根据工人师傅的意见对设计进行修改和调整。大型恒温水浴装置加工完成后进行了一系列实验,表明这种装置简单而实用。装置的设计及实验成果写成论文《大型混凝土试件导温、导热系数试验》,1965 年发表在《大连工学院学报》上。论文由林皋撰写,但以集体名义发表,同时将必要的公式推导也做了一定删节。当时"文化大革命"已经开始,这项课题的理论分析和实验研究未能继续深入开展下去。但是,林皋设计的这种材料热学参数量测装置还是发挥了一定的作用。利用这种原理加工的一套小型装置,在"文化大革命"期间为大连的一些工厂进行保温材料参数测量时得到广泛采用。由此可见,林皋做的每项课题研究都能从工程需要出发,查阅大量的文献资料,制订出可行的方案,从无到有,克服重重困难,最后达到比较好的效果。

应用大型恒温水浴装置进行导温、导热参数试验的过程中还出现过一个小插曲。利用恒温水浴装置进行大型试件热学参数测量的过程中,需将在装置中加热后的球形试件在恒温水体中进行均匀冷却,以便形成"正常工况"。为保持水浴中的冷却水温基本恒定,一方面水浴中装有螺旋桨,叶片不停地旋转搅拌,使水浴中的水体在对流交换中保持温度均匀;另一方面,在试件冷却过程中要不间断地从水浴中放出一部分水量,以便将试件所散发出的热量及时带走,并适当地补充相应的冷却水量。只要放出水体所带走的热量与试件在降温过程中所散发出的热量达到平衡,恒温水浴中水体的温度将保持不变。每组试验一般历时十几个小时,为此,试验组安排人员轮流值班。值班人员的职责在于时刻关注水浴中的水温,及时控制排出和进入的水量。林皋作为设计人员,比较关心装置的运行情况,了解试验是否能正常进行。所以,常到试验室看看。有一次,正当范垂义值班,林皋看时候较晚,范垂义刚拔完牙没有很好休息,就对范关心地说:“你可提前去吃饭,我代替你值一会儿班。”过了不久,范垂义吃完饭回到试验室。林皋见他已经返回,就去把所测的试验资料整理一下,以便了解试验进展的情况。不巧这时又来了两位试验人员,他们关心范垂义的拔牙情况,在一起聊了一会儿天。遗憾的是,他们没有注意到此时恒温水浴装置中的平衡水位发生波动,出现溢水现象,部分溢水进入恒温水浴装置的外部保温层中。事故发生后,林皋遭到了批评。试验人员及时将外部保温层进行了拆卸,把内部的保温材料玻璃丝棉进行了晾晒,恢复了正常工作。

林皋由于在科学研究中的业绩突出,1964 年 10 月被选为全国青年社会主义建设积极分子。1965 年 1 月林皋作为代表,参加了在北京召开的全国青联第四届委员会第二次会议。

第七节　“文革”中经受磨难

1966 年 6 月,“文化大革命”爆发。

被中断了科研工作的林皋面对这种突然发生的混乱状态感到十分困惑,和教研室的许多教师们一道自发地组织起来学习，时刻关注着形势的变化。对校内的两派群众组织保持着中立状态。这种情况持续了一年多时间。1968 年 7 月，军宣队进驻学校，8 月，工宣队接着进驻学校。筹备组织“革命委员会”，组织“斗批改”。1968 年 11 月派水利系师生到金县大魏家人民公社参加农田水利基本建设劳动，接受工农兵的“再教育”。

1969 年 1 月至 5 月，林皋因所谓“历史问题”被隔离审查失去人身自由 4 个多月，原因是 1943 年—1945 年 1 月在正气中学学习，当时校长是蒋经国。正气中学有不少学生考入清华大学，有的政治上比较活跃。在清华大学组织了正气中学校友会，校友会的活动受到怀疑。最后没有查出什么问题，解除了林皋的隔离审查。虽然人身获得自由，但仍属于被审查中的人，在审查结束前被区别对待。审查期间，1969 年 7 月至同年 10 月林皋随水利系教工大队参加过汤河水库工地劳动。1970 年后则单独安排在校内劳动，5 月至 7 月参加基建劳动，7 月后至 1971 年初参加防空洞劳动，前几个月开挖校园内花果山的防空洞，接着开挖牛角山较大型的防空洞。防空洞出渣是繁重的体力劳动，每天 8 个小时，中间很少有时间休息。林皋累得精疲力竭，但也只能咬牙坚持。除了体力上劳累外，精神上也受到折磨，常常受到训斥，一些莫须有的罪名加到他头上。1971 年 3 月随学校教职工大队被安排到庄河县青堆子大连工学院学农基地劳动。前期修水渠，清洗盐碱地，后期种水稻。待遇和一般的教职工是不同的。由于农忙，分散在田间劳动，常常工作时间得不到控制。有若干次早晨 3 点到地头松土洗田，直到晚上 10 时又累又饿才被通知回住地吃饭休息。还有一些小插曲。因为在原盐碱地上种水稻,通过输水渠引水冲洗地块是关键。但水渠中常有一些小蟹子在堤防中掏洞导致水渠漏水,甚至决堤,造成很大的损失。所以常需派人巡堤,抓小蟹子。由于小蟹子掏洞导致引水渠渠堤溃坝的事例,时有发生。有时不得不半夜起来堵口,上身穿着棉衣,下身穿着单裤在水渠中挖土护堤。为此,对小蟹子掏洞的问题都比较重视。有一次林皋被带着巡堤抓小蟹子。但小蟹子跑得很快并不好抓,不得不将蟹子洞挖大再抓,这时刚好有某基地干部乘船沿堤巡视,他不问青红皂白,就说林皋挖堤破坏水渠。林皋当然辩解说:"把洞挖大是为了抓蟹子,而且挖洞是带领我的人授意的。"但那位基地干部就是不依,说:"他不懂技术,你懂技术,利用技术进行破坏。"林皋听了真是哭笑不得。类似不公正的对待时有发生。青堆子学农基地的劳动从 1971 年 3 月直至 1972 年 8 月前后历时 18 个月,没有离开过一天。当时一般教职工只需半年左右轮班派到青堆子学农基地劳动,林皋和很少数受审查的人则需长期留驻青堆子坚持劳动,包括在春节期间看家护院。青堆子学农基地 18 个月的劳动林皋的收获是锻炼了身体。由于林皋在晚间睡觉和劳动休息时比较注意保护身体,幸好没有生病。林皋之所以能坚持下去,是因为他相信党"一定能还我清白"。一次偶然的机会,他找到军代表莫庆云主任,莫主任告诉他"要相信党"。

第八节　身处逆境，开创直接摄影法新技术

1972 年 8 月迎来了转机，军代表专门来到青堆子学农基地，把林皋接回学校。此后，林皋可以参加业务技术工作，同时他也体会到专案组不再找他写交待材料了。当时东北要修建一座全国最高的白山拱坝（高 149.5 m），对于这样一座三维复杂壳体结构形式的拱坝来说，抗震安全性是迫切需要解决的关键技术问题。于是，大连工学院接受委托，开展白山拱坝的抗震试验工作，林皋为此被召回学校进行相关试验研究。林皋总结了抗震技术发展的现状和动态，认为还是要通过试验获得拱坝的振动频率和振动模态等基本动力特征着手，但是由于在“文革”期间学校的实验室被破坏得比较严重，震动设备和测试仪器由于长期未得到维护基本上不能使用，真是又面对着“一穷二白”的难题。林皋没有计较自己还处在继续被无端审查的“另类”身份，他十分重视这一来之不易的机会，而全身心地投入了他所热爱的抗震试验研究工作。还是由林皋和他的科研老搭档陈德钜、范垂义三人组建了试验组。因为试验任务紧迫，在当时的技术条件下，必须另辟蹊径，探求新的技术方案，既要力所能及，又要方便易行，保证质量。经过三个人多少个日夜的探索讨论，终于提出了直接摄影法这一完全创新的试验技术。方法是用弹性模量较低的材料制成拱坝模型，在振动台的激励下可以产生较大幅度的各种频率和模态的稳态振动，再用高级照相机记

录模型上各点的运动轨迹。不断变换激励下的频率就可获得拱坝的各阶固有振动频率和相应的振动模态。最后决定采用明胶、甘油与水调制好的模型材料制成拱坝模型，可以方便地重复进行试验。模型质点的运动幅度使之控制在 20 mm 以下，以便于摄影记录。模型采用 20～30 Hz 的中低频振动台进行激励，可以涵盖拱坝、重力坝等模型的主频范围。中低频振动台可以自行设计制造。这种试验方案具有试验设备制作相对简单，测试仪器简便易行，振动模态直观性强，试验成果准确性又较好的优点。试验方案确定以后，具体付诸实施也得自力更生。首先，他们到大连市的一些工厂走访，到废料堆中找材料，以便制作振动台。然后，他们三人进行了分工，林皋负责整体规划、指导试验的整个进程、理论与试验结果分析。陈德钜负责试验材料选配，模型制作和摄影测量；范垂义负责设计制作加工轻型电磁激励振动台，并从外系借来电子管功率放大器进行激励。拱坝模型在加工好的木模中浇筑成型，几何尺寸的精度可以控制。模型通体涂成黑色，用白色标示测点，反差明显，摄影效果好，照片图像清晰。调制的模型材料在振动台正弦波的激励下显示出易于分辨的各阶振动频率和模态。记录的测点轨迹呈标准的椭圆形，易于分离出测点各个方向运动的矢量和幅度。试验达到了比预期更好的效果。

在不到一年的时间内，通过三人试验小组自行设计，自制试验设备，自行试验，自行计算分析，完成了白山拱坝的动力模型试验，获得了拱坝的前 5 阶对称振动模态和前 4 阶反对称振动模态，总共测出 9 阶振动模态与频率。实践证明，直接摄影法方法新颖，成果先进，大大地简化了水坝动力模型试验的过程，提高了试验速度，也避免了由于安装测振或激振仪器对模型产生的附加质量所可能引起的种种误差，从而提高了试验的精度。据此撰写了《水坝动力模型试验的直接摄影法》的学术论文，发表在《大连工学院学报》(1973 年)上，1977 年获辽宁省科学大会奖。

据当时的相关文献记载，日本科学家采用石膏硅藻土材料做模型，通过电磁激励，只能获得拱坝的前 2～3 阶(正、反对称各 1～2 阶)的振动模态与频率。这足以证明林皋试验组采用直接摄影法测出的拱坝模型 9 阶振动模态与频率，被认为居于世界前列的科研成果。“文化大革命”结束后，中国地震工程代表团在赴美进行学术交流的时候，将这一科研成果作为交流资料。

从 1973 年开始，在水利电力部主持下着手编制我国第一部水工建筑物抗震设计规范，以水利水电科学研究院为主编单位，大连工学院为参编单位之一。韩国城、林皋等参加编制工作。林皋实际负责地震动水压力和混凝土拱坝的抗震设计分析。国外规范普遍采用威斯特伽德(Westergaard)附加质量公式来计算水坝由地震所引起的动水压力，这种基于刚性坝面假定导出的计算公式忽略了坝本身振动变形的影响，比较保守而不合理。根据我国工程实际，林皋和陈德钜二人在我国最早开展了应用电子计算机进行重力坝和拱坝在不同河谷形状下三维水库地震动水压力的计算分析方法和计算程序的研究，据此计算分析了各种典型重力坝和拱坝在不同地震波作用下的坝面动水压力分布规律。当时学校电子计算机容量不足,只能利用大连造船厂的计算机进行编程计算。但该厂为军工生产单位,当时林皋还在被审查中,不被容许进入该厂,所以由陈德钜进入该厂机房进行运算。当时计算机的编码程序还比较复杂,林皋熟习得比较快,从而由林皋进行编程,遇到问题则打电话联系,研究解决,二人配合得十分默契。就这样工作了将近两年,终于完成了重力坝、拱坝以及进水塔等结构地震动水压力分布规律的研究,并总结了在计算过程中根据迭代误差和矩阵特征值的变化,选择最优超松弛因子的方法,不仅可以节省计算工作量,而且非常有利于提高计算精度。研究成果为《水工建筑物抗震设计规范》SDJ10-78(试行)所采用。在此基础上还撰写了《水坝动水压力的计算方法和计算程序研究》的学术论文,1975年在《大连工学院学报》上发表。与一些先进国家的规范相比,其更为合理。也就是说,在动水压力的计算中考虑了坝体弹性振动变形的影响,使动水压力沿坝高的分布更接近工程实际。地震动水压力沿坝高的分布成为规范中具有中国特色的研究成果。规范获得全国科学大会奖,动水压力计算方法和计算程序获 1977 年辽宁省科学大会奖。

1975 年 2 月 4 日,海城发生了 7.3 级大地震,震源深度 16.21 千米,震中烈度为 9 度,震中地区面积达 760 平方千米,不少房屋和工程建筑物遭到严重震害。作为从事抗震研究工作的林皋认为这是一次难得的在实践中学习的机会。获得批准后,他和陈德钜一起立即奔赴海城地震灾区进行实地勘查。在震中区房屋等建筑物大多数遭到破坏,烟囱几乎全部倒塌,铁路上的铁轨出现局部弯曲,桥梁也发生不同程度的震害,地面出现裂缝、陷坑和喷沙冒水现象,真是满目疮痍。他们二人冒着余震不断的危险,重点深入水利工程现场考察震害情况。在十分艰难的条件下,白天步行,晚上在抗震棚中住宿,获得了许多难得的水坝、水闸等水利工程震害的第一手资料。这是林皋生平第一次亲临震区进行的实地勘查,对他心灵的震动极大,更加增强和坚定深入开展抗震研究的责任心。

在林皋从事白山拱坝的抗震试验研究和安全评价工作,为编制规范应用电子计算机进行水坝地震动水压力的研究,以及亲赴海城地震灾区进行震害调查等活动中,他尚处在被审查的状态,只能默默无闻地从事幕后工作,不能出面。出于对科研工作的热爱,他觉得能让自己参加工作就是最幸福的了。董毓新、韩国城等周围的一些党员同志也都在勉励林皋,希望他能对国家的社会主义建设做出贡献,并且把这作为对自己的考验。因此即使在研究工作中遭遇到一些挫折时,比如有的会议不能参加,电子计算机房进不去,撰写的科研报告不能署名、不能宣读等,他都能比较泰然处之。对科研工作永不放弃,能主动克服思想上产生的波动,工作中十分投入,严格要求自己,经得住考验,表现出极为坚强的意志和高尚的品格。

1975 年组织上宣布了对林皋历史审查的结论:“对参加三青团的指控查无实据,予以否定。参加了一次正气中学的校友会”。林皋当时不了解为什么要写上正气中学校友会,就问该校友会是什么性质的组织,回答是一般群众组织。1976 年 5 月林皋再次被派往庄河县青堆子学农基地工作,这次没有参加体力劳动,而是负责水利工程的维护和监测。10月,党中央采取果断措施,一举粉碎了“四人帮”。11月,林皋回到学校。之后,组织上做出了林皋没有问题的结论。林皋的教学科研工作从此恢复正常。1977年年初,作为领队带领学生至水利工程工地进行过生产实习,回校后学校组织“开门办学”活动,林皋和水利系的教师金同稷、宋或浙、施宗福、朱玮、陈守煜等一道至黑龙江省鸡东县与当地水利局合作进行水利工程的设计施工活动。林皋对工作也是兢兢业业。

林皋在后来的总结中这样写道:“在‘文化大革命’中,认为自己做得对的一方面,就是一旦有了工作的机会,即使在接受审查的时候,没有计较个人得失,而是努力地争取为社会主义建设发出一份光和热。”

第三章

春风化雨 大展宏图

1976年,我们党一举粉碎了“四人帮”,结束了“文化大革命”的十年动乱,万众欢腾,百废待兴。1978年,党中央、国务院召开了全国科学大会,这是一次改变中国科学命运、具有非凡历史意义的大会,邓小平同志发表了重要讲话,指出了四个现代化的关键是科学技术现代化。他重点阐述了科学技术是生产力、我国的知识分子是工人阶级的一部分的观点。中国科学院院长郭沫若以“科学的春天”为题在大会上发表了热情洋溢的演讲,道出了广大知识分子的心声。全国科学大会给中国知识分子带来了福音,使他们振奋精神,全身心地投入到科学和教育事业中去,也让经历磨难但初心未改的林皋迎来了事业的春天,真是春风化雨,尽可大展宏图。改革开放的年代,林皋的大坝抗震研究进入发展的第二阶段,通过“六五”“七五”“八五”“九五”国家重点科技攻关项目以及世界银行贷款的支持,研究工作得到蓬勃发展,在计算理论与模型试验技术方面达到了新的高度。

第一节 丰满大坝的抗爆安全分析

丰满水电站是我国较早建成的大型水电站,被誉为“中国水电之母”。根据周恩来总理的指示要求,丰满水库的大坝需要增建泄水隧洞,以便在必要时可以放空水库以满足人防要求。1972年开始立项后,隧洞进口在深水以下,如何进行开挖施工成为需要解决的关键技术问题。经过初步设计比较,水下岩塞爆破方案可以避免水下施工,节约大量工程投资，而且施工不受水库水位影响，工期短，施工简便，爆破后没有尾工程，成为首选方案。但丰满水电站是一座库容100亿方米的大型工程，混凝土坝坝高90.5米，为日伪时期建造，施工质量低劣，隧洞进水口在水库死水位以下22米。设计单位水电部东北勘测设计院指出，于大坝近区进行大直径、大药量的水下岩塞爆破，首先必须回答爆破振动对大坝在上游满水情况下的安全问题，因为这直接关系到吉林、哈尔滨两市及第二松花江下游两岸人民生命财产的安全，问题十分尖锐，成为关键工程技术问题，方案设计必须做出十分可靠的回答。

东北勘测设计院自1975年以来就一直作为专题进行研究，也曾委托一些单位进行过多年的研究计算，并将结果多次向水电部领导汇报，但均未得出满意的结果。在这种情况下，该课题成为一般人都不敢贸然接受的具有较大风险的研究课题。1978年6月，林皋毅然接受了东北勘测设计院的委托，勇敢签订了协议。就丰满水库大坝泄水隧洞进口水下岩塞爆破方案开展了爆破冲击波作用下大坝动态特性与安全性的研究工作，以便论证方案的可行性。丰满泄水隧洞直径10米。隧洞进口在库水以下深19.8米，预留岩塞直径11米，通过爆破将石渣排出，使隧洞贯通。最大一响所需装药量4 076.5千克，爆破的土石方量4 419立方米。岩塞口与大坝的最近距离为280米。确保爆破振动对大坝的安全是十分重要的。这是国内规模最大的水下岩塞爆破工程，丰满大坝原施工质量差，存在隐患值得重视。林皋认为需要对爆破引起的大坝振动响应做出比较准确的预测。但当时国内外并没有可供应用的现成计算程序。为了进行调研，选择计算方案，编制计算程序和调试，在半年多的时间内，林皋多次来往奔波于长春和大连两地。终于提出了应用子空间迭代法预测大坝动力响应的计算方案，并将结果同大坝工地近场小型爆破振动试验成果相结合，对大坝安全进行综合安全评价。在半年多的时间内进行了动力计算程序的编制和调试，完成了全部计算分析，从稳定和强度两方面评价了大坝的安全性。这为丰满大坝采用水下岩塞爆破方案的可行性提供了技术论证，致使设计顺利地通过了水电部的审查。1979 年 5 月 28 日，水下岩塞爆破获得圆满成功，保障了大坝的安全。按正式爆破结果记录，坝顶控制点计算位移 0.46 毫米，实际观测位移 0.4～1.0 毫米，爆破中实测到的坝体应力分布规律和坝顶的速度反应与计算预测值十分吻合，根据爆破前后检查，大坝没有出现裂纹，证明对大坝安全性的估计通过了实际检验。丰满水下岩塞爆破工程其规模之大，在当今世界上屈指可数。在这项课题研究中，林皋对大坝近场大爆破地震响应的预测获得了满意的结果。丰满工程水下岩塞爆破方案设计，药室布置方面技术先进，用药量节省很多，爆破施工简单，进度快，费用低，较常规围堰方案可节约投资近 870 万元，经济效益显著，为我国在运行水库或天然湖泊中增建泄水洞采用水下岩塞爆破方法一次成型提供了有益经验。1980 年由国家科委、水利电力部联合组织鉴定，同年荣获国务院基本建设委员会在全国科学大会上颁发的优秀设计奖和水电部科技进步一等奖。1985 年荣获国家科技进步一等奖，林皋为获奖人之一。1988 年被编入高等学校单项年经济

图 3-1　丰满大坝岩塞爆破

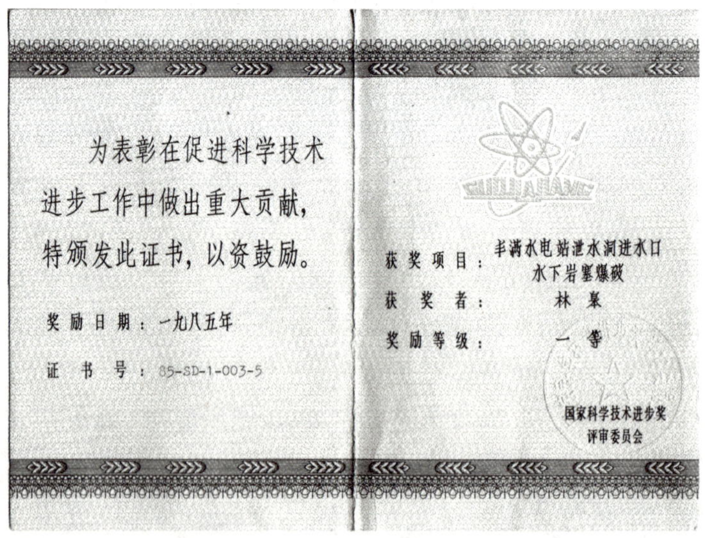

为表彰在促进科学技术进步工作中做出重大贡献，特颁发此证书，以资鼓励。

奖励日期：一九八五年

证书号：85-SD-1-003-5

获奖项目：丰满水电站泄水洞进水口水下岩塞爆破

获奖者：林皋

奖励等级：一等

国家科学技术进步奖评审委员会

图 3-2　国家科技进步一等奖证书

效益五百万以上科技成果汇编。事后水电部东北勘测设计院派员专程到大连工学院表示感谢,并放映了爆破过程中记录的电影。在表扬信中称赞:“林皋教授在丰满水下岩塞爆破中对爆破震动效应的合理解答使科学直接为工程实践服务树立了典范,为国家基本建设做出了重大的贡献。”

第二节　晋升教授　加入中国共产党

在向科学技术现代化进军的号角声中,1978 年林皋被任命为大连工学院工程抗震研究室主任。水利工程专业成为第一批招收研究生的专业,林皋招收了第一批硕士研究生,他们分别是楼梦麟、周晶、蒋永光、周永平、杨继华等五人,从此林皋又重新挑起了教书育人的重担。他以美国著名学者克拉夫和彭津的新著《结构动力学》作为教材,为研究生讲授结构动力学课程。林皋由于结合自己科研实践的体会,教学水平较高,受到学生们的欢迎。后来这门课程吸引了力学系研究生前来选修和造船系老师前来听课学习。1978 年也是林皋较为丰收的一年。他在科研工作中刻苦钻研,埋头苦干,除完成的丰满大坝抗震安全分析项目获得生产部门的好评外,他在《水工建筑物抗震设计规范》(以下简称《规范》)的编制中发挥了重要作用,《规范》获全国科学大会奖;他作为水工结构专业的学术带头人,坚持组织学术活动,特别关心研究室成员的业务提高,为此被评为大连工学院 1978 年度先进工作者。1979 年大连工学院学术委员会和党委讨论通过提升林皋为教授。1980 年 3 月经辽宁省人民政府审批同意。1981 年 9 月林皋被国务院学位委员会评为我国首批水工结构工程专业的博士生导师，成为大连工学院水利工程系唯一的博士生导师，招收了第一届博士研究生楼梦麟和周晶二人。20 世纪七八十年代我国进入改革开放时期，经济建设蓬勃发展。一批 100～200 m 级的高坝在水力资源丰富的西南和西北地区进行建设。该地区地质条件复杂，地震活动性强，大坝抗震为设计中需要解决的关键技术问题之一。林皋就指导着他的研究生们围绕着有关课题开展研究，撰写学位论文；于是有一大批学术论文在许多学报上公开发表，比如：《板、壳结构动力分析的一种简化方法》《拱坝振动计算的梁拱子结构模态方法》在《大连工学院学报》上发表，《混凝土大坝抗震设计和研究中的若干问题》《坝上附属建筑物的地震荷载》在《水力发电学报》上发表，《切缝对大坝动力特性的影响》《成层地基上水坝的自振特性》在《土木工程学报》上发表。

林皋于 1983 年 7 月 28 日再次将亲笔写下的长达 30 页 1 万多字的入党申请书递交给了党支部。申请书详细地汇报了自己的有关情况，内容包括个人简历、家庭成员及社会关系、家庭经济状况、对党的认识和思想转变过程、入党动机、优缺点分析等六大部分。现将其中的入党动机部分转述如下："我出生于旧中国，亲身体会到在帝国主义压迫和国民党反动统治下，中国人民所遭受的深重苦难，我们多么盼望有一个强大的中国。只有在中国共产党的领导下，中国人民取得了革命的胜利，建立了伟大的中华人民共和国，从此中国人民真正站起来了，每一个热爱祖国的人，都感到扬眉吐气。

新中国成立之后，党领导我们取得了社会主义革命和社会主义建设中的许多伟大成就。社会主义制度的建立，实现了我国历史上最深刻最伟大的社会变革，为我们国家的进步和发展奠定了深厚的基础。中国革命经历过曲折的道路，但是在十一届三中全会以后，党拨正了航向，领导我们进入了新的历史发展时期。十二大提出的宏伟的战略目标，极大地鼓舞了全国人民社会主义建设的热情。百多年来，无数革命先烈抛头颅，洒热血，前仆后继，为了建立一个强大的中国。他们的理想，一个高度文明、高度民主的现代化的社会主义中国即将在我们这一代手中实现。想到这儿，心情真是十分激动，同时也感到肩负责任的重大。数十年来，我从自己的切身经历中体会到党所指引的道路，是中国人民求解放的唯一正确的道路，共产主义事业是人类历史上空前伟大的事业，一个真正的革命者，他的理想，他的愿望，就是要为这样一个伟大的目标而终身奋斗。当然，共产主义事业还是一个比较长的历史进程，我们当前就要为党的现阶段目标而奋斗。

我是在新中国党的培养和教育下成长起来的，在旧中国我不会有任何出路，但是在新中国，党给我各种学习和锻炼的机会，使我成长为一个人民教师，掌握了一定的技术知识，才能也得到了充分发挥的机会。但是我的知识，我的一切都是属于人民的，没有党，没有新中国就没有我的一切。我要把这一切献给党，献给人民。我从认识党的伟大到成为一个比较自觉的革命者，一个愿为共产主义事业而终身奋斗的人，经历了漫长的道路。这一个过程，也是我逐步端正入党动机，从一个为个人读书，为个人谋出路，为个人打算的小资产阶级知识分子逐步成长为一个愿意为共产主义事业而奋斗的革命者的过程,我深深体会到一旦挣脱了个人打算的束缚,我的眼界就打开了,我的心胸就宽广了,感到我有无穷的力量为祖国的现代化,为共产主义理想而献身。我也预见到在前进的道路上我们所面临的困难还不少,我作好了一切准备,为了无产阶级革命事业的需要,而贡献自己的一切,直至自己的生命。请党考察。"

由金同稷、倪汉根作为林皋的入党介绍人,1984 年 7 月 20 日经党支部大会讨论通过,1984 年 8 月 2 日经党委讨论同意林皋入党。林皋要求入党三十多年,经历了多次严峻的考验,终于成为一名光荣的共产党员。

第三节 大坝抗震研究进入新的阶段

我国水资源匮乏,人均占有量仅为世界平均值的四分之一,而且受季风影响,时空分布极不均匀。水电为清洁、优质、高效的绿色能源,我国水能蕴藏量和技术可开发量均居世界第一位。大坝和所形成的水库承担着实现河流调节,合理利用水资源,优化能源结构的重要作用。水库同时还发挥着防洪、抗旱、航运、改善生态环境、促进地区经济发展等综合利用的功能。20 世纪 80—90 年代以后,我国实施"西部大开发"和"西电东送"的战略,促进了水电能源开发和水利工程建设的空前发展。建坝高度也从前一时期的百米级左右进入到 200 米、300 米以上的顶级高度。但是,我国水能资源丰富的长江和黄河中、上游以及红水河流域等均位于西部山区，其地质条件复杂，地震活动强度大、频度高。高坝、大库关系着下游广大地区，其工农业生产和人民生命财产的安全。在如此严峻的条件下建设高坝，其抗震安全性成为需要解决的关键技术问题。我国“七五”“八五”“九五”等计划中的重要科技攻关项目都列入了高坝抗震安全的有关课题。林皋科研团队就是在这种新形势下开启了新的征程。

1980 年大连工学院获得了世界银行贷款的资助，进行试验室建设。林皋领导的抗震研究室申请到资助建立地震模拟试验系统。为此引进了美国 MTS 公司生产的振动台，其主要参数如下：台面工作区尺寸 3 m×3 m，最大荷载质量 10 t，水平最大位移±75 mm，水平最大速度±50 cm/s，水平满载加速度 1.0 g，工作频率范围 0.1～50 Hz。激励方向：水平。数年后进一步获得国家资助扩建为水平、垂直及其面内摇摆的二维水下电液伺服地震模拟系统，其垂直最大位移±50 mm，垂直最大速度±35 cm/s，垂直满载加速度 0.7 g。最大载荷重心高度 1.0 m，最大荷载偏心距：0.5 m。系统于 1985 年基本建成，为大坝抗震研究提供了有利的物质条件。

林皋带领他所指导的博士生、硕士生们继续开展了大坝抗震的理论分析、大坝地震响应的数值模拟计算与大坝地震损伤破坏的试验研究工作。作为预备项目，1983 年申请到中国科学院科学基金资助的项目“有限条带法研究拱坝振动特性”[(83)科基金技准字第 788 号]的研究，据此于 1985 年完成了“拱坝动静力分析的条带模态方法及计算程序”的研究成果。研究出了可以比较广泛适用于不规则板壳动力分析的条带模态方法,其计算程序在 IBM-PC 微机上调试成功,可进行动态与静态分析。由于自由度可减至有限元方法的十分之一左右,大大节约了计算工作量,从而有利于拱坝的优化选型,加快设计速度,为水电建设带来较大的经济效益。在此基础上进一步发展了适用于空腹拱坝这种复杂壳体结构的薄片模态法,并在国产和 TQ-16 中型计算机上调试成功。结合湖南风滩空腹拱坝(堤高 112.5 米)运用此法编制计算程序进行计算效果良好;结合广东东江双曲拱坝运用此法编制计算程序进行计算效果也良好。空腹拱坝对于洪水流量大、河谷狭窄的地形条件有很大的优越性,近年来在我国获得较大发展,为在地震区的推广应用创造了有利条件。中国科学院学部委员、水电部总工程师潘家铮认为:条带模态法发展了一个进行拱坝静动态分析的较简捷准确的新方法,思路新颖,推导正确,效果很好,有利于推广普及,有利于进行一些更复杂问题的探讨。研究成果于 1986 年 9 月在美国召开的世界第一届计算力学会议上进行交流,并被推荐至学术期刊《应用数值方法通讯》(*Communications in Applied Numerical Methods*)上发表(1988 年 4 月,vol. 4,No. 2)。

1986 年至 1990 年,林皋科研团队承担了多项国家“七五”重点科技攻关项目。在“高坝的抗震与稳定”项目中的“高拱坝的抗震分析”[编号 17-2-2(3-2)]和“拱坝多拱梁法分析的完善和改进”[编号 17-2-2(2-1)]两个专题取得的研究成果,经过同行鉴定评价认为:首先,创造性地提出采用拱梁模态法的新概念,对坝高 245 米的二滩拱坝 7 拱 13 梁的一组进行了动力分析,建立了较精确的计算模型,使分析方法得以简化,可在微机上完成计算,时间大为缩短,有利于推广。从目前采用的拱梁变位四向调整提高到六向调整,同时考虑了拱梁断面沿轴线方向的变化影响,因此提高了计算精度,适用于计算各种拱坝体型,所取得的成果对高坝设计有参考价值。第二,提出了广义边界元法分析坝水耦合振动,可考虑库水可压缩性等因素的影响,简化了计算方法,对坝基相互作用建立了合理的计算模型与方法,对高坝设计有参考价值。第三,采用边界元法研究了不同形状拱坝河谷处地震波散射问题,在河谷形状对拱坝地震输入的影响方面得到了有参考意义的认识。鉴定结论认为两项专题研究在学术上有创新,其研究成果达到国际先进水平。

在"七五"期间我国有一批高拱坝进入设计、施工阶段,青海黄河李家峡双曲拱坝(坝高 165 米)为其中之一。工程由能源部西北勘测设计院设计,坝址区的地震烈度为 7 度,主要建筑物拱坝按 8 度设防。由于美国高 113 米的柏柯依玛(Pacoima)拱坝在圣费尔南多(San Fernando)和北岭(Northridge)两次大地震中都遭到损伤破坏,大坝的抗震安全性受到关切。有的专家建议进行大坝地震安全破坏的模型试验。进行大坝的动力模型破坏试验,国内外都缺乏这方面的经验,只能进行探索性研究。

林皋科研团队承担了国家"七五"重点科技攻关项目"高坝的抗震与稳定"中的"李家峡拱坝动力破坏模型试验研究"[编号 17-2-2(5-8)]专题的任务,它包括三个方面的内容:一是拱坝动力和破坏模型试验技术和模型材料的研究。通过多次试验,研制了两种强度和弹模都比较低、容重和脆断特性都与大坝混凝土相接近的仿真模型材料，探讨了进行拱坝动力模型破坏试验技术与测试结果的代表性问题，以便适当地评估拱坝的超载潜力和进行抗震安全性评价。二是李家峡双曲拱坝空库和满库动力特性试验研究。在试验中模拟坝基弹模的变化，并对坝基中存在的 9 条不同走向和位置的大小断层进行模拟，根据工程勘探资料模拟断层间的摩擦系数，从而加深了地基及断层对双曲拱坝动力特性影响的认识，为实际工程提供更为合理的参考数据和资料。三是李家峡双曲拱坝动力破坏试验研究。这是我国首次在 MTS 地震模拟台上进行比例尺为 1∶150 的大型模型动力试验和拱坝空库动力模型破坏试验，对拱坝的地震破坏过程及破坏机理进行了比较深入的探讨，发展了拱坝动力模型破坏试验技术，对拱坝的模态破坏特征、超载能力及安全评价取得了许多新的认识和提出了新的见解。模型模拟了拱坝坝体上的 8 个孔洞，研究了坝身孔洞与坝基断面软弱带等因素对拱坝动力特性（拱坝频率、模态）以及地震破坏特性的影响，对拱坝抗震设计、提高拱坝抗震能力有实际的参考价值。对大坝动力模型破坏实验技术的探索是一个不断深化的过程，李家峡动力模型破坏试验是一个开始。在“七五”和“八五”期间还结合龙滩重力坝、拉西瓦拱坝和小湾拱坝等进行过动力模型破坏试验研究。研究成果在国际会议上进行过交流并在学术期刊《大坝工程》（*Dam Engineering*）（1993 vol. IV，173-186）和《结构工程》（*Structural Engineering*）（2000，vol. 126，926-935）上发表。国际大坝委员会大坝抗震委员会主席威蓝德（Wieland）曾给予比较高的评价，认为：“林皋教授团队重要贡献之一为模型试验研究，识别破坏模态对于改进大坝的抗震设计是很重要的，我还不知道任何其他研究机构进行过这种系统研究。”(详细参见第四章第四节)

林皋科研团队还承担了国家“七五”重点科技攻关项目“高混凝土坝的裂缝及其防治”的子课题“混凝土裂缝的评定及裂缝的检测技术”(编号 17-2-1-3)中关于裂缝危害性评定及计算程序的研制任务。结合能源部贵阳勘测设计院设计的贵州乌江东风拱坝(双曲抛物线型，坝高 153 米)，采用有限单元法进行接触非线性分析研究了裂缝对拱坝动力响应和抗震安全性的影响。1987 年林皋将他所领导的水工抗震研究团队从 1958 年以来的水坝抗震研究工作进行总结，获推荐申报国家自然科学奖励，但未成功。“水坝抗震理论与试验技术”项目，1988 年获国家教委科学技术进步二等奖。

第四节 核安全技术研究课题

20 世纪 80 年代林皋带领团队开拓核电结构领域的抗震研究。核电是一种清洁、高效、优质的现代能源。发展核电对优化能源结构，保障国家能源安全具有重要意义。1984 年城乡部抗震办公室和国家计委基本建设标准定额局采纳专家建议，将《核电厂抗震设计规范》(简称《规范》)列入国家“七五”规划。主编单位为国家地震局工程力学研究所，由胡聿贤院士领衔，参编单位有核工业第二设计研究院、上海核工程研究设计院、同济大学等。1985 年成立《规范》编制组，林皋自荐参加并被安排担任地下结构组长，负责地下结构章节的编写。林皋全身心地投入工作。还利用访日机会，经日本教授介绍，参观了日本的滨冈和柏崎－刈羽等核电厂，收集有关核电抗震的有关信息和资料，并撰文介绍。在编制组林皋逐渐发挥了骨干作用。后又被委派担任规范结构组组长。经过五年工作，完成规范送审稿，并提交专题研究报告。《规范》含三大专题研究：(1)设计地震动；(2)核电厂建筑物与构筑物的抗震设计标准；(3)地基抗震稳定性验算。林皋负责第(2)专题，并提交“各国标准特点分析与建议的我国标准内容的讨论意见”报告。《规范》于 1999 年获中国地震局(省部级单位)科学技术进步一等奖(林皋排名第四，前三名为主编、副主编)。1987 年林皋科研团队承担了国家“七五”重点科技攻关项目“核安全技术研究”课题中的“充液设备流固耦合抗震分析”专题(编号 75-19-03-49)研究任务，该项目经专家评审建议由大连工学院和清华大学两个单位共同承担，大连工学院为主持单位。以压力壳和储液罐两种典型结构作为代表性的研究对象。大连工学院提交了“核安全技术研究充液设备流固耦合抗震分析”的研究报告。报告的主要内容包括：

(1)设计并加工出有机玻璃压力壳试验模型，在振动台上进行了试验，测出了模型结构的自振频率和振型，得出了水平振动情况下应力集中的区域。动力模型试验和理论分析的结果表明，压力壳主要受运行和事故压力控制，地震作用将不对压力壳的安全产生重要影响。

(2)模型试验、计算分析与实际震害都表明,地震作用下核电厂的储液罐(核废液储罐)为抗震薄弱环节。计算模型假设为自由放置于地面上的圆柱形储罐,地震破坏的主要形式为象足鼓形和菱形失稳。研究表明,水平地震作用下罐中的液体晃动使自由放置于地面的储罐底面一侧局部翘离地面,罐的另一侧则压向地面。地震运动方向改变时,原来翘起的一侧将对地面产生冲击而引起很大的压应力,导致罐底面附近的罐壳局部失稳。实际震害表明,罐底面翘离可能是失稳的重要因素。例如,锚固于地面的储罐,只要锚栓未被破坏,则失稳很少发生。因此,在计算模型中考虑罐底面的翘离十分重要。对储液罐的研究进行了试验和理论分析,模型试验采用了两种模型材料。薄钢板模型用于弹性动力试验,观测罐的变形和应力;用铝板加工成形的罐则用于失稳试验。因为铝板的弹模比钢板小很多,实验中易于出现屈曲失稳现象。在分析中一般假设罐底板为刚性,计算的罐底翘离区与实际差别较大。本研究中底板假设为弹性,计算的提离范围为新月形,与实验结果相符。本研究改进的计算模型,提高了地震时罐壁变形和应力计算的准确性,使屈曲失稳的判断更为可靠。研究成果加深了对储液罐抗震性能的认识。

地下结构的抗震分析也是林皋科学研究的一个重要方面。1988 年林皋应邀到浙江大学讲学,内容为地下结构抗震的有关问题。在此基础上林皋对地下结构抗震分析方法的国内外发展现状进行了全面论述，写成论文《地下结构抗震分析综述》发表在《世界地震工程》1990 年第 2、3 期上，受到读者欢迎，获得大量引用。其中黄河水利委员会勘测规划设计院于 1991 年编辑出版《强震对地下工程的影响》一书，该书作为南水北调西线工程的参考资料之一，该书全文引用林皋编写的《地下结构抗震分析综述》并作为附件进行推荐。2015 年力学学报总编辑来函邀约林皋为力学学报写一篇有关地下结构的论文。林皋将最新的研究成果，写成《地下结构地震响应的计算模型》一文于 2017 年在力学学报上发表(49 卷第 3 期)。

总之，20 世纪 80 年代是我国的一个科学春天，也为林皋团队吹响了向科学进军的号角。1989 年 6 月林皋获得“辽宁省劳动模范”的光荣称号。在《辽宁省劳动模范表》中是这样描述林皋业绩的：由于他在科研中勇于创新开拓，勤勤恳恳，取得了丰硕的成果。以他为主要负责人完成的“水坝抗震理论与试验技术”1988 年获国家教委科学技术进步二等奖，“拱坝分析的改进梁拱子结构方法”1988 年被辽宁省科协评为一等优秀论文。目前他亲自主持和领导了 5 项国家“七五”重点科技攻关项目和 3 项其他项目，在 1987—1988 年，他亲自执笔完成了 8 篇学术论文，他指导下的研究生发表了 27 篇论文，其中他有 3 篇论文在国际会议上宣读，受到了国内外专家的赞赏和关注，有的成果对实际工程有重要参考价值。

第五节　“八五”攻关　成果辉煌

20 世纪 90 年代迎来了我国水电工程建设的高潮。“八五”期间及 2000 年前后我国大坝建设的高度也从 200 米级朝着 300 米级世界超高大坝的方向发展。大坝抗震安全性评价技术的难度也随之增大。这对于林皋及其科研团队来说既是难得的机遇又是严峻的挑战，此时林皋所指导的博士生如楼梦麟、周晶等已陆续毕业并留校任教，成为林皋的得力助手，不断壮大且实力雄厚的林皋科研团队，承担了 5 项“八五”国家重点科技攻关项目和 1 项国家自然科学基金项目，他们在大坝抗震技术领域中不断开拓创新，勇攀科技高峰。

林皋团队在“八五”国家重点科技攻关子题“成层体系碾压混凝土重力坝抗震研究”中承担的研究内容包括对龙滩水电站坝址设计地震动研究以及采用计算和试验方法对龙滩大坝进行抗震安全评价。

龙滩水电站是开发广西红水河上游水力资源的骨干工程，龙滩大坝是当时我国和世界上最高(坝高 200 米级)、规模最大(总库容 273 亿立方米)的碾压混凝土重力坝。坝址处于 7 度地震区，按 8 度设防。在初步设计阶段，能源部中南勘测设计院曾委托广东省地震局进行地震危险性分析，确定设计地震动参数。但经地质专业组讨论，并经水利水电科学研究院抗震防护所验算，认为坝址处于弱震环境，地震加速度取值偏高。为此，设计院委托大连理工大学进一步深入研究。林皋团队在查阅大量国内外相关资料的基础之上，经过认真的研究分析，认为近坝 20 千米范围内历史上没有地震活动记录，坝址潜在地震危险性主要受周围地震影响。原报告中引用的地震烈度衰减关系与所处的弱震环境不相适应，是坝址地震动参数取值显著偏高的主要原因。我国按地区统计的地震烈度衰减关系，以台湾地区最为平缓，即衰减最慢，依次为新疆、华北、东部、西部、华南和川滇等地。川滇的衰减坡度最陡，即衰减较快。原报告主要参考美国西部地区资料所选的烈度衰减关系基本与我国台湾相当，对场地地震强度的估计明显偏高。一些作者的统计与分析表明，以美国西部的烈度衰减关系与我国华北、西南地区的衰减关系相比，美国西部的衰减平缓，我国西南地区则衰减较快。据此，在参考坝址地震烈度衰减关系的基础之上，并权衡我国华南和美国西部的地震地质背景，建议了比较恰当的衰减关系，使之基本与我国平均衰减关系相当，略高于东部与华南地区，且显著高于川滇地区的衰减关系，具有一定的安全裕度。所得出的结果：设计基准期为 500 年超越概率 0.1 的坝址地震加速度将从 0.225g 降为 0.135g，从而使大坝剖面由地震工况控制转而由基本荷载控制，为节省大坝工程量提供了重要依据。与原设计相比，初步计算可节省大坝混凝土方量约 30 万方，可节省投资约 1 亿元人民币。

林皋科研团队还进行了多个断面（12 个）模型的仿真材料动力破坏试验，其中一期和二期溢流坝段 7 个，挡水坝段 5 个，获得了大坝抗震薄弱环节及其破坏形态和发展过程比较清晰的图像。在此基础上进行了三维有限元的抗震动力分析，对大坝的抗震安全性进行评价，并针对大坝抗震的薄弱部位提出了加强大坝抗震稳定性的工程措施。这对改进坝体的抗震设计具有较大的参考价值，从而使龙滩工程枢纽布置由部分坝后厂房和部分地下式厂房最终优化为全地下式厂房枢纽的布置方案，较好地满足了碾压混凝土坝型的要求和便于泄洪的要求，产生了较大的经济效益和社会效益。

1983 年底将“龙滩大坝抗震计算及抗震试验”专题的六份研究报告提交同行专家进行鉴定，鉴定专家组技术负责人中南勘测设计院总工王三一最后对评价做出的总结：龙滩大坝为 200 米高碾压混凝土坝，是当前国内外建设中的最高碾压混凝土坝，“八五”期间及 2000 年前我国将有大量高混凝土坝在地震区进行建设。本项研究完成的大坝场址地震危险性分析，提出了比较合理的、符合实际的地震动参数，符合坝址地震地质背景，并与相似条件下坝址地震危险性分析结果相协调，使大坝设计剖面由原地震作用的非常工况控制改为由基本荷载组合工况进行控制，节约了大量工程量与设计工作量，可推广应用至其他工程，具有显著的经济效益与社会效益。本项研究将混凝土大坝抗震设计提高到一个新的水平，对合理进行大坝抗震设计，选择大坝优化剖面，保障大坝安全有重要意义。本项研究进行了大量动力破坏试验，提出了大坝抗震安全的定量评价准则与评价方法，具有比较高的理论水平与实际应用价值。同时指明了大坝抗震薄弱环节与加强措施，对大坝抗震设计、保障大坝安全具有重要意义。综合专家评审意见和科技查新结果认为，本研究成果达到国际先进水平，具有推广应用价值。1995 年获得水电水利规划设计总院科学技术进步一等奖;1998 年 2 月获得电力工业部科学技术进步二等奖。1995 年 5 月“龙滩大坝抗震计算及抗震模型试验”项目获得国家教育委员会科学技术进步二等奖。

拱坝是一种优越的坝型,超载能力强,而且可大量节省工程材料。但拱坝对坝址的地形、地质条件有比较高的要求。我国在长江和黄河中上游有许多优良的拱坝坝址,所以,我国“八五”“九五”期间兴建的 200 米至 300 米级的高坝多以拱坝为主。其中,小湾和溪洛渡等都是世界级的高坝,其高度超过当时已建的世界最高拱坝——苏联的英古里拱坝,该坝坝高 271.5 米。由于西部地区地震活动性强,这些坝的设计地震加速度都超过我国东部和华北地区所建坝的地震设计加速度水平。所以,高拱坝抗震是值得进一步深入研究的课题。林皋科研团队承担了国家“八五”重点科技攻关项目“高拱坝关键技术研究”课题“坝体、库水和坝基相互作用动静力分析研究”专题中的两个子题的研究任务,它们分别是“高拱坝坝体、坝基抗震特性及动力设计方法研究”子题(编号 85-208-01-01-17)和“高拱坝抗震安全评价的理论与试验研究”子题(编号 85-208-01-01-33),前一个子题结合拉西瓦工程的需要进行,后一个子题则结合小湾工程的需要进行。拉西瓦是黄河上规模最大的水电站,拱坝最大坝高 250 米,电站装机容量 420 万千瓦。小湾水电站是澜沧江上的骨干电站,计划装机容量 420 万千瓦,小湾拱坝设计高度 292 米。坝址位于强地震区,其 500 年超越概率 10%的设计地震加速度达到 0.308g。经过深入研究,先后提出了“高拱坝坝体、坝基抗震特性及动力设计方法研究”(1995 年 2 月)，“高拱坝抗震安全评价的理论与试验研究”之一(1995 年 7 月)及“高拱坝抗震安全评价的理论与试验研究”之二(1996 年 4 月)等报告。这些子题报告取得以下几方面的新进展：(1)地震动空间相关性随机变化条件下的拱坝响应。考虑地震波散射产生的河谷地震动的不均匀性和地震动的随机性变化，提出了拱坝输入地震动的新计算模型，可以反映地震波形、入射方向、波动频率以及地震动空间相关性等各种因素的影响，较现有的各种计算模型更接近实际。(2)拱坝和半无限地基的动力相互作用及其对拱坝地震响应的影响。发展了拱坝和半无限地基动力相互作用的研究。为此，按弹性力学理论，求解了半无限地基的动力格林函数(论文发表于《力学学报》1994 年 26 卷 5 期)。应用于拱坝计算时，进行了一定简化，便于推广应用。(3)拱坝的动力破坏模型试验及抗震安全评价。发展了拱坝动力模型破坏试验的仿真模拟新技术，研制了具有仿真性质的模型材料，提出了原型大坝与模型坝之间地震响应的相互换算关系，根据混凝土坝的地震震害主要表现为动态断裂这一特点，选择产生初始裂缝的地震加速度作为抗震安全评价的重要指标。根据破坏模型试验方法，结合计算分析，再综合考虑随机地震波形、材料动态断裂特性以及坝基动力相互作用等诸多因素的影响，可以接近定量地估算大坝发生初裂的地震加速度。所完成的较大比尺的小湾拱坝动力模型破坏性试验，包括 20 个整体、有孔、有缝等三种体型的模型，所完成的试验数量与研究的深度均超过了国内外现有规模。(4)地震作用的高频循环加载对混凝土动态强度和断裂特性的影响，研究了循环加载历史对混凝土动态强度的影响。此外还通过动力模型破坏试验研究了横缝形态对拱坝抗震安全性的影响，提出了一个计算横缝效应的多拱梁法模型；可以考虑拱坝断面形状和曲率沿水平拱圈的变化。最后在上述研究的基础上提出了高拱坝设计准则的建议。

这两项子题分别于 1995 年 5 月和 1996 年 11 月通过同行专家的鉴定，认为这两项研究成果对于提高我国拱坝的抗震设计水平和更准确地进行抗震安全评价具有重大意义，研究总体上达到国际先进水平，其中拱坝地震动输入计算模型中根据中国台湾已有密集台网的观测资料，考虑地震动空间随机变化影响的计算模型及考虑地震循环加载历史对高拱坝混凝土的动力强度与断裂特性方面的研究达到了国际领先水平。在“九五”期间和 2000 年前后我国将有小湾、溪洛渡等一批世界级高拱坝在高烈度地震区进行建设，超出了现有水工建筑物抗震设计规范所涵盖的范围，这项研究成果有针对性，结合高拱坝的特点，有利于提高拱坝的抗震设计和分析水平，切实解决小湾、溪洛渡等高拱坝的抗震安全问题，使拱坝的选型更为合理经济，为高烈度地震地区拱坝的建设提供技术依据，可创造较大的经济效益和社会效益，具有广阔的推广应用前景。1996 年 12 月“坝体、库水和坝基相互作用动、静力分析研究”项目获得水电水利勘测设计总院科技进步一等奖，1997 年 7 月该项目获得电力工业部科技进步二等奖。

地震观测与模型试验都表明混凝土大坝地震破坏的主要形态是动态断裂。由于施工和运行条件等许多因素的影响,几乎每一座混凝土大坝都难以避免裂缝发生。因此,如何判断和控制裂缝的进一步发展,减少其对大坝的危害是大坝抗震安全评价需要研究的问题。林皋科研团队在“八五”期间又承担了国家自然科学基金资助项目“混凝土的动态断裂特性和大坝的抗震安全评价”(编号 59179365)的课题研究任务,1993 年 11 月提交了“大坝混凝土断裂分析报告”,主要研究了混凝土断裂相关的计算模型问题。

自从 1961 年卡普兰将断裂力学应用于混凝土结构的分析并进行材料的断裂韧度评定以来已有多年历史,在实践中人们发现,将线弹性断裂力学应用于混凝土结构的分析并不十分成功,出现尺寸效应问题。许多研究者致力于这方面的改进,发展了多种非线性断裂力学的计算理论。其中,以希尔伯格为代表在 1976 年所提出的虚拟裂缝模型(FCM)受到广泛重视。1990 年在瑞士召开的“断裂力学在大坝工程中的运用”国际学术讨论会上,专家们认为 FCM 这一模型“具有比较完善的理论基础,其相应的材料特性也经过很多试验室的检验”。但迄今为止,FCM 模型的求解一般都采用有限元等数值方法对裂缝扩张过程进行跟踪。由于断裂过程区所传递的应力与裂缝的张开度有关,需迭代求解,计算工作量大而且繁琐,在实际工程中应用困难,希尔伯格本人甚至认为“几乎不可能求出基于 FCM 的解析解”。经过研究,针对这一问题林皋科研团队推导了虚裂缝模型的基本方程,并可以应用数学规划法求解虚裂缝模型的有关参数。只要已知

材料的断裂能 G_F，再将断裂过程区的张拉软化曲线以双折线进行模拟，则对处于临界扩展状态下长度为 a 的裂缝，可以直接求解其相应的等价断裂韧度、断裂过程区长度和张拉软化曲线折点处的坐标(折点距裂缝端的长度和软化曲线所传递的应力)，将其表示为材料特征长度 C_0 的关系。只要双折线形式已知，则虚裂缝模型的应用就和线弹性模型一样方便。断裂能 G_F 可以通过三点弯曲梁或楔入劈拉试验测定，后者试验的重复性好，装置简单，试验用材料节约。双折线的形式则可以通过试验比较选定。采用所建议的方法不仅计算简便，而且简化了张拉软化曲线的测定(一般张拉软化曲线的测定需要在刚度大的电液伺服试验设备上进行)。相

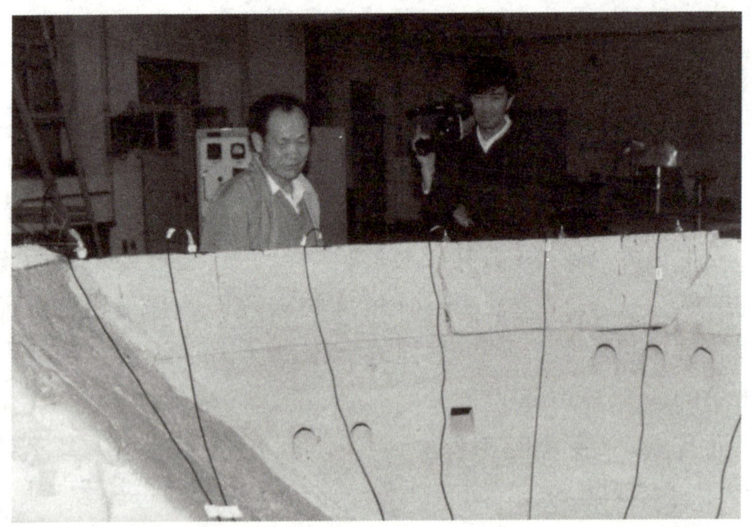

图 3-3 林皋负责开展拱坝动力模型破坏试验(1994 年)

关论文“An analytical approach of the fictitious crack model for concrete”(《混凝土虚裂纹模型的解析方法》)发表于“Engineering Fracture Mechanics”(《工程断裂力学》)(1994 vol. 47, NO. 2),“混凝土断裂问题的数学规划法解”发表于《土木工程学报》(1995 28 卷 2 期)。

本项研究成果成功地应用于“八五”重点科技攻关项目龙滩大坝、拉西瓦高拱坝和小湾世界级高拱坝的抗震安全评价。电力部组织的同行专家鉴定认为,本项研究在混凝土动断裂特性研究及大坝的抗震安全评价方面有创新发展,研究总体达到国际先进水平,其中考虑循环加载历史对高拱坝混凝土的动态强度与断裂特性方面的研究达到国际领先水平。本项目于 1996 年获得辽宁省科学技术进步一等奖。

图 3-4 林皋在混凝土大坝破坏试验中标识大坝裂纹位置(1996 年)

图 3-5 丰满大坝质量检查时在坝前合影(1996 年,吉林市)

图 3-6 林皋在丰满混凝土大坝破坏试验中记录试验现象(1997 年)

此外，国家教委公布从 1991 年起林皋享受政府特殊津贴。“八五”期间，林皋与他的科研助手、研究生在国内外学术期刊上还发表了许多学术论文，受到国内外学术界的关注并获得较高的评价。1994 年 12 月，林皋以其在发展中华民族科学技术事业中取得的优异成绩，荣获 1994 年度光华科技基金二等奖。

图 3-7　1989 年被辽宁省人民政府授予“辽宁省劳动模范”称号

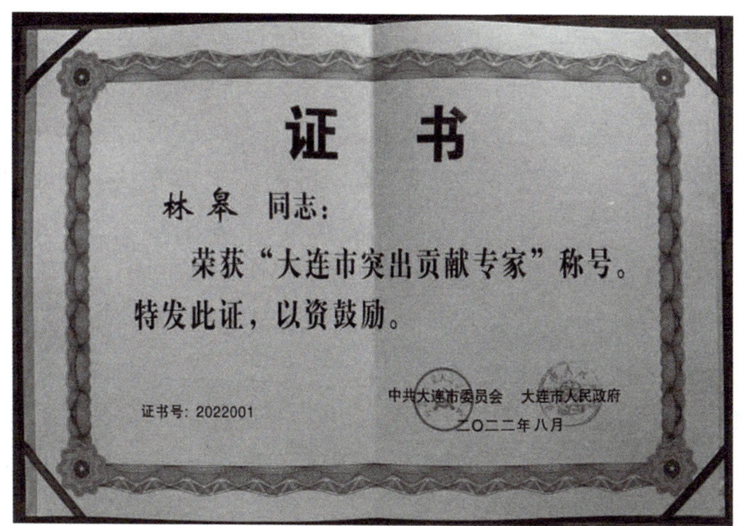

证　书

林皋　同志：

荣获“大连市突出贡献专家”称号。

特发此证，以资鼓励。

证书号：2022001

中共大连市委员会　大连市人民政府

二〇二二年八月

图 3-8　2022 年被大连市人民政府授予“大连市突出贡献专家”称号

第六节　当选院士　引领创新

1997 年 4 月，林皋被推荐为中国科学院院士的候选人。张光斗、邱大洪、程庆国等院士郑重地在推荐林皋为中国科学院院士候选人的推荐书中写道：

林皋同志长期从事水工结构工程领域的教学和研究工作，具有比较高的学术水平，在高等教育和工程界享有一定声望。他在水坝抗震理论和模型试验技术、地下结构抗震分析、混凝土结构动态断裂等技术理论和工程实际问题的研究方面具有比较深的学术造诣，并多次在解决大坝、海港和核电厂等工程设计的关键技术问题中做了重要工作，为我国能源和水利事业的发展做出了贡献。

林皋同志学术思想活跃。他不断创新和发展水坝动力模型试验技术，使理论和实验紧密结合。他通过完成国家科技攻关任务和编制水工建筑物、核电厂等抗震设计规范的工作，提出了拱坝和空腹拱坝抗震分析的拱梁模态法，拱坝、重力坝和地基动力相互作用的计算模型，混凝土断裂分析的虚裂缝模型的解析解法等，思路新颖，便于工程应用，为学科发展起了很好的促进作用。林皋同志的科学工作始终结合工程需要。他在解决流溪河、以礼河、白山、龙羊峡、东江、凤滩、二滩、拉西瓦、小湾等大坝，大连、秦皇岛海港码头和广东岭澳核电站海域工程的抗震安全评价等技术问题中做出贡献，获得工程界的信任。

特别是丰满大坝水下岩塞爆破等几项成果为国家节省

了大量投资,保障了工程和下游广大地区的安全。获国家科技进步一等奖(第5位)一项,国家科学大会奖一项,省部级科技进步奖6项,光华科技基金二等奖一项。林皋同志在国内外学术刊物和国际会议论文集上发表研究论文160多篇,获得较好评价。

他培养了博士和硕士研究生120余人,有不少成为学科带头人,在学术和国家建设中发挥了很大的作用。他获得过省劳动模范、全国高校先进科技工作者、国家级有突出贡献专家等荣誉称号。

林皋同志政治上拥护党建设有中国特色的社会主义的理论,拥护党的改革开放政策。他多年来一直深入工作在教学和科研第一线,工作刻苦、学风正派、关心和培养年青一代、帮助和支持他们成长为学科带头人。在学术上和评审工作中能坚持实事求是。他谦虚好学,平易近人,和周围同志团结协作,受到群众拥护。

1997年12月1日,在1997年中国科学院院士的增选中,林皋成功地当选为中国科学院院士(技术科学部)。当选院士是国内学术界对一位科学工作者科学成就的肯定,也是国家科学技术的最高荣誉称号,这是林皋科学人生历程中的一件大事。但科学事业是无止境的,林皋率领他的科研团队在他所开创的大坝抗震技术领域和科学前沿继续探索,取得一个又一个的创新成果。1998年6月林皋到北京参加了中国科学院举行的第九次院士大会。1997年林皋先后获得大连市优秀专家称号和全国优秀科技工作者荣誉称号。

1996年林皋科研团队承担了两项国家“九五”重点科技

攻关项目的研究任务,一项是“高拱坝抗震结构工程措施研究”[编号96-221-03-03-04(2)];另一项是“200m以上高拱坝地震应力控制标准研究”课题[编号96-221-03-03-02(2)],均属于“300m级高拱坝抗震技术研究”课题的内容。

我国计划修建的300m级的小湾和溪洛渡高拱坝,都位于高烈度地震区,地震应力在很大程度上对大坝的安全性和经济性起控制作用。为了最大限度地减轻地震产生的危害,需要在高拱坝上设置有效的抗震结构工程措施以提高大坝的抗震能力。苏联在目前世界上最高的英古里拱坝上采用周边缝和在拱坝的结构缝中设置钢筋的做法,俄罗斯水电设计院为小湾拱坝进行了控制结构缝地震变形的设计,计划钢筋用量达到18.7万～24.6万吨,工程费用高,施工复杂,也限制了横缝自由变形以缓解拱向拉应力的作用。结构振动控制技术是地震工程当前研究的热点,振动控制技术除应用在房屋建筑方面外,在桥梁等工程上也获得广泛应用,但在大坝上应用尚没有先例。林皋科研团队在“高拱坝抗震结构工程措施研究”课题项目中提出将振动控制技术应用于拱坝工程的设想,具体做法是在拱坝结构缝中设置阻尼耗能装置,研究了其结构与在拱坝中的合理布置。进一步探讨了在高应力区采用纤维混凝土作为一种辅助抗震工程措施的可行性,对各种方案进行了一定的技术经济比较。2000年3月由国家电力公司昆明勘测设计院组织同行专家对该课题研究成果进行综合评审,认为研究有利于提高拱坝的抗震能力,产生良好的经济效益和社会效益。

林皋科研团队在“200m以上高拱坝地震应力控制标准

研究”课题中,结合小湾拱坝的需要,对 300m 高拱坝的抗震设计和安全评价中的一些关键问题进行了深入研究,开展了 250m 级和 300m 级高拱坝非弹性动力分析研究,考虑了无限地基的动力相互作用,阐明了 250m 级和 300m 级高拱坝抗震安全性的不同特点,指明了 300m 级高拱坝抗震安全性研究的特殊重要性。

林皋科研团队总结分析了我国和世界各主要国家拱坝抗震设计和安全评价的发展现状,指明采用容许应力标准,按拱坝最大应力控制坝的安全性,是一种半经验半理论的评价标准,有一定局限性。当拱坝的设计地震力不是很高,拱坝的坝高不是太大,应力集中的影响相对不突出时,由于拱坝设计中对拉应力的控制比较严,对压应力又采取了比较高的安全系数,使拱坝一旦发生局部开裂时,坝身应力可进行重新分布加以调整,以保障拱坝的安全性。但随着拱坝建设的发展,拱坝的坝高增大以及在复杂条件下建设的拱坝数量越来越多,这种评价标准所表现出来的矛盾也越来越突出。例如,初期采取的不容许拉应力出现的标准以及低压应力标准实际上都无法得到满足。不少大坝现场实测到的地震加速度远远超过大坝抗震设计的加速度。在对 292m 的小湾拱坝和 240m 的二滩拱坝进行非线性分析的基础上,认为现行标准采用单轴、线弹性应力标准不足以全面反映拱坝的抗震安全性,必须结合进行非线性动力分析和一定的动力模型破坏试验研究,对高拱坝在强震作用下的超载获得必要的认识。据此对现行《水工建筑物抗震设计规范》有关高拱坝抗震设计内容提出建议如下:(1)现行规范主要适用于坝高

250m以下的拱坝抗震设计,对坝高超过250m的拱坝其抗震安全性应进行专门的研究论证的规定是合宜的,但专门的研究论证应不限于弹性动力分析与弹性动力模型试验,尚应进行非线性动力分析与一定的动力模型破坏试验研究。(2)高拱坝抗震关键部位的应力很多处于压一拉工作状态,单轴混凝土动态强度标准有待改进,宜采用双轴或三轴强度标准。(3)从发展方向与国外接轨方面考虑,逐渐转向两级或多级抗震设防标准是合宜的。(4)加强高拱坝随机地震响应的研究,提高大坝抗震可靠性的估计。2000年3月由国家电力公司昆明勘测设计院组织同行专家进行综合评审通过验收,认为本课题研究首次提出了考虑频率非平稳的高拱坝随机地震响应的计算模型,并研究了频率非平稳特性对小湾拱坝地震响应的影响,这对发展拱坝的随机响应分析与可靠性分析具有重要意义;对完善与改进我国《水工建筑物抗震设计规范》,提高我国拱坝抗震设计水平将具有重要意义;对改进小湾拱坝的设计、提高其抗震安全性将具有重要意义,可望产生很大的经济效益和社会效益。本课题的研究水平进入国际先进与国际领先行列。"高拱坝地震应力控制标准和抗震结构工程拱施研究"项目于2002年9月获得国家电力公司水电水利规划设计总院科技进步一等奖,于2003年5月又获得云南省科学技术进步一等奖。

此外,1999年林皋院士参与的"水工建筑物抗震设计规范"项目获得国家电力公司科技进步二等奖。同年"核电厂抗震设计规范的研究和编制"项目获得中国地震局科技进步一等奖。2000年6月林皋院士被他的母校清华大学聘请为水利系兼职教授。

总之,自 20 世纪 70 年代后期开始的我国改革开放的年代,科学春天的到来,真是春风化雨。对于林皋来说,就如同为他创造了大显身手的大好机会,使林皋所从事的大坝抗震研究进入了快速发展阶段。通过"六五""七五""八五""九五"国家重点科技攻关项目以及世界银行贷款的支持,研究工作得到蓬勃发展,在计算理论与模型试验技术方面达到了新的高度。先后为我国十多座大坝工程解决了抗震有关的重要技术问题,获得国家科技进步一等奖以及教育部、水利部、电力部、国家地震局等省部级科技进步一、二等奖十余项,这些研究工作对水工结构工程于 1981 年成为国家首批博士学位学科点、2001 年成为国家重点学科点都发挥了很大的作用。

第四章

大坝抗震　勇攀巅峰

进入 21 世纪，2001 年水工结构工程被批准为国家重点学科。对于年逾古稀的林皋院士来说，真是老骥伏枥，壮心不已，在科学研究的道路上开始了大坝抗震研究的新征程，一如既往地带领科研团队艰苦探索，勇攀巅峰。

21 世纪伊始，我国高坝建设发展迅速，我国已名副其实地成为世界的建坝大国，我国高坝建设数量和水电站装机容量均居世界第一位。据 2015 年统计，全世界已建和在建的 100 m 以上高坝 605 座，我国占 36%，超过 1/3；已建和在建的 200 m 以上高坝 77 座，我国占 24.7%，接近 1/4。我国所建的锦屏一级（高 305 m）、小湾（高 294.5 m）和溪洛渡（高 285.5 m）等高拱坝位居世界前三，而且都位于中、强地震活动区，其设计地震加速度分别达到 0.269 g、0.313 g 和 0.321 g。我国还在地震活动剧烈、设计地震加速度高达 0.557 g 的地区建成了高 210 m 的大岗山拱坝。我国在大坝抗震设计理论和技术方面取得了不少有意义的创新研究成果。水利科技工作者所面临的任务就是将中国从建坝大国变成建坝强国，实现中华民族伟大复兴的宏伟目标。林皋科研团队也将面临新的挑战。

21 世纪国家自然科学基金计划资助一系列重点项目，以促成我国大坝技术研究水平的提高，通过竞争选择资助单位。1997 年的重点项目“复杂条件下的高拱坝（300 m 级）建设中的应用基础研究”（1998—2001 年）由 8 家单位竞标，经评选结果基金委建议，由河海大学任青文、大连理工大学林皋和水利水电科学研究院陈厚群（后改为杜修力）共同承担（批准号 59739180），以河海大学为负责单位，承担大坝静态安全问题研究；大连理工大学承担大坝抗震安全问题研究；水利水电科学研究院承担设计地震动有关问题研究。2001年的重点项目“高拱坝地震破坏机理和大坝混凝土动态强度研究”(2002—2005年)也有众多单位竞争，评选结果基金委建议，由大连理工大学林皋和水利水电科学研究院陈厚群共同承担(批准号50139010)，大连理工大学为负责单位，后来水利水电科学研究院改由李德玉、王海波参加。2005年的重点项目“西部强震区抗震功能设计的若干基础研究”(2006—2009年)，只有水利水电科学研究院陈厚群和清华大学金峰参与竞争，大连理工大学原来没有计划参加，后来清华大学邀请大连理工大学作为合作单位共同参与竞标。评审结果基金委建议，水利水电科学研究院与清华大学共同中标(批准号90510018)，经费各分一半。大连理工大学参加清华大学负责的项目。2009年，林皋科研团队申请获得了中德科学基金资助的中德合作研究项目“结构与复杂地基的相互作用研究”(2010—2013年，批准号GZ566)的资助。中方由林皋教授负责，德方由亚琛大学康斯坦丁梅斯库瑞斯教授负责。2015年，林皋科研团队承担了“十三五”国家重点研发计划“复杂工程力学高性能应用软件系统研制”项目(2016—2021年，批准号2016YFB0201001)的研究任务。项目由中国水利水电科学研究院、大连理工大学、北京应用物理与计算数学研究所、中国工程物理研究院总体工程研究所与中国长江三峡集团公司共同申报，中国水利水电科学研究院张国新负责。林皋当时已超过85岁，不能担任分项负责人，但在制订研究计划、技术路线以及开展研究过程中实际上仍然发挥了主要作用。林皋科研团队结合上述项目和其他有关委托项目指导着大批博士生、硕士生开展大坝抗震安全的相关研究,进一步激发了研究活力,拓宽了研究领域,自主创新能力有了很大提高,在学科发展方面取得了一些有开创意义的成果,赢得了国内外专家的高度评价。

第一节　混凝土材料动力特性的系统研究

混凝土的动态特性是指混凝土在地震、冲击、爆炸等荷载作用下的强度与变形特性。混凝土的动态强度是大坝抗震安全评价的重要依据之一。但其研究现状还不能令人满意。大量研究表明,混凝土是速率敏感性材料,不同性质的荷载(地震、冲击、爆炸)加载速率发生量级上的巨大变化,混凝土的动态特性也随之发生较大变化。第二次世界大战以后核武器出现,防护工程的需要促进了混凝土动态特性研究的发展。但研究偏重于爆炸、冲击荷载的特点(应变速率高,属于单调、瞬态加载),与地震荷载的特性并不相符。同时,由于受到设备的限制,研究成果存在一些不足之处。主要是抗压强度研究较多,抗拉强度研究较少;单轴情况偏多,多轴情况相当少;单调加载情况较多,循环加载情况很少;小试件情况较多,较大试件情况很少;强度特性研究较多,变形特性(模量、峰值强度应变、泊松比、吸能能力等)研究较少。此外,环境因素(温度、湿度)的影响研究不足,产生率敏感性的物理机制研究不足等。已有的这些研究成果应用于大坝抗震研究有很大的局限性。林皋科研团队创新性地研究了反映大坝地震作用特点(中低应变速率,变幅、循环加载)的混凝土材料的动态特性。在国家自然科学基金重点项目支持下共进行了2000多试件的试验,针对大坝地震响应的应变速率范围选择抗拉强度进行重点试验研究。这对大坝抗震安全评价具有重要意义:研究了温度、湿度等环境因素以及混凝土强度对速率敏感性的影响;研究了双轴和三轴动态强度以及初始静力强度对速率敏感性的影响;研究了地震作用变幅、循环往复特点对动力特性的影响,并且揭示了不同应变速率作用下混凝土断裂面形状的不同特点。这对加深了解混凝土的速率敏感性机制具有重要意义,在规模和深度方面都超过了以往的研究,为大坝抗震安全评价提供了技术依据,部分研究成果在新修订的《水工建筑物抗震设计规范》(NB 35047—2015)中获得应用。

在单轴拉伸的率性影响研究方面共进行了五组试件的试验,涵盖了较宽广的应变率范围,应变率变化包括10^{-5}/s,10^{-4}/s,10^{-3}/s,10^{-2}/s,10^{-1}/s和$10^{-0.3}$/s等几个量级。还分别研究了温度、抗压强度和含水量等因素的影响:温度包括常温(20 ℃)与低温(-30 ℃);抗压强度包括20 MPa与10 MPa;含水量包括自然含水量(质量比0.3%)与低饱和含水量等。共研究了强度、弹性模量、峰值强度应变、泊松比、吸能能力等方面混凝土特性随应变速率变化的影响。在动力加载试件破坏形态的研究中观测到的现象表明,低应变率时断口表面相对粗糙,高低不平;高应变率时,断口则相对平滑。这是由于混凝土是由骨料、砂浆和界面等多相物质组成的复合体。研究表明，混凝土在初始固结状态中就形成有内部的微细裂纹，低应变率时，这些微细裂纹扩展并相互桥接。此外，骨料与砂浆界面也属于薄弱环节，裂缝易于萌生，在低应变率的外力作用下，这些断续的微裂缝将组合成崎岖不平的破裂面。高应变率时，裂缝扩展速度加快，裂缝有可能冲开骨料将其劈裂，断口就会比较平滑。高应变率时，产生裂缝所克服的阻力增大，从而导致动态强度相应增高，这说明阻力增大也可能是引起混凝土动态速率敏感性的一种因素。关于混凝土应变率效应的物理机制，目前的研究还处在发展状态。一种重要的看法是这种应变率效应是由混凝土中的自由水所产生的斯蒂芬效应导致的。有的研究者指出，应变率在 1/秒以下时内部的黏性机制类似于斯蒂芬效应；应变率高于 10/秒时，则惯性力起控制作用。应变率在 1/秒与 10/秒之间，则两种机制都将发挥重要作用。据此，对试验结果进行了一定的分析，饱和试件的动态强度增长率一般高于自然含水量试件的动态强度增长率，低强试件的动态强度增长率一般高于高强试件的动态强度增长率，这可以理解为低强试件相对疏松，孔隙率高，含水量相应增大，黏滞阻力相应增强的缘故。但静力加载时，孔隙中所含水的水压力对分子产生外推作用，所以饱和试件的静力强度低于自然含水量试件的强度。结冰试件由于水分冻结，冰的作用使试件的静态强度较常温试件有所提高，低温下饱和试件的静态拉伸强度可达到常温试件的 6.32/2.21＝2.86 倍，但由于水分冻结黏滞作用减低，低温试件的动态强度增长率则较常温试件的动态强度增长率低。

应变率对动态弹性模量影响的物理机制和对强度的影

响机理相同，所以其对各种试件影响的规律性也类似，但应变速率对弹性模量影响的程度要比对强度影响的程度小，这说明水分产生的黏滞阻尼作用对变形的影响要比对强度的影响小。应变率对峰值强度应变影响的趋势与对强度影响的趋势有所不同，虽然随着应变率增高，峰值强度应变也随之增高，但试件的含水量越大，其增长的幅度则越小。这是因为峰值强度应变主要取决于静力强度，而静力强度一般随湿度增大而降低。有关应变率对泊松比的影响以及对吸能能力的影响方面，研究表明，在应力一应变关系接近线性阶段，混凝土中的裂缝比较稳定，泊松比一般不随应变率发生明显变化；随着应变率增高，混凝土抵抗破坏的阻力增强，所以吸能能力有了比较大的增长。此外，还研究了单轴压缩时率性对动态强度与变形特性的影响，其规律性与受拉情况类似，但数值大小则有所不同。

在进行 2000 多试件的混凝土材料动态强度和变形特性试验的基础上，进一步进行了混凝土动态特性的数值模拟研究，对变幅循环加载条件下即在地震作用下混凝土材料动态强度的计算公式提出了建议。此外，还进行了混凝土损伤破坏的计算模型研究，并较全面地开展了混凝土双轴与多轴动态强度的研究，根据双轴比例加载下的试验结果建议了相应的计算公式。

混凝土是速率敏感性材料，在不同地震波作用下，不同拱坝、不同部位、不同瞬时大坝所感受的应变速率各不相同，从而混凝土动态特性对大坝强度和刚度的影响也各不相同。根据混凝土材料动态特性的研究结果，抗拉强度的率敏感性高于抗压的率敏感性，强度的率敏感性要高于弹性模量的率敏感性。但是，在国内外的工程实践中，关于混凝土动态特性对大坝地震响应影响的处理中做了较大程度的简化。例如，国外和我国水工抗震设计规范中一般不区分地震波的特性，不区分大坝的特性，不区分抗压与抗拉，不区分强度与弹性模量，笼统地将地震作用下混凝土的强度与弹性模量一律较其静态值提高一个百分比(20％至 30％)，这种做法相对比较粗略。为进一步了解混凝土的率敏感性对大坝抗震安全性的影响，加深对问题的认识，林皋科研团队还研究了混凝土的率敏感性对高拱坝地震响应的影响，并发现接近峰值应力阶段，混凝土的率性特性对地震响应产生较大影响。为此，采用了一致黏塑性模型将其用来计算应变速率对结构地震响应的影响。研究结果表明，在低应力的线性阶段，应力一应变曲线对应变速率的变化不是很敏感，但在峰值强度阶段，应变速率则对应力一应变曲线产生较大影响。拱坝设计一般采用较高的抗压安全系数，拱坝的压应力水平较低，从而率相关与率无关模型计算的应力响应差别很小，但对拱坝安全起重要作用的拉应力来说，其值在地震时可能接近或超过混凝土的抗拉强度，率相关与率无关模型的计算结果有很大的差别。此外，将率相关一致黏塑性模型计算的结构响应与线弹性模型计算的结构变形响应以及不计率性影响的结构塑性变形响应相比，则显示出考虑率性影响的结构响应高于线弹性模型计算的结构响应，但低于不计率性影响的塑性模型计算的结构响应。即在塑性变形阶段，混凝土的率性影响相当于对强度和刚度产生了一定程度的提高作用。但这种提高与结构和荷载特性有一定的关联。总之,关于混凝土率敏感性对高拱坝抗震安全性的影响值得进一步深入研究。

上述部分研究成果发表于相关文献,参见"Dynamic Properties of Concrete under Multi-Axial Loading"(《多轴加载作用下混凝土动力特性》),发表于2012年"Series of Material Science and Technologies"(《材料科学与技术系列》)(作者闫东明,林皋,陈根达)。又见"应变速率对混凝土特性及工程结构地震响应的影响"(土木工程学报38卷8期,2005),"可以考虑压应力球量历史影响的混凝土强度准则"(土木工程学报35卷5期,2002),"Dynamic Properties of Concrete in Direct Tension"(《混凝土在直拉作用下的动力特性》)"Cement and Concrete Research"(《水泥与混凝土》,2006,1371-1378),"Response of Concrete to Dynamic Elevated-Amplitude Cyclic Tension"(《混凝土在动态增幅循环拉伸作用下的响应》)"ACI Materials Journal"(《美国混凝土学会材料杂志》,2009,106-1),"Influence of Initial Static Stress on the Dynamic Properties of Concrete"(《初始静荷载对混凝土压缩性能的速率第三性的影响》)"Cement and Concrete Composites"(《关键工程材料》,2008,327-333),"Dynamic Behavior of Concrete in Biaxial Compression"(《双轴压缩荷载作用下的混凝土动态行为研究》)"Magazine of Concrete Research"(《混凝土研究杂志》,2007,59-1),"Dissipation-Based Consistent Rate-Dependent Model for Concrete"(《基于耗散的混凝土一致速率信赖型本构模型》)"Acta Mechanica Solida Sinica"(《固体力学学报》,2010,23-2),"The Use of Visco-

Plastic Damage Constitutive Model to Simulate Nonlinear Behavior of Concrete"(《基于黏弹性损伤本构模型的混凝土非线性行为模拟》)"Acta Mechanica Solida Sinica"(《固体力学学报》,2011,24-5)。

第二节 大坝–库水动力相互作用分析

有关大坝抗震安全的理论和技术主要包括三方面内容:(1)场地地震风险的评估,据此提出大坝的设防地震动标准(包括峰值加速度、频谱特性、地震历时及时程变化等因素的影响);(2)大坝的抗震计算模型与数值计算方法的改进,以便对大坝的地震响应做出比较准确而可靠的预测;(3)大坝抗震裕度与超载潜力的评估,以保障大坝的抗震设计具有足够的安全性。需要指出的是,这些问题目前并没有很好地得到解决,研究工作还处于发展阶段。特别是对于第一个和第三个问题,各国的看法和做法各不相同,也各有特色。目前,大坝的抗震设计在实践中仍然基本上处于半经验、半理论的阶段。大坝抗震安全分析主要基于线弹性计算的成果,安全评价则多依赖于工程类比和经验判断。但现有大坝经受地震作用和产生震害的实测资料还比较缺乏,经受过强震检验的大坝尤为稀少,目前只对高度百米左右的若干混凝土坝和土石坝遭遇强震时的表现获得了一些不完整的观测资料。而我国现有的建坝高度和规模以及所处地震、地质等边界条件的复杂性已远远超过了国内外已有的经验范围。因此,加强大坝抗震理论和技术的研究,提高大坝抗震安全评价的可靠性仍然显得十分迫切。

著名坝工专家美国的乔普拉(Chopra)在2008年北京召开的第十四届世界地震工程会议和1992年西班牙马德里召开的第十届世界地震工程会议的特邀报告中均指出,拱坝的抗震分析应考虑各种因素的影响,其中包括水库和地基的无限性、坝—库水动力相互作用、水库边界对动水压力波的吸收作用、库水的可压缩性、坝—地基的动力相互作用、坝基地震动输入不均匀性的影响等。林皋团队认为乔普拉的论点是值得重视的。但由于种种原因,包括计算的复杂性和困难,在现有的一些大坝抗震设计中并没有全面考虑这些因素的影响。林皋科研团队认为,这些因素的影响是客观存在的,忽视这些因素的依据不足,有必要加深对这方面的认识。

大坝地震响应实际上代表的是坝－库水－地基系统的响应,所以需要研究坝－库水与坝—地基的动力相互作用问题。坝－库水动力相互作用表现为动水压力问题,长期以来受到研究者的重视。自1932年威斯特伽德(Westergaard)提出基于势流理论的动水压力计算方法以来,陆续有大量的论文发表。但值得指出的是,威斯特伽德在20世纪30年代建议的刚性直立坝面假定的附加质量公式在坝工设计的实践中仍然广泛地被用来进行大坝动水压力的计算。公式虽比较简单,但计算结果和实际情况相差甚远。这种不合理现象存在的部分原因在于直到目前为止大坝地震动水压力的实际观测数据仍然十分稀缺。

20世纪70—80年代后,乔普拉团队开展了比较系统的大坝动水压力理论和计算方法的研究,并提出了相应的有限元分析方法，通过算例强调了考虑库水可压缩性以及水库边界吸收影响的重要性。

不过，由于乔普拉等提出的动水压力的计算方法比较复杂，工作量大，难以在实际工程设计中得到推广应用。林皋团队通过研究提出了基于比例边界有限元（Scaled Boundary Finite Element Method，SBFEM）的大坝动水压力的计算方法，可以很方便地考虑库水的可压缩性以及水库边界对动水压力波的吸收作用。SBFEM 是新发展的高效的半解析半数值的计算方法，特别适用于半无限问题的求解。SBFEM 只需对计算域的边界进行离散，使问题降阶一维。在水库断面形状沿坝的上游方向保持不变的情况下（设计中一般可采用这种简化假定），只需在坝的表面进行离散，使计算工作量大为减少，而且计算精确度较高，有利于在工程设计中推广应用。对于几何形状不规则的水库，则需对水库边界面进行离散。同时，需在水库远端建立能量传递边界。文献中推荐的并获得较广泛应用的水库边界模型有索末菲（Sommerfeld）辐射边界和沙伦（Sharan）提出的改进边界等。林皋团队证明了这两种边界模型在水库第一共振频率附近计算出的动水压力频响曲线与理论解相比较存在较大的偏离。为此，经过研究提出了一种新的基于 SBFEM 的传递边界模型，计算的动水压力频响曲线与解析解十分吻合。这为各种不同几何形状水库动水压力的计算创造了有利条件。

林皋团队的研究进一步加深了对大坝动水压力的认识。考虑库水的可压缩性以及库岸、库底对波的吸收作用以后，可以发现坝面地震动水压力与坝体惯性力之间存在相位差，同时坝面各点地震动水压力之间相位差也各不相同。这就是说,坝面各点地震动水压力的最大值并不在同一瞬时出现,同时坝面各点地震动水压力的最大值与地震惯性力的最大值也不在同一瞬时出现,这从计算的坝面地震动水压力和坝体地震惯性力的时程曲线中可以得到论证,从而可以认为,地震动水压力对大坝地震响应的影响比通常想象的数值要减小很多。文献中一般都将坝面动水压力与坝体惯性力直接叠加,而忽略了相位差的影响,这和地震动水压力的实际情况将相距甚远。林皋团队希望,加强大坝地震动水压力的现场观测,取得实际的第一手资料,以便更恰当地估计地震动水压力对大坝抗震安全的影响。

部分研究成果参见相关文献“Dynamic Dam-Reservoir Interaction Analysis Including Effect of Reservoir Boundary Absorption”(《考虑水库边界吸收影响的坝》)“Science in China, Series E”(《中国科学技术 e 辑技术科学》,2007,50, Supp. 1,1-10);“An Efficient Approach for Frequency-Domain and Time-Domain Hydrodynamic Analysis of Dam-Reservoir System”(《坝一库水系统频域和时域动水压力分析的一种有效方法》)“Earthquake Engineering and Structural Dynamics”(《地震工程与结构动力学》,2012,41:1725-1749);“Novel Nonreflecting Boundary Condition for Infinite Reservoir Based on Scaled Boundary Finite Element Method”(《基于比例边界有限元法的无限水库新型非反射边界条件》)“Journal of Engineering Mechanics, ASCE”(《美国土木工程学会工程力学杂志》,2015,141(5):04014150)。

第三节　大坝—地基动力相互作用分析

大坝—地基动力相互作用是大坝—库水—地基系统地震响应的另一个重要组成部分。大坝—地基动力相互作用对大坝地震响应影响的重要性主要表现在以下三个方面：(1)大坝—无限地基系统的固有振动频率和振动模态将随地基分层和地基不均质的程度而变化，也就是说，坝的地震响应随地基特性不同而发生变化；(2)系统的振动能量向无限地基进行散发，产生辐射阻尼，对坝的地震响应起缓解作用；(3)大坝—地基系统的地震动输入相对于建坝前的自由场地震动将发生很大变化。大坝—地基动力相互作用分析是一个比较复杂的技术课题，计算相对比较困难。在早期的大坝地震响应分析中普遍采用了一些简化的假定，如采用无质量地基的假定，只考虑地基弹性对大坝地震响应的影响，而忽视辐射阻尼和大坝—地基相互作用对地震动输入发生变化的影响。20 世纪 80 年代以后，随着计算技术的进步，研究者逐渐提出了一些反映地基无限性影响的比较严密的计算模型，但这些模型基本上都建立在假设无限地基为均匀介质的基础上，与实际情况并不相符，在大坝的抗震设计实践中应用不是很广泛。目前，比较广泛采用的做法是选择一定范围的地基作为坝的近场与坝一道进行整体分析。在设计中，近场计算域通常假定向坝前和坝后各延展 2 倍坝高以上的长度，再向左右两侧和向下各延展 1 倍坝高以上的范围，同时在计算域的边界上设置能量传递的边界条件，以反映无限域的影响。这种做法的好处是可在一定程度上考虑近场地基不均质的影响。但问题在于,首先,大多数传递边界模型忽略了计算域边界各结点间变量(位移、速度、加速度)的时、空耦合影响,给计算结果也带来一定的误差;其次,很多传递边界模型按稳态振动条件导出,实际上地震波的瞬态特性表现明显;最后,传递边界模型基于均质地基的假定导出,而且含有不同程度的近似性。总体看来,目前大坝设计中采用的坝—地基动力相互作用算法的可靠性尚缺乏严格的检验。

林皋团队长期以来致力于大坝—无限地基动力相互作用计算模型的改进。考虑到文献中普遍采用的计算模型都建立在均质无限地基假设的基础上,这与大坝的实际情况并不相符。为此,林皋团队在国家自然科学基金和中德科学基金的支持下,提出了若干种更接近实际的大坝—地基相互作用模型,简要阐述如下。

(1)水平分层地基是比较常见的非均匀的大坝地基。林皋团队研究了各向同性与非各向同性层状介质中的波动规律(参见第五章),提出了层状介质内部点格林函数解析求解的矩阵表达式。据此,不难求解任意河谷形状下坝与层状无限地基交界面的动力刚度矩阵,进行坝与层状无限地基动力相互作用的分析。林皋团队还提出了层状地基中能量传递边界的计算公式,便于进行相互作用的时域分析,计算方便,计算精度高。

(2)当坝的近场存在若干不规则分布且形状也不规则的软弱区域,如捕虏体时,简称为近场不均匀性不规则分布的地基。对于这种复杂地基情况,林皋团队提出可将坝与近场地基作为一个计算域,采用阻尼影响逐次抽取的方法进行分析。这是对原阻尼抽取法的一种改进。数值算例表明,在计算域内引入一定的高阻尼,但分多次引入和抽取其影响,则计算稳定,收敛性好,不但可保障必要的计算精度,还能提高计算效率。

(3)当半无限地基以分块形式呈放射状分布时,可以直接采用比例边界有限元方法求解其动力刚度。对这种地基还可以考虑各分块介质的模量和质量密度随径向深度按指数函数规律而变化的情况,并不增加计算的复杂性。

以上几种模型大大丰富了复杂地基动力相互作用的分析方法,使大坝的地震响应分析和安全评价建立在更接近实际的基础上。

这方面的部分研究成果参见"大坝抗震分析与安全评价"(《水电与抽水蓄能》特别策划——中国大坝防震抗震技术研究,2017,第 3 卷第 2 期);"Wave Motion Equation and the Dynamic Green's Function for a Transverse Isotropic Multilayered Half-Space"(《横观各向同性成层半空间的波动方程和动态格林函数》)"Soils and Foundation"(《地基土与基础》,2017,57:397-411);"Transmitting Boundary for Transient Analysis of Wave Propagation in Layered Media Formulated Based on Acceleration Unit-Impulse Response"(《基于加速度单位脉冲响应的层状介质中波动瞬态分析的透射边界》)"Soil Dynamics and Earthquake Engineering"(《土动力学与地震工程》,2016,90:494-509);"ANSYS Implementation of Damping Solvent Stepwise Extraction Method for

Nonlinear Seismic Analysis of Large 3D Structures"(《大型三维结构非线性地震响应分析中阻尼分步抽取方法在ANSYS中的实现》)"Soil Dynamic and Earthquake Engineering"(《土动力学与地震工程》),2013,44:139-152);"Earthquake Analysis of Arch and Gravity Dams Including the Effects of Foundation Inhomogeneity"(《考虑地基不均匀性的拱坝和重力坝的地震响应分析》)"Frontiers of Architecture Civil Engineering in China"(《中国结构与土木工程前沿》,2007,1:41-50)。

林皋团队不断致力于完善和改进现有的计算模型和方法,使计算结果更好地反映实际情况,计算结果更为准确可靠,计算效率更高。近期研究成果可参见相关文献:"A precise integration approach for dynamic impedance of rigid strip footing on arbitrary anisotropic layered half-space"(《任意各向异性层状半空间上刚性条带基础动力阻抗的精细积分方法》)"Soil Dynamics And Earthquake Engineering"(《土动力学与地震工程》,2013,49: 96-108);"Soil-structure interaction analysis on anisotropic stratified medium"(《各向异性成层介质上的土一结构动力相互作用分析》),"GEOTECHNIQUE"(《岩土科学》,2014,64(7):570-580);"Dynamic Impedance Functions for Arbitrary-Shaped Rigid Foundation Embedded in Anisotropic Multilayered Soil"(《各向异性多层地基中任意形状埋置刚性基础的动力阻抗函数》)"Journal of Engineering Mechanics"(《美国土木工程师和工程力学期刊》,2015,141(11),04015045);"General formulation and solution procedure for harmonic response of rigid foundation on isotropic as well as anisotropic multilayered half-space"(《各向同性和各向异性成层半空间上刚性基础上谐振响应的通用公式和求解方法》),"Soil Dynamics and Earthquake Engineering"(《土动力学与地震工程》,2015,70:48-59);"A New Development of the Scaled Boundary Finite Element for Wave Motion in Layered Half-Space"(《水平成层半空间上波动分析的比例边界有限元新方法》)"Int. Numer. Anal. Methods Geomechanics"(《国际岩土力学的数值分析方法》,2022,46(1):141-163);"复杂地基条件下土一结构动力相互作用分析"(岩土工程学报,2021,第 43 卷,第 9 期)。

第四节 大坝抗震分析的精细化数值计算模型

在地震作用下,大坝的应力响应目前仍然是工程上对大坝进行抗震安全评价的重要依据。有限元法(FEM)由于其在本构方程、几何形状和材料特性等方面的广泛适用性,在坝工设计中获得广泛应用。但 FEM 的计算成果应用于大坝的安全评价则有所不足。FEM 多采用低阶插值函数,单元连续性差,应力计算成果对网格的依赖性强。以有限元的计算成果作为抗震安全评价依据的可靠性不足。我国水工建筑物抗震设计规范规定,对重要的重力坝,同时采用材料力学法和有限元法进行抗震分析；对重要的拱坝，同时采用拱梁分载等结构力学法和有限元法进行抗震分析，以弥补这方面的不足。但这种处理并不能使问题得到很好的改进。而且，在国外规范中也很少见到采用材料力学法和结构力学法这种初等力学分析方法来进行重要大坝抗震安全评价的例子。

因为初等力学分析方法很难反映地基的复杂性以及结构几何形状的变化(断面转折、孔洞等)，材料分区，结构细部和应力集中等诸多因素对重要大坝安全性的影响。将有限元法与初等力学分析方法相结合虽然对大坝抗震安全评价在宏观上有一定参考价值，但也带来了许多不确定性。林皋团队多年来致力于大坝抗震分析的精细化计算模型研究，也尝试过多种途径，如等几何分析(Isogeometric Analysis)就是其中之一。这在若干篇博士生论文中有所反映，经过多年实践，并通过参加"十三五"国家重点研发计划 2016 YFB0201001"复杂工程力学高性能应用软件系统研制"项目的研究工作，表明比例边界有限元法(SBFEM)是提高大坝应力计算准确度和可靠性的有效途径。比例边界有限元法是由宋崇民(Chongmin Song)和沃尔夫(Wolf)所创立的一种很有发展前途的新兴数值计算方法，兼有有限元和边界元方法的优点，而且只需进行边界面的离散，使问题的维数可以降一阶。与边界元法不同的是，比例边界有限元法不需要基本解，也不必进行奇异积分的求解。比例边界有限元法具有两个突出优越性：一是适于无限域问题的求解，可自动满足无限域的辐射边界条件；另一是径向具有解析解，适于求解应力集中等奇异性问题。这些都是提高大坝动、静态应力响应十分有利的条件。采用多边形单元(对三维问题而言为多面体单元)使比例边界有限元的单元形式选择更为灵活和多样化,可以适应任意复杂形状几何形体的模拟,并有利于不同形式和不同粗细网格之间计算的简化过渡。还值得指出的是,对大坝的应力计算,采用高阶单元更为有利。但有限元法采用三维离散,高阶单元的应用相对复杂和困难。SBFEM对三维实体只需二维离散,采用高阶单元进行计算和积分,相对比较简单和方便,为高精度的应力计算创造了有利条件。处理接触问题、非线性问题等也比较便利,值得重视。据此,林皋指导博士生们应用SBFEM进行重力坝和拱坝的静、动力响应分析,可以显著提高应力计算的精度,并节省计算工作量。据此可有效地求解坝踵、廊道凹角和廊道周边的应力集中和相应的奇异应力场问题,并深入研究坝面裂缝开合及缝内水压力变化对裂缝扩展所带来的影响,以及拱坝横缝间的动接触问题。采用比例边界多边形单元对提高单元连续性实现精细化分析十分有利。

部分研究成果参见相关文献《混凝土高坝抗震分析新技术》(《中国工程科技论坛—水安全与水电可持续发展》,高等教育出版社,2014,48-80);《大坝结构静动力分析的精细化模型》(《地震研究》,2015,1:1-9);“大坝抗震分析与安全评价”(《水电与抽水蓄能特别策划—中国大坝分析与安全评价》,2017,2:14-27);(上述论文都是在全国性学术会议上报告的内容,受到约稿而撰写)。“Improving accuracy and efficiency of stress analysis using scaled boundary finite elements”(《利用比例边界有限元提高应力分析的精度和效率》)“Engineering Analysis with Boundary Elements"(《边界元工程分析》,2016,67:26-42);"A refined global-local approach for evaluation of singular stress field based on scaled boundary finite element method"(《基于比例边界有限元法的奇异应力场全局一局部精细化计算方法》)"Acta Mechanica Solida Sinica"(《中国固体力学杂志》,2017,2:123-136);"A morta contact formation using scaled boundary isogeometric analysis"(《基于比例边界等几何分析的 Mortar 接触求解格式》)"Science China,Physics,Mechanics Astronomy"(《中国科学物理、机械和航天》,2018,7,074621);"Solution of steady-state thermoelastic problems using a scaled boundary representation based on nonuniform rational B-splines"(《基于非均匀有理 B 样条的比例边界稳态热弹性问题的求解方法》)"Journal of Thermostress"(《热应力杂志》,2018,2:222-246)。

第五节　国内外学术组织的鉴定和评价

2006 年 12 月 31 日教育部组织了由张楚汉院士为组长,钟登华教授(现为院士)为副组长,陈胜宏教授、冯夏庭教授(现为院士)、金峰教授、刘德富教授、王复明教授(现为院士)为成员的专家组对林皋院士作为第一负责人承担的国家自然科学基金重点项目"高拱坝材料的动态特性和地震破坏机理研究及大坝抗震安全评价"(2002. 01—2005. 12,编号为 50139010)进行了函审鉴定,鉴定意见摘要如下:

“本项目紧密结合小湾、溪洛渡等我国西部地震活动地区高拱坝工程建设，重点研究了高拱坝地震破坏机理和大坝混凝土动态强度问题，取得了如下创新性成果：

对变幅循环荷载以及温度、湿度等作用下的混凝土动态特性进行系统的试验研究，深入地研究了混凝土的双轴与三轴动态特性，加深了对混凝土在地震作用下动态强度与变形特性的认识。

改进提出了高拱坝与无限地基动力相互作用的计算模型，发展了正交各向异性弹塑性损伤模型和非各向同性弹塑性损伤模型，成功地进行了拱坝地震损伤的数值模拟分析。

改进了三维非连续变形(DDA)的接触判断方程，首次实现了三维楔形体的地震动态稳定分析，并提出坝基和坝肩潜在滑动体的动态失稳机制。

发展了基于混凝土细观非均匀性的拱坝地震损伤演化的数值计算模型和拱坝坝体、坝肩岩体耦合的地震破坏数值模拟方法，并开发了相应的计算软件。

该成果已成功应用于小湾、溪洛渡、拉西瓦、大岗山等国家重点水利水电工程中，为高拱坝的抗震设计提供了可靠的技术依据，取得了显著的经济效益和社会效益，应用前景广阔。”

鉴定结论为：“该研究成果总体上达到国际领先水平。”

2014 年在印度尼西亚召开国际大坝委员会第 8 届年会时，为了宣传我国大坝抗震的技术进展和科研成果，中国大坝协会将《中国大坝抗震》文本(内容为林皋等三位专家为《中国大坝建设 60 年》(英文版)撰写的介绍大坝抗震研究成果的论文集)分发给各国大坝委员会主席、秘书长进行交流。中国大坝协会来函指出:该文本“受到高度评价和赞扬。”中国大坝协会将林皋有关论文发给国际大坝委员会大坝抗震专业委员会主席威兰德(Wieland)博士,得到他的书面评价。他认为林皋教授及其团队在试验研究、大体积混凝土的动力性能、坝—水库—地基系统的线性抗震分析、混凝土坝的非线性抗震分析等领域“做出了重要贡献”。

在“试验研究”方面,威兰德博士认为:“进行了拱坝和重力坝直至破坏阶段的振动台试验,并研究了其破坏模态,识别破坏模态对改进大坝的抗震设计很重要。据我们所知还没有任何其他研究单位进行过如此系统的试验研究。对地震破坏模态的了解是很重要的贡献,可作为评价混凝土大坝抗震性能的基础。”

在“对大体积混凝土的动力性能”研究方面,威兰德博士认为“对大体积混凝土动力性能的研究,考虑了应变速率、低温、抗压强度、三轴应力状态以及干、湿条件诸多因素的影响。这些性能对制定大坝混凝土应力相关性能的准则是重要的。然而,进一步的研究很有必要,林皋团队也正在进行这方面的工作。”

在“坝—水库—地基系统的线性抗震分析”研究方面,威兰德博士认为“研究结构缝对大坝非线性性能的影响,提出了数值分析方法以便更有效和可靠地进行坝—库水—地基系统的分析。考虑了波的辐射和地基岩石不均质的影响。进行了全面的参数研究以便更好了解大坝设计工程师们采用的简化分析方法的可靠性。这些研究在大坝—库水—地基系统线性特性假定的基础上进行。但研究的方法和概念可应用于大坝经历非线性变形的情况。”

在“混凝土坝的非线性抗震分析”研究方面，威兰德博士认为“提出了预测混凝土拱坝和重力坝在强地震动作用下裂缝发展的数值方法。这仍然是一个处于研究中的领域，需进一步发展鲁棒性的方法，以便为大坝设计者所应用。但林皋团队也正在从事这方面研究和改进，如对振动台试验中观测到的裂缝模态进行了数值模拟。”

威兰德博士认为：“林皋教授在混凝土大坝的抗震性能和安全性上所取得的成就非常引人注目，并且包含了所有重要的领域。直至 20 世纪 70 年代，混凝土坝抗震分析的大多数工作在美国开展，但提出的方法主要适用于结构的线弹性分析。今天我们有必要研究大坝的非线性特性，这方面林皋和他的团队为进一步发展进行了基本的研究。”

“我对他的工作和成就有极为深刻的印象，研究工作可以上溯到 20 世纪 50 年代，那时大坝的抗震分析还是基于拟静力分析方法。从今天来看所有重要的领域他都已经进行过和正在进行研究，这些研究的成果处于国际最前列，没有这些进展将很难想象能在中国和在其他强地震活动区建造众多巨型大坝。

最后我要指出，我仅对林皋教授的工作做了尚不全面的评价，他的工作远超过我这所论及的内容。”

21 世纪林皋科研团队的科研成果先后获得了许多奖项：

2001 年“溪洛渡及小湾超大型地下洞室群合理布置及围岩稳定研究”项目获得中国电力科学技术二等奖，2003 年该项目又获得云南省科学技术一等奖。

2002 年“高拱坝地震应用控制标准和抗震结构工程措施研究”项目获得国家电力公司水电水利规划设计总院科技进步一等奖。

2004 年“复杂条件下高拱坝(300 米级)建设中的应用基础研究”项目获得教育部科技进步二等奖。

2008 年“高拱坝材料动态特性和地震破坏机理研究及大坝抗震安全评价”项目获得教育部科技进步一等奖。

2013 年“强震区高碾压混凝土重力坝抗震的关键技术问题研究及工程应用”项目获得云南省科学技术二等奖。

图 4-1　林皋在所负责国家自然科学基金重点项目结题答辩会做汇报(2006 年 4 月)

第六节　六赴汶川地震灾区考察

林皋院士作为我国大坝抗震学科的主要开拓者之一，从20世纪50年代起便开始从事大坝抗震研究，先后承担了流溪河、以礼河、丰满、白山、龙羊峡、东风、风滩、拉西瓦、锦屏、二滩、小湾、溪洛渡、大岗山等水库大坝抗震分析和安全性评价的研究工作，为大坝抗震设计和采用抗震结构工程措施提供了可靠的技术支持，节省了大量国家投资，产生了巨大的经济效益和社会效益。2005年1月林皋院士受聘为《世界地震工程》杂志第四届编辑委员会副主任委员；2007年10月林皋院士又受聘为国家重点基础研究发展计划（973计划）《城市工程的地震破坏与控制》项目专家组成员。同大坝结缘了半个多世纪的林皋院士，可真是“吾心与大坝同休戚”，大坝的安危一直牵动着他的心。

2008年5月12日发生了汶川大地震，耄耋之年的林皋院士的心感到强烈震动，第一时间向学校报名要到灾区第一线去，于是他参加了水利部组织的专家组紧急集结前往灾区紫坪铺水库勘察大坝的震害情况。紫坪铺水库地处岷江大峡谷，都江堰上游9千米，拦河大坝高156米，库容量为10.2亿立方米，承担着为成都平原百姓生活供水、发电和1086万亩良田灌溉用水的使命，突如其来的汶川大地震，震级8.0级，震中烈度达到11度，紫坪铺大坝距离震中仅17千米，震感强烈。大坝坝址原定为7度烈度震区，设计时提高到按8度烈度设防。据当时在大坝上的目击者说，人在坝上根本就无法站稳,摇晃得厉害,正在作业的起闭机上的电机铸铁固定环也被震断摔到地上。5月22日林皋院士和专家们到达现场看到左岸坝顶岸坡处有大量块石从山坡滚下,仅2～3吨以上的大石块就有20几块,水库前面建造的从成都通往汶川的大桥,中央6孔震塌倒在河中。林皋院士临行前最关心的就是坝体的震害程度,他说:"大坝一旦出现问题,那是不得了的事。这不仅关系到下游广大地区,中华民族引以为傲的都江堰水利工程也要受到波及,相当于在成都人民头上悬了一大盆水,其严重性可想而知。"当他在现场亲眼看见后才多少松了一口气,"没有想象的那么可怕,大坝虽然遭受到远远超过设计水平的地震作用,由于设计和施工质量好,采用混凝土面板堆石坝型,建设中堆石经过重型碾6～8遍碾压,大坝仍具有较高的抗震能力,破坏的程度并不严重,只是混凝土面板局部接缝处有挤压损坏,周边接缝发生错动,有的面板翘了起来。"林皋院士和专家们抓紧时间对大坝结构反复勘察实测给出评估结果:大坝整体结构稳定安全,局部有损坏,但无大的隐患。现在的大坝虽然受损程度不严重,但目前水库水位较低,汛期迫在眉睫,一旦洪水到来,水库水位上升后,隐患就会加剧,如果再有余震,上游地区发生山体滑坡或泥石流,对大坝就会构成新的威胁,后果不堪设想,必须密切监测,趁水库水位较低时抓紧抢修,赶在雨季和汛期到来前加固修复,以保障大坝安全蓄水。

在详细查阅大坝建设各项技术资料的基础上,专家组经过会商评估,对修复方案进行了认真讨论,对大坝的抗震能力、检测标准、加固措施等提出了意见。林皋院士说:"归根结底就是要抓紧修复破损的混凝土面板等，这是大坝防渗的关键所在，必须抢在汛期到来之前排除所有隐患。”灾区之行，79岁高龄的林皋院士不断被国家领导人、解放军官兵、医务人员、志愿者和广大灾区人民的顽强抗震救灾的精神和事迹所感动，老院士的强烈责任感和忧患意识溢于言表。他说“这次到成都参加紫坪铺混凝土面板堆石坝震后处理咨询会，更让我感到大坝抗震研究的重大意义。汶川大地震后，紫坪铺一词频繁见诸媒体，全国人民都在关注那里，我们这些搞大坝抗震研究的，最后拿出什么样的诊断意见和修复建议，也关系到我们对党中央‘以人为本’政策是否真正有所体会。”“我们要吸取这次大地震所带来的血的教训，总结经验，提高工程的抗震设防能力，应对各种意想不到的灾害，保护人民的生命财产安全。”于是，老院士的心总是在牵挂着灾区，一年之内先后6次赶赴灾区关注大坝的修复工作，充分显示了老科学家对祖国、对人民的赤胆忠心，也充分体现了林皋院士的职业情怀和敬业精神。

尽管发生这样不可抗拒的自然灾害，给水利设施造成巨大破坏，但林皋院士对我国水利设施的抗震能力还是充满自信、持乐观态度的：“我从20世纪50年代起从事大坝抗震研究，见证了我们国家主要大坝的抗震建设历史，水利设施一方面造福于人民，另一方面遇到大的自然灾害的袭击，也会威胁人民的生命财产安全，由此可以看出提高大坝的抗震能力是多么重要。与国外相比，我国大坝的抗震水平居于世界先进行列，可以与美国、日本、欧洲等一些国家相提并论。近年来，我国水利工程蓬勃发展，建造的大坝数量占世界一半以上，是建坝大国，无论大坝高度还是技术复杂程度都属于先进国家。但我们的大坝抗震设计和研究的创新能力还有待提高，距大坝抗震强国还有一定距离。紫坪铺水库大坝这次承受住了大地震的考验，无疑会提高我们今后大坝抗震设防的信心。"

在纪念汶川大地震一周年举行的"全国水工抗震防灾学术交流会"上，林皋院士做了"汶川大地震中大坝灾害与大坝抗震安全分析"的报告，其内容摘要如下：

汶川大地震震级高，振动持续时间长，断层破裂长度大，对大坝的影响波及四川、重庆、陕西、甘肃等 8 省市，在 35601 座水库中，有震害的水库 2473 座，烈度范围从 5 度至 9 度，这是对大坝抗震性能的一次比较全面的检验，没有一座水库发生垮坝。通过广大战斗在第一线的抗震研究人员的努力，获得了汶川大地震中大坝抗震性能的宝贵信息。紫坪铺面板堆石坝和沙牌拱坝是目前世界上经历过超强地震考验的最高的面板堆石坝和最高的拱坝，表现出良好的抗震性能，这是对世界坝工抗震技术所做的重要贡献，也加深了我们对大坝抗震安全性的认识。

温家宝总理在政府工作报告中指出，我国将积极发展核电、水电、风电、太阳能发电等清洁能源建设。一大批高度为 300 米左右的世界级高坝正在我国水力资源丰富而地震活动又强烈的西部地区进行建设，其设计地震加速度远远超过历史最高水平。大坝抗震安全性成为设计中需要解决的关键技术问题之一。汶川大地震和国内外多次大地震中经受过强震作用的大坝高度大多在百米左右，而我们将要面对的则是高度300米左右的超高大坝。通过汶川大地震等多次大地震中大坝抗震性能的分析,我们从中得到启发,在此基础上总结经验,我们有信心也有可能设计出抵抗强震作用的超高大坝,保障大坝的抗震安全性,并使我国的大坝抗震技术进入世界最先进行列。

2008年11月,中共大连市委和大连市人民政府授予林皋院士支援四川地震灾区工作先进个人称号。

2011年6月,中共大连理工大学委员会授予林皋同志大连理工大学2009—2011年度优秀共产党员称号。

2011年10月,中国水利学会授予林皋中国水利学会荣誉会员称号。

图4-2 2008.5.12汶川地震后林皋与孔宪京教授于5月22日前往紫坪铺大坝进行震害调查和评估

图 4-3　汶川地震后林皋在成都参加“科学技术与抗震救灾”技术科学论坛上做学术报告(2008 年)

第五章

核电安全 新的征程

核能是人类历史上的一项伟大发现,核能和核技术的和平利用为各国人民带来巨大的福祉。核电是一种清洁、优质、高效的现代能源,发展核电对优化能源结构,保障国家能源安全具有重要意义。发展核电成为我国的战略抉择。但核电的安全性又受到人们普遍而广泛的关注。国际上美国三哩岛核事故、苏联切尔诺贝利核事故和日本福岛核事故给其人民带来极其惨痛和深刻的教训。但世界上每经历一次核电事故,核技术也相应得到进一步的改进,核电结构的安全性得到进一步的提高。世界上每经历一次较大的核事故后,核电建设会暂时处于低潮,也有的国家可能传来停建和转型的声浪,但核电发展的大方向始终是向前的。安全高效发展核电是全面进入清洁能源时代的必然选择。我国的基本战略是有序稳妥推进核电建设。目前我国核电装机数量已进入世界前列,我国在确保安全的前提下,将继续大力发展核电建设,并使核电安全性保持国际先进水平。

我国核电建设起步较晚,在党的领导下,通过改革开放,经历了全面引进、消化吸收、自主创新等各个阶段,短短几十年就创立了自己的品牌“华龙一号”,昂首阔步走向世界。林皋领导的团队也和我国核电建设的工程和科研人员一道伴随着我国核电建设发展前进的步伐,为使我国核电安全达到和保持国际先进水平而不懈努力。20 世纪 80 年代我国开始编写第一部《核电厂抗震设计规范》,林皋成为技术骨干,担任结构组组长与地下结构组组长。20 世纪 90 年代我国自主建设百万千瓦级的广东岭澳核电厂,首次自行设计海域工程构筑物,设计单位交通部天津第一航务工程勘察设计院(后属天津海岸带工程公司)委托大连理工大学进行海域工程构筑物的抗震试验与抗震安全评价,林皋为项目负责人。21 世纪初,田湾核电厂扩建工程 3、4 号机组核岛地基开挖中出现不良地质体,这是我国核电建设中遭遇的复杂地基抗震适应性的一个难题,也是对我国核电安全技术水平的一次检验。经过工程和科研人员的努力得以解决,林皋受聘担任处理方案专家审评会的专家组长。21 世纪的第一个 10 年,我国开始了自主核电品牌“华龙一号”在国内的建设,环保部核与辐射安全中心组织了示范工程安全壳及屏蔽厂房结构安全性的专家审评对话会,林皋受聘先后担任福建福清核电厂 5、6 号机组(“华龙一号”)和防城港核电厂 3、4 号机组(“华龙一号”)审评对话会的专家组长。在 21 世纪为使我国核电建设保持国际先进的安全水平,林皋带领科研团队开始了新的征程。林皋科研团队除林皋外,还包括胡志强、李建波、钟红(现已调北京工作)、刘俊等教授、副教授和在读博士、硕士研究生。

第一节　核电厂海域工程构筑物的抗震安全评价

我国已建、在建和规划建设的核电厂大都位于沿海地区,具有比较优良的建设条件。海域工程构筑物(防波堤、护岸直立墙以及取水和排水相关构筑物)的功能在于保障核电厂运行和安全停堆后的冷却水供应。海域工程构筑物为核安全相关物项,国际原子能机构和各国规范标准都要求其较一般工业民用构筑物具有更高的抗震安全性。但海域工程自然环境条件恶劣,水深浪大,地基中含深厚淤泥层,并夹带中、细砂等可液化土层,对在如此复杂条件下运行的构筑物进行抗震安全评价,国内外均缺乏有关规范和标准可供借鉴。

1995 年我国自主建设百万千瓦级的广东岭澳核电厂,核电设备自法国引进,但需自行设计修建海域工程构筑物,提出设计要求与开展抗震安全评价成为需要解决的关键技术问题。设计单位交通部第一航务工程勘察设计院(后属天津海岸带公司)委托大连理工大学进行海域工程构筑物的抗震试验和安全评价工作,林皋为项目负责人。但当时我国第一部《核电厂抗震设计规范》尚未正式颁布(1998 年颁布执行),而且其中并不包括海域工程构筑物的相关内容。核电抗震参考资料比较丰富的美国、日本有关规范、标准也缺乏这方面的内容。所以,林皋团队只能摸索前进,通过实践逐步完善形成海域工程构筑物抗震验算内容、方法和安全评价准则。首先开展海工构筑物和海岸地基抗震性能的研究:(1)通过土工试验测定筑堤材料和海洋土的强度与变形特性。(2)通过振动台物模试验检测海工构筑物的稳定与变形特性。(3)采用极限平衡滑动面法和有限元动力分析法检验海工构筑物和海岸地基的抗震稳定性,进一步通过极限平衡滑动面法和有限元应变势法估算海工构筑物和海岸地基的地震变形。与此同时深入开展了海岸地基土液化危险性和液化变形的研究。(4)综合土工试验、物模与数模的研究成果综合评价海工构筑物的抗震安全性,提出优化的抗震措施方案。为此,还同时研制了具有先进测试技术的高精度大型(试样直径 300 mm)和中型(试样直径 200 mm)静动三轴仪,并将原引进的 MTS 三自由度大型振动台(3 m×6 m)改造成我国第一部水下振动台。

根据上述研究成果总结分析了海域工程防波堤、护岸和直立墙等构筑物和地基抗震稳定性的规律,提出了抗震安全的验算公式以及抗震Ⅰ类和抗震Ⅱ类物项抗震安全性的评价标准。在研究成果的基础上开发了计算软件,适应海域工程构筑物的特点,便于应用和提高计算效率。

研究成果应用于广东岭澳、江苏田湾、广东阳江、广东台山、福建宁德、福建福清等核电厂海域工程构筑物的抗震安全评价,并被我国第一部行业标准《核电厂抗震设计规范》(GB 50267—97)所采纳。

此部分研究内容由林皋科研团队与孔宪京科研团队合作完成,孔宪京科研团队做出了重要贡献。

第二节 核岛地基的抗震适应性评价

核岛是核电厂的核心部位,核岛地基对保障核电厂建筑结构和核电设备的抗震安全性起关键作用。核岛地基的抗震适应性评价成为决定厂址选择的制约性因素。核岛地基地质条件的复杂性及其对核电结构安全性的影响是我国不少核电厂在建设中所面临的技术难题。2004 年江苏田湾核电厂进行扩建,3、4 号机组核岛地基开挖时发现特殊地质体,有一条 5～16 m 宽度不等倾角较陡的构造破碎带从核岛中穿过。环保部核安全局有关领导和专家指出这在我国核电建设中第一次遇到，对复杂地基目前国际上尚缺乏处理经验，处理有一定难度。不得已只好停工研究处理方案。邀请了国内著名单位和俄罗斯设计院研究处理方案。前后历经数年，对处理方案组织了较大型的专家评审会。林皋参与了在田湾现场组织的处理方案专家咨询会和在北京组织的处理方案专家评审会，均担任专家组组长。2007 年辽宁红沿河核电厂建设时第 3、4 号核岛地基开挖过程中发现分布不规则、岩性较差的捕虏体。当时施工时间紧张，要求尽快提出解决方案。负责设计咨询的国内有影响的某核电设计单位提出意见将 3 号反应堆下部地基全部挖除，重新回填混凝土，但这涉及土石方量 5.8 万立方米，预计耗资 5800 万元，并对工期造成延误。于是中国广核集团在如此严峻而急迫的条件下及时委托林皋科研团队进一步开展红沿河核电厂地基抗震适应性评价的研究工作。迫切需要解决的问题是在不均质场地条件下如何保障核岛建筑物的地震响应与楼层反应谱(关系到核电设备的安全)处于设计容许的安全范围内。林皋科研团队结合红沿河核电厂的实际情况开展了复杂不均质地基抗震适应性的相关研究，在较短时间内建立起核岛地基抗震适应性评价的分析计算模型，并编制成功大型计算软件。经过大量复杂的运算以翔实可靠的数据对红沿河核电厂 3 号核岛地基进行了全面的抗震适应性评价，提出保留原地基主要岩体骨架，并适当加强的方案，论证了其建设反应堆的可行性和足够的安全性。处理方案经过多次专家讨论，2008 年

10 月最终获得国家环保总局核与辐射安全中心组织的专家组评审通过，节约了大量工程投资，并保证了工程进度。

2014 年 3 月至 2015 年 5 月林皋科研团队接受中核集团中国核电工程有限公司的委托开展河北海兴核电厂的抗震适应性评价工作。海兴核电厂是我国首座软土地基上的核电厂，这对于以后内陆核电建设发展具有重要参考作用，核电工程界都积极关注着这一成果。根据可研阶段资料，判断海兴核电厂属于非基岩厂址的土质地基，地基承载力较低，厂址地基分层明显，含不同类型的黏质黏土层，夹有少量的粉砂层，整个土层的厚度为 38.6～50.0 米，其下为大范围岩石层，岩石层之下仍为粉质黏土层，地质条件相对复杂。为满足地基承载力和楼层谱控制条件的要求，林皋科研团队开展了桩基及 CFG 桩处理方案的初步设计，自由场非线性动力分析与岩石夹层影响分析，地基承载力分析以及处理方案的静动力效应分析，土质地基与结构相互作用分析与楼层谱计算，桩—土—结构相互作用分析及其影响等工作，为最后的地基处理方案的选择提供必要的技术支撑。海兴工程的任务原来要求十分迫切，但准备工作完成后因种种原因未能开工建设。不过，所积累的在软基上建设核电结构的经验却是相当宝贵的。

林皋科研团队所提出的核电厂地基抗震适应性的评价体系具有以下特色：(1)反映复杂不均匀地基的特点。地基抗震适应性评价的基础是结构和地基动力相互作用的计算模型。当时国内外地基抗震适应性评价主要采用美国核安全相关建筑物抗震分析标准 ASCE 4-98(1998 年颁布)所规定的方法。这种方法主要适用于比较均质的地基。国内文献较广泛采用的方法为黏弹性边界和透射边界,前者按均质地基推导而出,后者采用了平面波的假定,也主要适用于均质地基,应用于复杂地基存在较大的近似性。林皋科研团队提出的基于比例边界有限元的近场与远场相结合的方法,则可以较好地考虑地基不均匀性的影响。随后又进一步提出了适用于三种典型不均质地基的计算模型(参见第四章第三节),可以根据具体情况分别采用:水平层状地基采用积分变换方法;近场不均匀性不规则分布的地基采用阻尼影响逐次抽取的方法;放射状分布的分块地基采用比例边界有限元方法。(2)地基特性参数不确定性影响的考虑。楼层反应谱目前是核电厂结构和核电设备设计中进行抗震安全性评价的主要依据,也是地基抗震适应性评价的主要内容。目前各国核电结构抗震设计中普遍采用确定性的分析方法,而实际上核电厂地基和结构性能参数都在一定范围内变化,含有较大的不确定性。美国核安全相关建筑物抗震分析标准 ASCE 4-98建议将楼层谱的峰值频率拓宽以反映不确定性对峰值频率变化可能带来的影响,但拓宽的幅度只能凭经验确定,有一定的任意性。林皋科研团队采用概率统计分析方法,得出核电厂运行期内地震动峰值加速度的概率密度曲线,在此基础上研究地基和结构参数不确定性对楼层谱计算值的影响,可以获得不同置信率条件下楼层反应谱的计算结果。自主研制了相应的计算软件,软件基于 VC++面向对象的可视化平台开发,具有系统化、多模型、求解高效以及功能可拓展的特点。

研究成果成功地应用于红沿河、阳江、台山、防城港、海兴以及英国 BRB 等核电厂地基适应性的抗震安全评价。

《核电站海域工程堤防构筑物抗震安全评价方法研究》于 2008 年 6 月 29 日通过教育部组织的张楚汉院士为主任、郑颖人院士为副主任的鉴定委员会的鉴定，认为“该项目总体上达到了国际先进水平，其中，核电站堤防构筑物抗震安全评价系统研究和核电站地基的抗震适应性分析方面达到了国际领先水平。”“核电站海域工程堤防构筑物抗震安全评价”研究项目于 2009 年 1 月获得教育部科学技术进步一等奖(林皋排名第 2)。

林皋科研团队完成的“复杂不均匀地基核电厂的抗震适应性分析”项目获得 2009 年大连市科技进步一等奖。

大连理工大学与交通部第一航务工程勘察设计院、中广核工程公司联合申报的“核电厂地基及防护构筑物的抗震安全评价及其工程实践”项目 2010 年度获国家科技进步二等奖(林皋排名第 2)。

第三节 向提高核电安全性的更高目标迈进

我国目前已建成的核电厂大多属于二代核电厂。从 20 世纪 60—70 年代以来二代核电厂经过多年的发展相对成熟，在很长一段时期内无重大事故出现。但是，2011 年日本福岛核事故的发生，使得国际社会对核电的安全性提出了更高的要求，随之出现了第三代核电厂，采用非能动的安全系统，亦即利用重力、对流和扩散等原理，给核电厂反应堆配备不需外部动力源推动的安全系统。第三代核电厂不仅使设备简化，事故发生的概率进一步降低，而且可以节省成本，提高经济性。美国的 AP1000，法国的 EPR 和中国的“华龙一号”都是有代表性的第三代核电厂。

三代反应堆在安全性方面得到了提高，但是在铀矿资源的利用率和燃料增殖方面与二代堆相比并无多大优势。二代反应堆铀资源的利用率只达到 0.6%，核燃料资源不能得到充分利用。而且反应堆在核燃料发生裂变的过程中会产生大量放射性物质，这些核废料需地质掩埋处理，并对环境安全构成长期威胁。为了实现核能的可持续发展，在第三代核电厂建造和推广的同时，四代反应堆的概念和设计受到人们的广泛关注。利用四代快中子堆(快堆加速器驱动次临界系统)闭式循环可以将铀资源的利用率提高到 60%。四代反应堆与三代反应堆相比从理念上进行了革新型性改变。国际上公认的最有潜力的四代反应堆有 6 种：铅冷快堆、钠冷快堆、气冷快堆、超临界水堆、熔盐堆和超高温气冷堆。我国多座四代反应堆建设目前处于实验堆阶段。

可供裂变使用的矿产资源在地球上总是有限的，因此利用核聚变释放的巨大能量成为人们研究的下一个焦点。聚变能目前基本上采用氘氚反应，氘可以从占地球总面积四分之三的海洋中提取，可以认为是取之不尽。氚则主要从资源比较丰富的锂中提取，而由于聚变堆是一种增殖堆，聚变中子在反应过程中可以产生更多的氚，因此发展聚变能有望最终解决人类的能源需求。我国核能发展实行“压水堆—快堆—聚变堆”三步走的技术路线。

依托国家自然科学基金重点项目“地震作用下核电厂工程结构的功能失效机理及抗震安全评价”(编号 51138001, 2012.01—2016.12),大型先进压水堆核电站国家科技重大专项的子题“工程场地和结构参数不确定性与实验”(编号 ZD1001HT-W-15-1,2012.01—2014.12)以及中德科学基金“Complex Soil-Structure Interaction Issues”(《复杂土—结构相互作用问题研究》)(编号 GZ566,2011.01—2013.12)等的支持开展了相关研究工作,林皋科研团队为提高我国第三代核岛结构的抗震安全性发挥了重要作用。

研究成果取得了以下方面的科技创新:

1. 对核岛结构抗震安全分析和评价取得新的进展

要使我国核电安全性保持国际先进水平,必须发展先进的核电结构抗震分析和安全评价的计算模型和方法。核岛结构在强地震、飞机撞击以及严重事故等内、外荷载作用下的安全性实质上是结构—地基整个系统抗地震、抗冲击、抗爆的安全性。也就是说,应该进行结构-地基系统的动态响应分析。这在国外文献上一般称为“土—结构动力相互作用分析”(Dynamic soil-structure interaction analysis),简称 SSI 分析。结构—地基动力相互作用分析包括三方面内容:(1)结构—地基系统的自振特性包括自振频率和振动模态;(2)系统振动能量向无限地基耗散产生的辐射阻尼;(3)系统的地震动输入,与结构存在前的自由场地震动相比,将发生一定的变化。国际上关于 SSI 分析的研究经历了百年以上的发展历史,经过许多研究者的努力直到 20 世纪 30 年代 SSI 分析才取得了对求解工程实际问题有意义的进展。第二次世界大战后的 20 世纪 50—60 年代 SSI 的研究进入比较快速发展的时期。20 世纪 70 年代以后有限元等数值计算方法的出现以及计算机所显示的巨大计算能力促进了 SSI 分析在解决工程实际问题中较广泛的应用,首先是核电结构和海洋工程,目的是提高抗震安全分析水平。目前,工程问题的 SSI 分析主要有两类分析方法:一类是子结构方法,将结构与无限地基分别看作子结构,首先通过波动分析求出无限地基与结构交界面上的动力阻抗函数,以此作为边界条件求解结构的动力响应。为简化计算,一般将结构基础,或结构与地基的交界面视作刚性嵌固以减少计算自由度。此外,在推导地基的动力阻抗函数时,多采用均质无限地基的假定。另一类为全域分析方法,将结构与近场地基作为一个整体进行有限元分析,并在计算域的边界上设置能量可向外传播的人工边界以反映无限域的影响。不过,许多人工边界模型也采用了一些简化假定,如按稳态振动进行推导等,这就难以考虑复杂层状地基的影响。总的看来,文献中常用的很多模型对解决核电厂实际问题的 SSI 分析仍有一定的距离。

日本福岛核事故后,国际上进一步提高了核电安全性的要求。例如,美国 2016 年新出版的核电结构抗震设计规范 ASCE/SEI 4-16“Seismic Analysis of Safety-Related Nuclear Structures”(美国土木工程师协会/结构工程研究所 4-16“安全相关的核结构地震分析”)的重大变化就是强调了 SSI 分析考虑地基分层影响的必要性,因为旧版规范 ASCE4-98

(1998)规定可按均质无限地基进行 SSI 分析。

林皋科研团队长期以来从事结合工程实际进行 SSI 分析的研究,取得了很多有意义的创新。近期对复杂地基的核电结构的抗震、抗爆分析与安全评价又取得了新的有突破意义的进展。所提出的计算模型可以全面反映复杂地基地形地质和结构—地基近场不均匀性的各种影响。基本思路是在复杂的 SSI 计算域中引入虚拟的人工界面将计算域划分为近场和远场两部分。近场可以包括结构与地基连接的各种不均匀性细部(结构基础的不规则形状、基础的刚性与基础的埋置深度等),还可以考虑地基近场所含的不规则捕虏体等的影响。采用新近创立的基于相似面的比例边界有限元方法,只需在边界面离散,就可以应用波动理论准确求解近场与远场界面层状半空间的动力阻抗函数和相应的地震动输入。这样将近场复杂介质中的波动与远场层状半空间的波动分析有机结合,将复杂介质中波动的散射问题简化为近场子结构的动力响应问题进行求解,计算大为简化。可以认为,这是可以全面考虑各种复杂地基因素的最为先进的 SSI 的计算模型。在计算准确性与计算效率方面均优于国内外现有的各种 SSI 计算模型。这使我们可以更接近实际地计算核岛结构的抗震抗爆抗冲击效应,更准确地进行结构的安全性评价。

研究结果已完成论文“A new development of the scaled boundary finite element method for wave motion in layered half space”(《水平层状半空间波动分析的比例边界有限元新方法》)“International Journal for Numerical and Analytical

Method in Geomech."(《国际岩土力学的数值和解析方法》),2022,46(1):141-163)、"Wave Scattering and Diffraction of Subsurface Cavities in Layered Half-space for Incident SV-P and SH waves"(《SV-P和SH波入射条件下层状半空间中地下孔洞的散射和衍射分析》)"Int. Numer. Anal. Methods Geomech."(《国际岩土力学的数值和解析方法》,2019:1-22),"复杂地基条件下土一结构动力相互作用分析"(《岩土工程学报》,2021,第43卷第9期)。有关SSI的研究,2013年9月26—27日林皋与德国亚琛大学Klinkel教授等在德国亚琛联合组织了工业设备抗震的国际会议"International Conference on Seismic Design of Industrial Facilities"进行了交流。会后出版了论文集,其中包含了林皋团队有关SSI问题的研究成果。

复杂地基上SSI的研究成果也受到法国电力公司(EDF)的赞赏与重视,组织了多次电视会议的对话交流。2014年9月19日,法国电力公司的著名专家皮埃尔·拉贝(Pierre Labbe)(1999—2004年曾任国际原子能机构IAEA核电设备选址和设计安全准则方面的负责人)曾率代表团访问大连理工大学进行学术交流。法国电力公司大中华区研发中心曾委托大连理工大学进行了地震作用下日本柏崎—刈羽核电厂的计算检验。

2. 第三代核电厂关键设备大型PCS水箱(安全壳非能动冷却水箱)的水面晃动分析的改进

保障第三代核电厂安全的关键设备是设置在安全壳顶部的非能动型大型PCS水箱,在紧急情况下,不需要外部能源驱动,水箱的储水可依靠重力和对流作用自动地对反应堆进行供水冷却,使余热得以散发。PCS 水箱为不规则的环形结构,美国核电 AP1000 设计资料和我国在设计中都将 PCS 水箱近似地作为圆柱形水箱进行晃动分析求解其在地震作用下的振动频率和水位。林皋科研团队接受环保部核与辐射安全中心的委托,开展水箱水面晃动的分析研究,提出了基于比例边界有限元的计算模型,可以对任意复杂几何形状的水箱进行准确的水面晃动分析。比较了真实 PCS 水箱与近似圆环柱形水箱水面晃动的频率与模态。研究结果表明,低阶频率激励时,PCS 水箱与圆环柱形水箱二者晃动幅度差别较大,PCS 水箱晃动的水位较高;高阶频率激励时,两者的差别趋于减小。低阶晃动一般起控制作用,故改进模型的计算成果有利于提高设计的可靠性。

研究成果应用于 CAP1000 以及防城港二期“华龙一号”示范工程的抗震分析,发挥了作用。

有关研究内容可参考已发表的论文“A scaled boundary finite element approach for sloshing analysis of liquid storage tanks ”(《用于液体储罐晃动分析的比例边界有限元方法》)“Engineering Analysis with Boundary Elements”(《边界元工程分析》,2015,56:70-80)。

3. 核电厂安全壳抗大型飞机撞击的研究

抗大型飞机撞击是第三代核电结构的新课题。“9・11”事件引起了公众对商用飞机可能撞击国家关键设施构筑物的关注。美国最早将核电站防御大型商用飞机撞击的安全评价列入核安全法规,对新设计的核电站要求将抵御大型商用飞机恶意撞击作为一种超设计基准事件进行专门评价。法国等欧洲国家也相继将防御大型商用飞机撞击作为超设计基准事件予以考虑。我国核安全局于 2016 年 10 月发布了修订的《核动力厂设计安全规定》(HAF102-2016),明确规定如果核动力厂所处地形条件使其有可能遭受商用飞机的恶意撞击,则设计上应考虑这种影响。

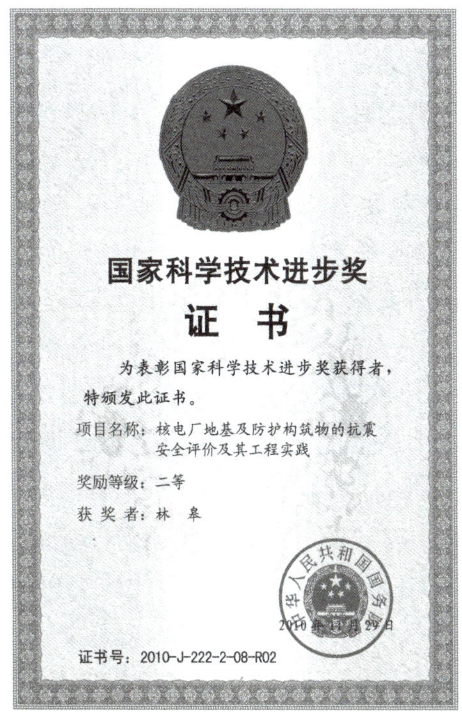

国家科学技术进步奖

证　书

为表彰国家科学技术进步奖获得者，

特颁发此证书。

项目名称：核电厂地基及防护构筑物的抗震安全评价及其工程实践

奖励等级：二等

获 奖 者：林　皋

中华人民共和国国务院

2010年11月29日

证书号：2010-J-222-2-08-R02

图 5-1　2010 年获国家科技进步二等奖，林皋排名第 2

据此，我国陆军工程大学、清华大学等先后开展了飞机撞击方面的研究。根据需要，林皋团队也指导博士研究生梅润雨和朱秀云（国家核安全局高工，在职博士生）开展了核电厂安全壳抵御飞机撞击安全性的相关研究。由于目前暂不具备开展实际飞机或大型模型飞机现场撞击试验的条件，主要结合国家科技重大专项《CAP1400 安全审判技术》子课题“大型商用飞机恶意撞击问题研究”的要求进行了数值仿真模拟分析方面的工作。在核电厂安全壳抵御大型商用飞机撞击的安全性分析方面取得了以下方面的一些新的认识。

仿真数值模拟计算方法主要有飞射物—靶体相互作用分析方法与荷载时程分析方法（Riera 方法）两种，以后者为主。Riera 方法主要基于飞机撞击刚性平面靶板的假定建立。考虑到安全壳的实际几何形状（圆筒形）和不同入射角，不同机型飞机机身、机翼和引擎撞击力时程曲线的变化对 Riera 曲线进行一定的调整改进。对撞击产生的结构的损伤破坏，应用日本小堀研究所进行的 1∶7.5 缩尺模型飞机撞击钢板混凝土结构造成的损伤破坏的试验数据对采用的混凝土和钢板等材料的本构模型的计算结果进行了对照检验。对损伤破坏的计算结果与试验值相比有一定偏差，总体上偏于保守，认为是可以接受的。这方面的研究仍有待继续完善改进。

地基特性对安全壳抵御大型飞机撞击效应的影响也是值得关注的课题，其研究是为了适应我国核电建设向内陆非岩性场地发展的需要。共分析了 6 种软硬不同的典型地基上核电厂安全壳遭受大型飞机撞击的动态响应。计算结果表明，飞机撞击后安全壳结构将产生自由振动，在剪切波速处于 500 m/s 至 1 000 m/s 范围的较柔性地基上有可能发生显著放大的共振响应，但适当调整安全壳结构的尺寸后，峰值响应迅速降低。这提示我们，对柔性地基应在现场测试其主振频率，并在安全壳设计中有效地避开这一频响范围，对抵御大型撞击将是十分有利的。

对内陆非岩性地基上建核电厂还有一个问题值得关注。我国是多地震国家，特别是西南、西北地区多强震活动。目前，隔震技术发展很快，地震活动区采用隔震技术的核电厂数量也在增加。朱秀云的论文设计了弹簧与叠层橡胶相结合的安全壳三维隔震基础，水平与竖向的隔震效果都比较好。采用隔震基础的安全壳，在遭受大型飞机撞击时也有一定特点。林皋团队的研究表明，隔震支座上的安全壳在飞机撞击作用下主要发生随撞击高度变化的水平向不同幅度的摇摆自由振动，但振动幅度一般都在可控范围内。地震产生的峰值响应主要偏于中低频段，飞机撞击的峰值响应则偏于较高频段。

研究成果发表于《振动与冲击》《爆炸与冲击》《核电工程和技术》（"Nuclear Engineering and Technology"）《工程计算》（Engineering Computations）《能源》（Energies）等国内外学术刊物上。

2018 年，《提高第三代核电站结构抗震安全性的研究及其工程应用》获高等学校科学技术进步一等奖（林皋排名第一）。

2019 年，林皋受中广核工程公司聘任，为"核电安全监控技术与装备国家重点实验室"抗震分析与设计领域首席顾问，聘期 5 年。

2020 年，林皋被中国核电工程有限公司聘为特聘顾问，聘期 5 年。

4. 壳体结构计算分析研究的新进展

安全壳是维护核电结构安全运行的主要屏障。安全壳的设计需要考虑强地震的作用、大型商用飞机的恶意撞击以及各种超设计基准荷载的作用。提高安全壳计算分析的可靠性，对于保障核电厂的安全具有十分重要的意义。

壳体是人类历史上所发现的一种最优异的结构型式，并在航空航天、海洋和土木建筑等诸多领域受到重视和获得广泛应用。

人们对壳体结构的计算分析开展了大量研究，具有悠久的历史，并且也取得了可观的进展。但要获得适应各种复杂几何形体、复杂边界条件的比较理想的壳体计算模型和计算方法，仍然面临较大的挑战。

著名壳体计算分析专家巴斯(Bathe)在其有关著述中曾指出，壳体结构分析是所有力学问题中最富挑战性的领域之一。这种挑战是由于壳体结构特性的复杂多样性和对这种特性进行可靠、有效、优化求解的困难性。

壳体结构早期采用经典的壳体理论分析方法，已有一百年以上的历史。那时限于对几何形状、材料特性和受力条件都相对比较简单的壳体结构进行计算分析。现代有限元方法的发展，对壳体的求解进行了有意义的拓展。板、壳结构的一个共同特点是在几何上有一个方向的尺寸比其他两个方向要小得多。板、壳结构具有三种基本的受力特性，即弯曲作用、薄膜作用和剪切作用。板、壳结构受力后相应地产生弯曲、薄膜和剪切三种变形，不过当厚度较小时，弯曲应变能可以忽略。于是，工程界习惯于将板、壳结构的受力特性区分为弯曲控制、薄膜控制或混合控制三种情况。板、壳结构求解的复杂性表现在随着厚度的减小，其受力特性可以依据结构的几何形状、支承条件和荷载形式的不同而发生各种意想不到的变化，使人难以捉摸。特别值得指出的是，板、壳结构中板的薄膜应力状态和弯曲状态两者互不耦合，可以分别独立求解；但壳体的两种应力状态是互相耦合的，更增加了其分析和求解的困难。对壳结构进行有限元分析时，如果基于其受力特点，将单元一个方向的尺寸选择得比较小，会使单元在两个方向的刚度相差较大，导致计算方程出现病态，难以求解。为了避免这种情况的发生，研究者们依据壳体理论，选择壳体的中面进行二维离散划分单元，再将厚度方向的变形和应变分布引入一定的假定，使问题便于求解。基于此，文献中涌现了大量的板、壳单元型式，各有不同的特点。实践表明，这些对板、壳厚度方向的位移和应变分布所做的假定并不能很好地适应诸多情况下受力和边界条件的变化，大多数情况下会使位移型单元表现得过“刚”，出现所谓“闭锁(Locking)”现象，使解丧失精度，导致计算失败，这是有限元板、壳计算，特别是壳体计算所遭遇的最大困难。为了克服“闭锁”现象，较长时期以来，许多研究者做出了很多努力。

近代发展的受到比较多关注并较广泛应用的代表性单元类型有，(1)张量分量混合插值的 MITC 序列单元，由著名学者巴斯及其合作者提出。MITC 引入经典壳体理论的假定,对壳的中面进行离散,每结点 5～6 自由度(3 平动、2～3 转动),假定与中面垂直的纤维变形后仍保持为直线,但不发生伸展,同时中面的法向应力为零。为消除闭锁多采用混合插值单元,剪应变与面内应变分别独立插值,面内应变含膜应变与弯曲应变。应变张量划分为协变分量与逆变分量进行计算。作者推荐 4 结点 MITC4 单元,认为性能优良,但收敛较慢。16 结点的高阶单元 MITC16 则收敛速度快,计算精度高。(2)基于非均匀有理 B 样条(Non-Uniform Rational B-Splines,NURBS)的等几何实体单元很受欢迎,吸引了众多研究者。NURBS 描述几何形状具有高度准确性,由于 NURBS 是 CAD(计算机辅助设计)的基函数,采用等几何实体单元可以使计算分析与 CAD 有机结合,给计算分析带来很大方便。等几何单元一般采用克希霍夫-勒夫壳体理论或赖斯纳-明德林壳体理论,但样条函数作为插值函数所形成的单元仍然不可避免地发生"闭锁"现象,还需要采用附加的消除"闭锁"的措施。不同研究者采用了不同的办法。

林皋团队致力于发展先进的高效和准确的壳体单元,提高核电结构安全设计的可靠性,并为实现这一目标做了不懈的努力。2019 年 11 月 30 日,在中国宁波召开的"第三届比例边界有限元方法(SBFEM)新进展国际研讨会"上,林皋团队提出了基于相似面的 SBFEM 的新技术,并将其分别应用于层状复杂地基的结构－地基动力相互作用以及壳体结构的分析,获得了成功。2022 年 7 月 9 日,林皋在大连召开的"第二届近远海重大工程与海洋岩土灾害防护研讨会及第六届中国国际核电厂建构筑物可靠性与抗震性能评价交流论坛”上，提出了主题报告“提高核电结构抗震安全评价可靠性的计算模型与计算方法的改进建议”，在报告中阐述了其所提出的壳体单元的特点。

为表彰在促进科学技术进步工作中做出重大贡献，特颁发此证书。

获奖项目：提高第三代核电结构抗震安全性的研究及其工程应用

获 奖 者：林皋（第1完成人）

奖励等级：科学技术进步奖一等奖

奖励日期：2018年2月

证 书 号：2017-172

中华人民共和国教育部

教育部

二〇一八年二月二十七日

图 5-2　2017 年获得教育部科技进步一等奖（2018 年，林皋排名第一）

林皋团队所提出的壳体单元与文献中一些代表性的壳体单元相比，有这样一些特色：(1)只需对壳体的一个表面(顶面或底面)进行二维离散，每结点只含 3 个平动自由度，推导和计算简便，工作量小。(2)推导严格遵循弹性力学的基本方程，不引入任何假定，适用于厚壳和薄壳。(3)径向可以解析求解，不存在横向剪切闭锁现象。大量数值算例检验，也不存在薄膜闭锁或其他闭锁现象。不需要采取任何减免闭锁的措施。(4)计算稳定,基本方程的解为指数函数,采用精细积分法,计算结果可以达到任意满意的精度。高阶单元,便于应用,收敛性好,计算分析可以高效准确地进行。(5)可推广应用于厚度沿壳面变化的壳体分析(插值函数的假定做适当的调整)。(6)通过各种标准的壳体单元检验(Benchmark Test),与文献中的代表性单元相比,计算精度与计算效率均表现优越。论文"A general element for shell structure analysis based on SBFEM"(《一种基于比例边界有限元方法的壳结构分析一般单元》)已被"International Journal for Numerical Methods in Engineering"(《国际工程中的数值方法》)所接受,即将发表。

第六章

精心育人　学术传承

林皋不仅是一位善于创新、成就斐然的科学家，更是一位勤于耕耘、诲人不倦的模范教师，在教书育人的事业中呕心沥血，为国家培养出了许多优秀人才。林皋 1954 年自大连工学院土木工程学系水能利用专业研究班毕业后就被提升为讲师，为本科生讲授“水工结构”课程并指导毕业设计。1959 年先后担任水工结构教研室副主任、主任，1962 年晋升为副教授，1964 年担任水工研究室副主任。1978 年担任工程抗震研究室主任，开始招收地震工程与防灾工程学科的硕士生，并为硕士生讲授“结构动力学”“近代抗震技术”“有限元计算”等多门课程。1980 年晋升为教授，1981 年被国务院学位委员会评为首批水工结构工程学科的博士生导师，开始招收博士生，为博士生讲授“高等工程材料力学与结构分析”“比例边界有限元”等课程的部分内容。1986 年获辽宁省模范教育工作者称号，1988 年荣获国家级有突出贡献专家称号，2004 年被教育部和人事部授予全国模范教师称号。作为我国大坝抗震学科的主要开拓者，1997 年被评为中国科学院院士。2009 年参与编写的“十五”国家级规划教材《水工建筑物》获得国家级教学成果二等奖。林皋院士非常关心青少年的成长，曾为《科学家寄语下一代》一书撰写了《和青少年朋友谈理想和素质修养》一文。他年事已高还经常在新生的开学典礼上发表热情洋溢的讲话，他说：“希望你们青少年一代现在就为实现祖国强大的梦想做好准备”，“使中国梦在你们青少年一代的奋斗中变成现实。”

第一节 为国家培养栋梁之材

林皋院士是科学家，也是教育家，他在创造科学技术财富的同时，也培养“青出于蓝而胜于蓝”的优秀人才。他在长期的求学、教学、科研实践中，以其独有的阅历、独具的思维、独特的方法、独自的感觉而逐渐形成和提炼出的教育理念丰富了教育思想宝库。

2013 年 7 月 14 日，林皋院士在青少年高校科学营与院士面对面报告会的讲座中，根据其亲身经历和体会语重心长地提出：“希望你们努力成长为国家栋梁之材。栋梁之材就是可堪大用、能负重任、能够在关键岗位上发挥作用的人。国家民族复兴大业，需要千千万万的科学家、技术专家、政治家、企业家、法律专家，还有文学家、艺术家、演员、运动员等国家栋梁之材。青少年是祖国的未来，民族的希望，实现中国梦，要寄希望于你们这一代青少年，你们将担负重任，中国梦将在你们这一代中变为现实。人生最宝贵的就是青春，你们都拥有自己美好的理想，青春时代朝气蓬勃，有很丰富的创造力，能干很多大事。但是人生的青春只有一次，希望你们的青春焕发出光辉，充分体现人生的价值。就是希望你们成长为国家的栋梁之材。”

怎样才能成为国家栋梁之材呢？林皋院士结合自己的经历和成长道路谈了一些感受，希望青少年们在国家的培养下尽快成长，体现人生价值。

第一是要服从国家需要，才能为人民造福，贡献才有价值。在人生道路上一定会面临许多次抉择，有些抉择可能会影响到你们的前进航向，我的体会是要时刻想着国家的需要，我们的命运总是和祖国的命运紧密地联系在一起的，只有将人生理想与国家的需要相结合，就一定会得到国家和人民的支持，才有发展前途，人生价值实现的可能性也就越大，要多从这个前提出发来考虑问题，希望青少年一代现在就要为实现祖国强大的梦想做好准备。时刻想着国家和人民，是我们个人发展的坚强后盾，树立为祖国的强大和服从国家需要的坚定理想和信念，以顽强拼搏的精神克服任何困难险阻，经得起艰苦和挫折的磨炼，才能在前进的道路上取得成功。与此同时，还要充分认识当前国家建设和科学技术攻关项目都需要依靠集体的力量，而不是仅靠个人的努力所能完成的。在集体中只有不畏艰险，冲锋在前，勇挑重担，敢于拼搏，才能主动地得到锻炼，才能在激烈的斗争和竞争中脱颖而出，快速成长为国家需要的栋梁之材。

第二是培养强烈的求知欲和在学习中浓厚的钻研兴趣，最关键的是要努力提高自学能力。我们所面临的21世纪是知识经济的时代，挑战和机遇并存，为了在挑战中得到发展，需要从确立对人生理想和价值追求出发激发勤奋学习的动力，不断提出新的目标和要求，在学习上一步一步前进，不断提高自己的知识水平，完善知识结构。在学习的道路上也不可能一帆风顺，要做好克服困难和挫折的思想准备，依靠理想、信念和意志来支撑，经得起艰苦的磨炼，学习要靠勤奋，还要像海绵一样主动、不断地攫取知识营养以充实提高自己的专业素养，这是很多成功人士共同的基本经验。当今世界科学技术日新月异，每个人的知识都需要不断更新，要根据时代发展和工作的需要，不断学习新的知识，这就需要有很强的自学能力，能够独立学习新的知识，尽可能多地阅读课外参考书和相关资料，在信息的海洋中主动攫取对自己有用的信息，不断拓宽知识领域，使得知识体系更加充实、丰富，才能在已有知识的基础上发现未知的和新的问题从而不断丰富自己的科学素养。

第三是要强调个性发展，不断地挖掘和发挥潜力。个性发展就是要形成个人的特色，最大限度地发挥潜能，形成充满活力的、自主自为的、不断更新的超越自我的品格。个性发展就是要根据自己的情况形成适合自己的学习和工作方法，树立信心，发掘自己的潜力，不断激发前进的动力。

第四是培养创新能力，要注重发展创新性思维。创新是当今时代推动经济与社会发展的主导力量和时代精神，一场空前激烈的经济竞争在世界各国之间展开，其实质是人才的竞争，是人的创新能力的竞争。青少年正处于人生的黄金时期，思维活跃，精力旺盛，新思想和新概念容易触发，许多伟大的发明和发现都是科学家在他们青年时代所完成的。怎样才能提高创新能力、发展创新性思维呢？创新要靠知识的积累，知识面广方法就多，新的思路更容易激发，丰富知识基础，就为创新准备了良好的条件。创新一般是建立在熟练的基础上，所谓熟能生巧，只有对前人的工作有比较充分的了解，经过深思熟虑，反复推敲，新思想的苗头得到发展，智慧的源泉就会涌现。除了提高能力品质外，还要注意培养兴趣、好奇心、激情、顽强的毅力等良好的心理品质，有了这些方能激励你去钻研,渴望去思考、探索、发现新的事物,产生使命感和责任感,才能有所创新。创新性思维的培养和发展是一个从渐变到突变的过程,渐变的过程看起来进步不是很明显,但坚持下去,有朝一日就会跃上一个新的台阶,没有渐变就没有质变,创新也要靠积累,是一个逐渐丰富、完善的过程。没有数量就没有质量,所以说欲穷千里目,更上一层楼,这样才会一步一步地进入新的世界。

第五是要具有"班门弄斧",敢于竞争的勇气,精益求精的科学态度和追求卓越的崇高目标,这是指引我一生不断学习和前进的一点比较深刻的体会。我是 1946 年从江西一个地方型高中毕业考入清华大学的,抗日战争时期学校在农村办学,学习条件相对较差。而清华同学中则是强手如林,很多是从上海和重庆等大城市著名高中考来的高才生,学习非常优秀,尤其是英语水平很高。他们听课真是如鱼得水。而我就没有那么轻松。我的学习当时基本上处于中游,英语还有些吃力。但我并不自甘落后,而是勤奋学习,创造条件不断向前。从一、二年级平均学习成绩不到 80 分,到三年级时就提高到 85 分以上,直到最后四年级时的平均学习成绩 90 分以上进入班级前列。我有一个观点,不要怕"班门弄斧",只有精英荟萃的地方,才既有竞争,也有机遇,具有促使你更快成长和前进的条件。所以,有了向强手们学习的大好机会,就要敢于竞争,更要有不怕失败的冒险精神,时刻准备着去迎接新的挑战。科学研究的道路,也同样是这个道理,在科研攻关项目的竞标中要靠实力,需要你对攻关项目具备透彻的理解,提出合理的解决方案和技术路线,并在攻关过程中进行不懈的努力，才能攻克一个个“小山头”，积累了占领“小山头”的实力和经验，才能向更高峰前进，在整体上实现追求卓越的崇高目标。

第二节　学科建设和研究生教育及教材编写

为贯彻邓小平同志把高等学校办成既是教育中心又是科研中心的指示精神，老教育家屈伯川院长一再强调：“重点高等学校与一般学校有两点不同：一是要承担国家重点科学研究任务；二是要在培养、提高本科生质量的同时培养高质量的研究生。”学校完成发展科学技术和培养高质量人才的双重任务，其关键和基础就在于加强学科建设，提升学术水平。1978 年大连工学院建立了工程抗震研究室(后改为研究所)，林皋担任主任，作为国内最早开展大坝抗震研究的开拓者、工程抗震学科领域的学术带头人，他带领研究室全体人员着力于既积极承担国家科技发展重点项目的纵向课题，又努力接受工程单位委托攻克技术难点的横向课题，大力开展科学研究工作。除形成了以大坝抗震安全为主的研究方向，根据形势发展和国家需要，又新增了核电结构抗震安全的研究方向，还注意加强了基础理论方面的研究工作，开展了复杂介质中的波动理论研究，以及比例边界有限元等新兴数值计算方法的研究。通过科研实践、学术交流、邀请国内外著名学者来校访问、讲学和派出进修等方式拓展研究人员的学术素养，提高研究创新能力，在各个主要研究方向上造就一批能够把握学科前沿的学术带头人和创新团队，形成年龄、专业结构合理、学术思想活跃的精干的研究和教学队伍，具有解决国家重大工程问题和培养高质量研究生的能力。与此同时加强实验室创新平台建设，接受世界银行中国大学项目的第一批贷款，购进了地震模拟系统成套仪器设备，在此基础上又自行改造研制了当时国内唯一的水下地震模拟系统以及大型和中型土工静、动三轴实验系统，购置了光栅/光纤调制解调仪、地质雷达等设备，从而较大幅度地改善和提升了进行大型工程实验模拟分析的能力，为承担国家级重大科研项目创造了实验平台。通过学科建设，我校工程抗震研究所的学术水平整体上有质的提升，学科方向的特色和科技创新力更加鲜明与突出，已经成为国内一流、国际知名的科学技术研究中心和高素质创新人才的培养基地。

1978 年我国恢复研究生培养制度，大连工学院开始招收硕士研究生，学校对研究生教育十分重视，组建了由主管副院长为组长的研究生教育和学位制度研究小组，聘请在不同国家大学取得学位并正在指导研究生的教师为组员，以探索我国研究生教育规律。学校选派了一批有丰富教学经验和较高学术水平的教师给研究生讲授学位课程，当第一批硕士研究生学位论文答辩结束后，其中一些优秀的学位论文在学校举办的学术报告会上宣读并受到极好的评价，三年培养硕士研究生的实践积累了宝贵的经验，初步掌握了研究生的教育规律。1981 年 11 月 3 日，国务院学位委员会批准大连工学院为首批博士学位授予单位，其中水工结构工程为首批博士学位授予学科和专业，批准林皋教授为首批博士生指导教师。林皋对研究生教育有自己独特的见解、思路和方法，他认为研究生教育承担着培养高素质人才和促进科学技术创新发展的双重使命，研究生的培养方案和培养过程应当是学位课程和学位论文两者的统一，即理论学习与科学研究实践的结合。研究生学习基础理论知识十分重要，对于本学科来讲，尤其是结构动力学、岩土力学等基础理论知识及测试技术等一定要有坚实的基础，同时要具有熟练的外语阅读、写作能力和计算机编程、计算能力，当然也需要开设若干选修课让研究生选学一些相关学科知识以增强学科交叉、融合的能力。为此，林皋亲自为研究生讲授“结构动力学”“抗震工程近代发展”两门课程，一门是本学科最重要的基础理论课程，另一门是涉及本学科发展前沿的课程，研究生们都十分重视并有强烈的学习兴趣。林皋十分平易近人，受到研究生的欢迎，研究生们在整个研读过程中都喜欢请这位“大师”答疑解惑。在学完学位课程后，进入学位论文阶段，它是培养研究生科研能力极为重要的环节，能让研究生获得一个完整的科学研究过程的体验。

首先要抓好学位论文选题这个关键，林皋认为选题的原则应该为：(1)国家建设的迫切需要；(2)符合学科的发展方向；(3)有可持续发展和进一步拓展的余地；(4)结合研究生个人兴趣和专长，可以调动其研究的积极性。多年来，林皋院士所指导的博士生、硕士生论文大都结合国家科技攻关重大课题项目、国家自然科学基金或工程单位委托项目进行选题。在结构—无限地基动力相互作用、大坝—库水动力相互作用、结构动力模型破坏试验、混凝土材料的动力特性等方面针对大坝、核电结构的抗震安全性进行了坚持不懈的探索，与时俱进，不断创新发展，进入了相关领域的前沿。并在利用比例边界有限元法和等几何分析等先进的数值计算方法改进提高结构动力分析的计算精度与计算效率方面取得了成功，为提高大坝、核电站这些国家重大工程结构的抗震安全可靠性做出了贡献。

1988 年初，土木水利工程博士后流动站开始招收博士后研究人员，其中进站的不少是外校或外专业已获得博士学位的研究人员。林皋教授十分欣赏这种最高层次人才的培养方式，他们的学术思想和研究方法在新的学术环境中可以得到丰富和发展，而且可以活跃学术气氛，更好地促进学科的交叉融合、形成新的生长点，为提高学术水平创造有利条件。

林皋院士特别注意观察研究生们在研究中表现出的创造性和研究特点，并根据他们的具体情况加以引导，充分调动和发挥他们的能动性。比如博士生刘俊的学位论文，在研究中，发现圆弧形开孔柱结构的相互作用和一些电磁场问题之间的相似性，发展了将比例边界有限元法推广应用于电磁学中静电场问题的求解，为开展交叉学科研究创造了经验。该论文获得 2013 年校优秀博士论文。

林皋不仅是一位有着卓越成就的科学家，更是一位为人师表的优秀教师。在他看来，导师严于律己的科学道德、严谨治学的科学精神，比知识传授更能影响研究生的未来。他在科学研究和人才培养中所显现出的严谨治学的人格魅力潜移默化地感染着每个研究生。对于研究生撰写的论文，他要求每篇论文都要细致加工、修改，有的论文甚至修改五六遍。有一次博士生闫东明在得知林皋院士第二天下午要出差时已经是前一天下午三点多钟了，他连忙拿着刚刚写完的论文稿去找林皋院士，请导师帮助修改，当时林皋院士正在赶写一些材料，看到导师略显疲惫的身影，他打算等导师出差回来再请其帮助修改，当讲明来意后，导师对他说："你先把论文稿放这里吧，我现在还有两个报告要写，明天给你吧！"第二天一大早闫东明发现林皋院士在近 20 页的论文英文稿上密密麻麻地做了大量批注，连语法和标点符号的不当之处全都给予了修正，并提出了不少修改意见，导师在不眠之夜为他审阅论文稿令他十分感动。闫东明是林皋院士最器重的博士生之一，他在大量试验基础上对混凝土材料的动态性能及其发生机理进行了系统研究，其学位论文《混凝土动态力学性能试验与理论研究》获得了 2008 年校优秀博士论文。毕业后赴美国进行博士后研究工作，根据反恐斗争的需要，考虑建筑物抵抗爆炸、冲击作用的能力，开展了混凝土结构静动态强度、变形特性及发生机理的研究，回国后在浙江大学任教。闫东明深情地说，无论在国外还是在国内，当你一接触到林皋院士所培养出来的学生时，都会立马看到弟子们从导师那里学到的一脉相承的特殊的科学精神和治学风格。由此可见林皋院士以"律己之严的身传言教"实现学术传承具有何等的威力。正如人们所形容的那样，林皋院士带领着研究生们探索，艰苦地开路，攻下了一个又一个"山头"，攻克的"山头"多了，在某一个领域就可以进入世界科技前沿了。他的研究生们也会沿着导师所指引的发展方向去开拓新的领域,成就新的事业。林皋院士正是以这种孜孜以求、诲人不倦的精神诠释着导师的神圣职责,可以说在关心研究生成长、成才方面为广大教师树立了典范,不愧为全国模范教师。

教材作为教师教学和学生学习的知识载体,是进行教学工作和提高教学质量的重要因素之一。林皋院士很重视对教材的编写,但是常常因为教学、科研重担在身而不能如愿以偿。他曾经为本科生讲授“水工建筑物”课程多年,写有讲稿,积累了丰富的教学经验。20 世纪 80 年代林皋曾受水利水电出版社约稿编写《水工建筑物》,当时林皋教授已为研究生讲授“结构动力学”“抗震工程的近代发展”两门课程,同时指导多名博士生和硕士生,还承担着若干项科研攻关重点项目的课题研究任务,时间比较紧张,未能按时交出书稿,至今林皋感到遗憾。

1991 年 11 月高校水利水电专业教学指导委员会决定编写《水工建筑物》(第三版),仍由天津大学主编。《水工建筑物》教学指导组提出了编写要求,建议聘请林皋院士编写其中拱坝一章。天津大学编写组感到在拱坝的编写方面有良好的基础,所以与林皋协商,希望林皋改为编写土石坝一章,而拱坝一章仍由天津大学编写。林皋虽然感到自己的专长并不在土石坝方面,比较费力,但也只能同意。随后水利部发文批准了《水工建筑物》编写组名单,于是林皋院士就着手编写土石坝一章的手稿。他根据教学指导组提出的编写意见和精神,认真体会了科学性、准确性、成熟性、启发性与前瞻性等方面的要求。认真分析收集到的资料发现,我国土石坝建设取得了很大成就，技术水平有了显著提高。教材前一版(第二版)的内容无法反映这一巨大进展。林皋做了一个大胆的决定，对原版教材内容进行较大幅度的修改。为此，教材编写占去了林皋很多时间，大大超出了原定的计划，不得不挤掉其他一些研究工作的时间。新修订的土石坝一章的内容，与前一版相比，焕然一新。增加了许多新的内容，如土坡稳定分析、筑坝材料的选择、新发展的面板坝技术等，反映了我国在土石坝建设方面的新技术和新经验。还介绍了一些国外的先进技术和经验，如苏联建设世界最高土石坝，300 米级努列克坝的有关技术。对每一幅插图，林皋都精心设计绘制，一丝不苟，以保证质量。土石坝一章的内容得到主审清华大学吴媚玲教授的肯定。教材(第三版)于 1997 年由高等教育出版社出版，以后每隔一定年限做一定的修改发行新的版本。教材(第四版)于 2006 年出版，成为“十五”国家级规划教材。后来，林皋院士推荐大连理工大学迟世春教授参加共同编写，当时迟世春教授修订了其中的“堆石坝”一节。2007 年经专家评审，推荐《水工建筑物》作为高等学校水利学科、专业规划核心课程教材，新修改的《水工建筑物》第五版于 2009 年出版发行。同年该版教材获评国家级教学成果二等奖，林皋、迟世春均为获奖者，林皋排名第三。2018 年《水工建筑物》第六版出版发行。第六版以后，林皋考虑到自己年事已高，接近 90 岁，应为年轻一代创造条件，故建议主要由迟世春教授负责修订和编写，但林皋院士仍然关心教材方面的工作。

第三节　桃李芬芳

林皋自 1978 年任工程抗震研究室主任开始即招收地震工程与防灾工程学科的硕士研究生工作，首批为楼梦麟、周晶、蒋永光、周永平、杨继华五人，截至 2022 年 7 月已经毕业获得硕士学位的为 65 人，在读硕士生 5 人。1981 年经国务院学位委员会批准为我国首批博士生导师，开始招收水工结构工程学科的博士生，首批为楼梦麟、周晶二人，截至 2022 年 8 月已经毕业获得博士学位的为 84 人，其中闫东明(2008 年)和刘俊(2013 年)二人的博士学位论文被评为校优秀博士论文，当时在读的博士生为 8 人。此外，作为土木水利工程博士后流动站的合作导师，截至 2022 年 8 月已经出站的博士后为 10 人(详细名单见附表)。林皋院士所培养出的硕士生、博士生已广布国内外，许多人在工作中获得较好的成绩和较高的评价，不少人成为学术带头人或技术骨干，据不完全统计，2 人当选为工程院院士，10 多人成为博士生导师，2 人被评为中国有突出贡献的博士，2 人获得中国科协青年科技奖，1 人入选国家杰出青年，2 人入选教育部跨世纪优秀人才。

目前在同济大学任教的楼梦麟教授在林皋所指导的研究生中是第一位获得博士学位的。楼梦麟 1947 年 8 月生，浙江省余姚市人，1975 年 8 月毕业于西北农学院水工建筑专业后留校任教，1978 年考取大连工学院地震工程与防灾工程学科硕士研究生，师从林皋，1982 年获硕士学位后又考取大连工学院水工结构工程学科博士研究生，继续师从林皋，1985

年获博士学位后留校任教,作为林皋的助手投入科研工作,担任工程抗震研究室副主任。1991 年经国家人事部批准破格晋升教授,并授予做出突出贡献的中国博士学位获得者荣誉称号。1993 年调至同济大学土木工程学院任教,曾任该校结构理论研究所副所长、所长,结构与强度专业委员会主任,并从 1993 年起享受“国务院特殊津贴”。1990 年、1998 年、1999 年曾三次以访问学者、高级访问学者身份赴加拿大和美国大学进行地震工程和实验室管理方面的学习和研究。先后任防灾减灾工程及防护工程专业委员会主任,博士生导师、土木工程学院党委书记,土木工程防灾国家重点实验室副主任,兼任上海市建委科学技术委员会委员、中国地震学会地震工程专业委员会委员、中国土木工程学会防护工程分会理事、上海灾害防御协会理事等以及《同济大学学报》《地震工程与工程振动》编委。

林皋院士对研究生百般爱护,为他们继续深造创造了条件。想出国留学的,他帮助联系国外大学的教授,并取得必要的资助。如申请德国洪堡奖学金,日本文部省奖学金或学术振兴会的资助及其他资助等。不少在国外学习和工作的研究生为祖国和母校赢得了荣誉,如被中央电视台“东方之子”报导的曹亚林在加拿大荣获加拿大研究生奖学金奖,陈根达在美国荣获国家科学基金会(NSF)颁发的教师早期职业发展奖(CAREER AWAND)等,美国加州大学埃尔温分校的教授给林皋写信称赞从事博士后研究的孙克明说:“你应该为培养出这样杰出的学生而感到骄傲”。

现任美国密苏里科技大学土木建筑和环境工程学院的

陈根达教授，在校内还流传着林皋苦心帮助他出国深造的一段佳话。陈根达1962年1月生，浙江省金华市人，1978年考入大连工学院水工专业。1982年毕业时，辅导员王洪有向林皋郑重地推荐陈根达和栾茂田两名学生，说他们两个是好苗子，有很好的培养前途。于是抗震研究室将他们录取为硕士研究生，林皋对他们特别关注，分别委托倪汉根和金崇磐教授担任他们的导师(林皋当时已有计算机系毕业的学生作为硕士研究生)。1985年硕士毕业后，他们名义上已属于林皋的博士研究生，但林皋计划将他们送至国外攻读博士继续深造，以便为抗震研究室培养接班人。考虑到出国学习的需要，首先将他们送到广州外语学院培训一年，并为他们联系好国外的导师和相关资助。最后，他们两人的出国学习计划上报高教部得到批准。林皋为陈根达选定的导师是纽约州立大学的宋祖德(T. T. Soong)教授，栾茂田的导师为日本冈山大学的竹宫宏和教授。这两位教授分别为陈根达和栾茂田提供了比较好的学习和生活条件。栾茂田学成回国后不负众望，不久即升任教授，成为大连理工大学岩土工程学科的学术带头人，担任岩土教研室主任，发挥了很好的作用。陈根达学成后因种种原因没有回国。不过，他与国内一些大学建立了学术联系，为我国培养了不少研究生，为大连理工大学教师和学生赴美学习和交流发挥了很好的作用。

陈根达教授是美国土木工程师学会、美国地震研究协会、美国混凝土协会、美国结构工程协会、国际智能基础设施结构健康监测协会、结构工程研究所交通运输研究委员会、光学和光子学国际协会等学术机构的会员，曾经担任过土木

荣誉证书

（第200421097号）

授予林 皋 同志全国模范教师称号

中华人民共和国教育部　　中华人民共和国人事部

二〇〇四年九月

图 6-1　2004 年获得教育部“全国模范教师”称号

图 6-2　林皋（前排左二）与他所指导的硕士生答辩后留影（1982 年）

图 6-3 林皋与楼梦麟教授在四川成都参加学术会议时合影(2009 年 5 月)

工程师学会委员会的领导职务、美国结构控制和监测委员会常务理事,2007 年被选为土木工程师学会资深会员,2003 年成为结构工程研究所(SEI)资深会员。同时他还是美国土木工程师学会(ASCE)杂志《结构工程》副主编,《结构工程与力学》国际刊物的客座编辑。2004 年获得约瑟夫·塞尼土木工程学院成就奖;2008 年获得美国军事工程师协会颁发的工程师改变世界奖(Engineers Make a World of Difference Award);2009 年、2011 年和 2013 年分别获得密苏里科技大学教员研究奖。2014 年被评为土木工程系聘为罗伯特·W. 阿贝特杰出讲座教授。该校校长谢丽尔 B. 施拉德博士说:“我们非常高兴的是,陈根达博士能够接受这个新的挑战,他能带来在基础设施领域的丰富的经验和创新。”

图 6-4　林皋指导博士生周晶进行毕业答辩(1986 年,前排左三为林皋教授)

图 6-5　林皋与指导的博士生合影(1986 年,右起:王复明、林皋、陶建人、孙克明)

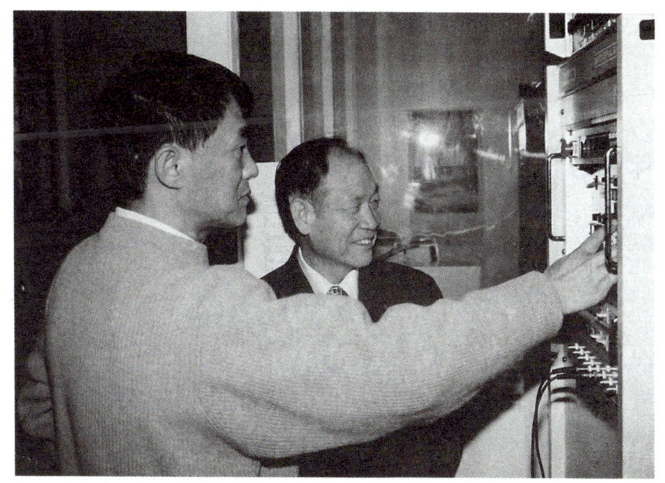

图 6-6　林皋和孔宪京教授在抗震试验室讨论大三轴试验控制器

图 6-7　林皋与陈根达博士在 12 届世界地震工程会议时合影(2000 年，新西兰，奥克兰)

第四节　师生院士

林皋培养的研究生不少在国内外岗位上都做出了杰出的成绩,发挥了重要作用,这儿不能一一介绍,只限于对王复明和孔宪京做简要的介绍。

在林皋院士所指导的博士生中,郑州大学的王复明教授和大连理工大学的孔宪京教授先后于2015、2017年当选为中国工程院院士,成为师生院士的学术佳话。

王复明教授1957年3月生,河南省沈丘县人。1977年恢复高考制度后考入郑州工学院水工专业学习。1982年本科毕业后在该校攻读硕士学位,师从周鸿钧教授。1984年获得硕士学位后专程来到大连工学院攻读博士学位,师从林皋教授。在林老师的悉心指导下,他的博士论文《层状地基分析的样条半解析法及其应用》受到钱令希、潘家铮等著名专家的好评。

1991年,王复明赴美国德州农工大学(Texas A&M University)做访问学者。当时,美国正在实施战略性公路研究计划(SHRP),该校著名的道路工程专家莉顿教授主持SHRP-A005项目。他邀请王复明这位从中国来的年轻人参加该项目的学术讨论。王复明发现,关于道路无损检测与评价技术的研究,是基于"试算法"建立数据库,通过内插法确定路面结构层材料模量的,这样可避免由反演问题不适定性造成的困难。虽然求解过程稳定,但理论上尚不够严谨。在一次学术讨论会上,王复明大胆提出应用系统识别原理建立道路工程参数的反演分析方法。莉顿教授非常重视这一新思路，当即邀请王复明正式加入 SHRP-A005 项目组，负责路基、路面材料特性反演系统识别方法的研究。王复明基于多年层状地基研究的基础，系统分析了路基、路面结构层模量对路面弯沉的影响规律，综合应用灵敏度分析和奇异值分解方法，建立了多层结构动力反演方程的求解方法。这一成果不仅推动了路面结构反演由经验公式、数据库内插等传统方法向更严密的理论分析方向发展，而且应用系统识别方法在莉顿教授多年前建立的模拟路面材料行为的损伤力学模型 MICROCR 基础上，结合能量耗散实验，据以反演出材料的损伤特性参数，从而可进一步评价路面结构的服役性能。莉顿教授对王复明取得的成果非常赞赏，认为“这是道路工程反演理论的突破性进展，对无损检测技术的发展具有重大价值”。圆满完成项目的研究任务后，王复明立即带全家回国，因为他一直盼望着投身于国内高速公路的建设大潮，为国家做贡献。

回到母校郑州工学院，科研条件可谓“一穷二白”。王复明要继续从事反演理论与公路无损检测技术的研究，摆在他面前的首要难题就是缺少无损检测试验设备，当时购置一套动力无损检测系统需要 16 万美元。在这种情况下无论哪个部门和单位，要一下子给他这个刚从美国归来的年轻人解决 16 万美元的试验设备用于“冷门”课题的研究谈何容易？一次次的尝试和期盼、一次次的失望和打击、极度的焦虑和苦闷使他病倒了。躺在病床上，王复明做出了一个大胆的决定，自己筹钱解决试验设备问题！出院后，他拿出了全家所有积蓄,并以18%的年息申请了60万元银行贷款,终于凑足了设备款,购置了国内第一套动态落锤式弯沉仪Dynatest FWD道路检测系统。

王复明清醒地认识到随着我国高速公路建设迅速发展,养护维修任务日益繁重,开发推广无损检测与病害诊断技术势在必行。为了帮助王复明尽快组建团队,林皋和周晶、孔宪京等都尽力给予支持,先后聘请王复明担任博士生副导师,在郑州工学院指导博士生开展相关研究。试验设备一到,王复明浑身有使不完的劲,带领团队争分夺秒地在高速公路上做现场试验。从1994年至2004年,他和团队带着检测车从省内到省外,冒着严寒酷暑,遭遇多次险情,无偿检测公路1.6万千米,获得了数以百万计的试验数据。在此基础上创建了层状介质电磁波和动力波反演理论,开发了路基路面分层检测评价与隐蔽病害诊断技术,其成果被科技部列为国家重点科技成果推广项目在全国推广。

长期积累的大量试验数据使王复明对我国高速公路的各类病害了然于心。这些病害具有隐蔽性、多变性,传统的“开膛破肚”式维修方法,不仅周期长、成本高,而且影响交通,污染环境。他针对我国高速公路结构及病害的特点,提出了无损检测与高聚物注浆相结合的非开挖修复理念,组建了产学研相结合的团队,研制出了遇水不敏感高分子注浆材料和成套施工装备,开发出了高速公路基层脱空、唧泥翻浆等疑难病害诊治的系统新技术。这项技术首先对公路进行无损检测和隐蔽病害诊断,然后利用高聚物精细注浆技术进行针对性修复,并在填充脱空的同时排除积泥积水。这样,修复一处病害半个小时即可恢复通行，避免了传统方法开挖维修造成的资源浪费和环境污染。2007年，河南省交通厅曾结合京港澳高速公路安阳至新乡段的专项维修，采用该项技术作为示范工程。该路段车流量大，重载车多，病害严重。采用该项技术后，结果80天内诊治病害2.4万处，一次性处置完好率达95%，比传统开挖式维修方法节省工期75%，节省经费53%，被验收专家认为是我国高速公路养护维修的典型范例。这一成果在河南、安徽、河北、山西、云南等省高速公路维修工程中得到推广，产生了显著的经济和社会效益。

高速公路病害诊治技术的突破并没有让王复明止步，他的下一个目标是要攻克土质堤坝及地下工程渗漏防治等技术难题。针对我国病险堤坝防渗除险的迫切需求和传统技术存在的不足，王复明在国内外首次提出基于非水反应高聚物的土质堤坝柔性防渗理念，揭示了高聚物材料在土体中的扩散机理，发明了土质堤坝柔性防渗薄墙和地下工程涌水封堵高聚物注浆成套技术，形成具有多项发明专利的技术体系。成功地应用于南水北调中线、上海苏州河堤防、宜万铁路野三关隧道等重大工程及小型病险水库防渗除险等领域的实践。2014年，该成果获国家技术发明二等奖。

地下管道灾变防控与非开挖修复是王复明近年来取得的另一项突破性成果。我国大量地下管道年久失修，渗漏问题突出，不仅造成水资源浪费、环境污染，而且导致城市道路坍塌事件多次发生。王复明提出了基于高聚物注浆的地下管道非开挖修复新方法，开发了高聚物水下复合注浆技术，解决了地下管道渗漏脱空修复、沉降管道顶升等技术难题。

广州市某排水管道出现严重渗漏、开裂和沉降，造成多处路面坍塌，传统开挖式的维修方法难以实施。采用这一成果不仅解决了地下管道涌水涌砂封堵难题，而且成功地将沉降管道提升 28 cm，使停止运行 16 个月的管道恢复通水。由于在地下管道非开挖修复领域取得的突出成就，王复明荣获了 2014 年度国际非开挖学术研究奖。

从高速公路到堤防大坝，再到地下管道，从反演理论、无损检测、病害诊治到非开挖修复和应急抢险，王复明始终围绕渗水引发的工程灾变防治问题展开持续性研究，实实在在地破解了我国交通、水利、土木等行业基础设施安全维护面临的难题。他常说："要把心放在民生安全上，把论文写在民生工程上。"也许是 40 多年前高中刚毕业就参加"75.8"抗洪抢险的记忆太深刻，每年到了汛期，他就时刻密切关注水情，多次志愿带领团队参加救灾。2010 年 8 月，河南省白河流域出现特大洪水。他连夜赶到最危险的唐河段，带领团队 4 天 4 夜抢修渗漏和管涌 80 余处，保障了高险堤防安全度汛。随着高速公路及机场跑道隐蔽病害诊治、堤坝及隧道等地下工程渗漏涌水防治、地下管道非开挖修复等技术成果的推广应用，他成了名副其实的"工程医生"。每当接到工程抢修电话时，他总是组织团队第一时间到达现场，不畏艰险地投入应急抢修工程中，所以其"工程 120"的名声不胫而走。2017 年，针对工程基础设施安全运行和维护的迫切需求，王复明发展了又一个创新性的构想，筹建"工程医院"，旨在打通行业及学科界限，融合工程科技和现代信息技术，汇聚各类优质资源，探索协同合作模式机制，搭建开放共享平台，为成果转化、科技创新、人才培养及科普教育等方面提供综合服务。经过两年多的探索和实践，“工程医院”功能定位逐步清晰，合作模式与运行机制日臻完善，信息服务平台上线运行，目前，在20多个省区市已陆续成立40多家分院，涵盖土木、水利、交通、地质、环境等相关行业。计划的土质堤坝、路基路面、隧道管廊、地下管道、地下粮油储库等足尺试验场地及配套设施规划设计已全面完成，一期工程于2020年3月9日开工建设，2021年底建成的目标已经达成。

最近，王复明负责的“土木工程学科群实践育人共享平台探索与示范”被列入教育部新工科研究与实践项目。该项目联合工程医院和相关高校、企业及行业协会和学会，探索共建“场网一体”(试验场＋互(物)联网)实践育人共享平台，汇聚盘活分散的、有限的足尺及原位试验设施等优质资源，打造“政校企合作、产教科融合、国内外共享”的人才培养实践创新基地，促进工程实践新认知、新技术、新成果与课堂教学深度融合，为提升师生实践创新能力提供支撑。

30多年来，王复明想国家之所想，急国家之所急，凭着求真务实、敢为人先、坚忍不拔和乐于奉献的精神，在科学研究、成果转化、人才培养和服务社会等方面取得了突出成就，多次受到国家和河南省有关部门的表彰。1996年，获得国家杰出青年科学基金，先后被评为河南省科技功臣、中原学者、全国优秀科技工作者、全国优秀留学回国人员、河南省和全国先进工作者等；2011年，荣获河南省科学技术杰出贡献奖；2015年，当选中国工程院院士。

看到王复明院士取得的成绩和荣誉，作为导师的林皋感到无比高兴和自豪。王复明常说,师从林老师攻读博士虽不到三年,但好似林老师教了他一生。每到关键时刻,王复明总是首先想到请教自己的导师。林老师也经常到王复明那里和他的团队交流,提出建议。2017年和2019年,林老师虽然年事已高,但仍然亲临"工程医院"的成立大会和年会,十分关心和支持这个新平台、新模式。王复明院士的成果,凝聚着林老师的心血;王复明院士的足迹,传承着林皋院士的精神。他们在学术脉络上相通、相融,更重要的是他们心心相印,都有着一颗为祖国强盛、为人民造福的赤子之心。

孔宪京教授1952年1月生于江苏省南京市,大连理工大学教授、博士生导师。1977年至1980年,在大连工学院水利系水工结构工程专业学习,获学士学位。1980年至1983年,师从倪汉根教授攻读水工结构工程硕士学位,毕业后留校工作。1986年至1990年,师从林皋教授和韩国城教授,并由韩国城教授具体指导,攻读水工结构工程博士学位。他于1984年至1992年曾先后三次(3年)获得日本学术振兴会(JSPS)、日本东京大学奖励基金会资助,受聘为客座研究员、博士研究员,在日本东京大学生产技术研究所从事土石填筑坝地震破坏机理研究。1998年再次获日本学术振兴会全额资助,作为特邀研究员赴东京大学讲学。1990年破格晋升为副教授;1992年破格晋升为教授;1992年至1998年,担任大连理工大学土木工程系抗震研究室副主任和主任;1998年至2009年,先后担任大连理工大学校长助理、副校长、党委副书记、党委常务副书记等职务;2017年11月27日,当选为中国工程院院士。

30 多年来，孔宪京教授一直致力于土石坝、核电站海域工程等土工建筑物地震破坏机理和抗震对策的研究，针对我国高土石坝和核电等重大工程建设中的关键技术问题，在土石坝动力试验技术、大型土工试验设备研制、信号测试与处理技术、筑坝材料变形与强度特性、高土石坝和核电厂海域工程构筑物数值分析与抗震设计理论及安全评价方法、城市固体废弃物的力学性质及其填埋场静动力变形与稳定分析等方面进行了系统、深入的研究，取得丰硕的科研成果。

20 世纪 90 年代，他主持完成了国内第一台二维水下振动台和具备先进测试技术的高精度大、中型三轴仪的研制工作。2015 年，他带领课题组成功研制了试样直径达 1 000 mm 的世界最大的超大型三轴仪，可开展更加符合筑坝过程和坝体运行期间岩土材料强度、变形特性的试验研究，为我国高土石坝静、动力数值分析及安全评价提供理论基础和试验依据。

多年来，他承担了我国天生桥、吉林台、糯扎渡、猴子岩、双江口、两河口、古水等 30 余座已建、在建和即将建设的大部分高土石坝工程，以及岭澳、田湾、阳江、红沿河、陆丰、徐大堡等 10 余座核电站海域工程取排水构筑物的抗震安全评价工作，为这些重大工程的抗震设计、抗震措施选择提供了坚实可靠的技术支撑。

2008 年“5 · 12”汶川地震中，部分水电站出现了不同程度的损伤，使安全运行受到较大的影响。其中，紫坪铺水库位于岷江上游河段下端，距震中仅 17 千米，距都江堰市仅 9 千米，距成都市约 60 千米，该工程为大（Ⅰ）型水利枢纽工程，西部大开发十大工程之一，被列入四川省一号工程。强震导致大坝发生明显震陷，面板与河谷接缝（周边缝）发生变位，部分面板间的结构缝也发生错台，并出现挤压破坏，对大坝的防渗系统造成了一定程度的损坏，渗漏量也较地震前有所增加。5 月 21 日，作为水利部邀请的专家，孔宪京教授和林皋院士一道，会同来自全国各地的面板堆石坝专家紧急前往地震灾区勘察水利设施的震害情况。作为紫坪铺混凝土面板堆石坝震后处理咨询研讨会专家组成员（组长），他建议对大坝面板、其他设施（如泄洪洞、溢洪道等）进行全面排查，加强主要大坝渗流量监控，复核抗震设防标准，并提出采用本次实测地震波形对坝体进行三维地震反应分析、边坡稳定校核、地震残余变形验算，对大坝的整体抗地震安全做出评价。此后，孔宪京还参加了震区内我国地震设计加速度最高的大岗山水电站工程的地震影响的安全评价工作，为大坝工程震后损伤评估和修复措施积极提出意见。紫坪铺大坝是目前为止世界上唯一遭受强震考验的坝高超过 150 m 的混凝土面板堆石坝。汶川地震后，为了进一步探究高面板堆石坝的震害机理，确保大坝的安全运行，他坚持带领研究团队针对紫坪铺大坝，在筑坝堆石料静、动力特性，面板堆石坝高精度施工仿真，地震破坏分析方法等方面继续开展深入、细致、全面的研究工作，取得了一系列高水平的研究成果，为我国高土石坝设计、分析和建设提供了重要的科技保障。

2012 年，作为第一完成人，孔宪京教授申报的“高土石坝抗震设计理论研究与工程应用”项目获得国家科技进步二等奖，该项目在三轴试验中提出了多级位移测试、静动耦合以及堆石坝现场弹性波测试方法，发展了土石填筑坝地震破坏机理，研发了高效、多功能土石坝三维抗震安全评价软件系统，显著提升了土石坝抗震分析水平和安全评价的可靠性；提出了土石填筑坝振动台试验方法和技术，揭示了土石填筑坝地震破坏机理，深化了对土石坝抗震性能的认识，为验证理论分析方法、准确评价土石填筑坝抗震安全提供了依据，提出了强震区高土石坝抗震设计的基本要点，建议并验证坝顶区抗震加固方法和有效措施，显著增强了高土石坝的抗震能力。该研究成果应用于我国吉林台、瀑布沟、冶勒、糯扎渡、双江口、两河口等 50 多个重点水利水电工程，通过优化大坝设计，减少了工程量，节约了投资，加快了施工进度，获得经济效益约 5 亿元人民币。

大力发展核电等清洁能源，实现低碳排放是我们能源发展的重大战略需求。为保障核电建筑物（构筑物）和核电设备的抗震安全，在我国核电建设经验比较缺乏的条件下，结合我国自主建造的第一座百万千瓦级的核电工程——岭澳核电厂——的需要，孔宪京教授带领课题组率先开展了核电厂海域工程构筑物抗震安全评价内容、评价方法与评价标准的研究，成功运用控制加载爆破挤淤置换、爆破排淤填石等地基处理方法，适应各种不利地基条件；提出了抗强风浪、地震作用设计的新型斜坡式防波堤护面块体结构，可较法国设计节约混凝土量 40%；设计了柔性地连墙结构，保护海洋生态环境，充分发挥防波堤的防渗、隔热作用。这些工程技术的运用，不仅节约了工程量，加快了施工进度，还在工程与海洋环境和谐发展方面做出了贡献。2010 年，作为第一完成人，孔宪京教授和林皋院士在核电建筑物和设备抗震安全方面的研究成果获得国家科技进步二等奖。

孔宪京教授先后主持国家自然科学基金、国家攻关等纵向课题 20 余项，参编或修编国家及行业规范 6 部，出版专著 2 部，授权软件著作权 11 项，获批发明专利 2 项、实用新型专利 4 项，发表论文 170 余篇，其中被科学引文索引(SCI)、工程索引(EI)和科技会议录索引(ISTP)收录 130 余篇。

他的研究成果先后获国家科技进步二等奖 2 项(均排名第一)、三等奖 1 项(排名第三)，国家自然科学二等奖 1 项，省部级科技进步奖一等奖 9 项(4 项排名第一)。

1995 年，他被评为大连市百名优秀青年科技人才、辽宁省青年先进科技工作者、大连市劳动模范；1996 年，被批准进入国家教委"跨世纪优秀人才培养计划"，被评为辽宁省共产党员标兵，同时入选辽宁省首批百千万人才工程(百人层次)；1997 年，被国家教委、人事部授予全国优秀留学回国人员等荣誉称号；1998 年，起享受国家政府特殊津贴；2001、2004、2007 年分别被评为大连市优秀专家；2010 年，授予大连市特殊贡献专家称号；2013 年，入选"辽宁省院士后备人选培养工程"；2014 年，入选大连理工大学首批"星海学者"人才培育计划。

孔宪京院士曾任中国大坝协会常务理事、中国水利学会理事、中国水利学会水工结构专业委员会副主任委员、中国水利学会岩土力学专业委员会常务委员、中国水力发电工程学会抗震防灾委员会副主任委员、中国振动工程学会土动力学专业委员会副主任委员以及《水利学报》等多家学术期刊编委等职。

第五节 耄耋之年 师生相贺

80华诞不忘奉献祖国："尽我的力量，为祖国再做一些贡献"

2009年1月2日，林皋院士迎来了80华诞。当日上午，大连理工大学科技园报告厅喜气洋洋，"庆祝林皋院士80寿辰学术研讨会暨建校60周年工程抗震研究所校友会"拉开序幕。学校和学院领导及师生代表、工程抗震研究所海内外历届校友200余人参加了研讨会。开幕式上，郭东明副校长宣读了校党委书记和校长的贺信，全文如下：

尊敬的林皋院士：

恰逢您80寿辰，谨代表大连理工大学党政班子全体同志和全校师生员工向您表示诚挚的祝贺和衷心的祝福！作为学校德高望重、成就斐然的前辈，近60年来，您始终以拳拳的爱党、爱国、爱校、爱生之心，满腔热忱地献身祖国的科教事业，为我国水工结构工程、抗震工程的发展及人才培养做出了卓越的贡献，为大连理工大学赢得了崇高的声誉。您的高尚师德、广博学识成为学校年轻学人的楷模。从20世纪50年代以来，您一直从事大坝抗震理论和模型试验、地下结构抗震分析及混凝土结构动态断裂等方面的研究并取得卓越的成果，为学科发展做出了重要贡献。您踏遍千山万水为我国十余座大型混凝土坝工程、土石坝工程、海港码头工程、核电厂建筑工程等进行抗震安全评价方面的研究与试验工作，参与编制我国水工建筑抗震设计规范与核电厂抗震设计规范，您在水坝抗震理论与试验技术、地下抗震结构分析等方面的研究工作获得国家科技进步奖一等奖等多项殊荣。今年5月四川汶川特大地震发生后，您义无反顾地奔赴灾区，开展紫坪铺混凝土面板堆石坝的安全评估工作。这种为人民利益不畏艰险、敢于担当的精神，令全校师生为之感动。老骥伏枥，志在千里，您热爱祖国的高尚品德、甘为人梯的奉献精神、严谨求实的治学态度，都激励着我们早日把大连理工大学建设成为国际知名的高水平研究型大学，为深入实施科教兴国战略，建设创新型国家和人力资源强国做出新的重大贡献。恭祝您福如东海，寿比南山，阖家幸福，吉祥安康！

党委书记　张德祥

校　　长　欧进萍

2008年12月30日

李宏男教授代表土木水利学院全体师生致贺词，他说，数十年来，林院士勤奋求索、厚德载物，在教育科研领域取得了令人瞩目的成就。作为一名科学家，他在工程抗震领域贡献卓著；作为一名教育家，他为祖国培养了一批又一批优秀的高层次人才；作为一名有着伟大人格魅力的长者，他用自己高尚的品质和无私奉献的精神感染和教育着每一个人。今天，我们很荣幸一同回顾林院士从事教育科研工作几十年的光辉历程，敬仰和学习林院士高尚品格。……一项又一项的科技攻关，一次又一次地解决重大工程难题，见证着这位永不止步的学者辉煌的业绩。50 多年的辛勤耕耘，林院士收获的成果无以计数。他曾获得国家科技进步奖一等奖，教育部、能源部、中国地震局科技进步奖一等奖等十余项奖励，在国内外主要学术刊物和国际学术会议上发表论文 400 余篇，先后被授予国家级有突出贡献的科技专家、全国优秀科技工作者、全国模范教师等荣誉称号。如今，林院士仍工作在科研第一线，辛勤耕耘，永不言止。“5・12”汶川特大地震后，79 岁高龄的他第一时间报名，先后六次赴灾区考察灾情，为恢复重建献策。林院士是一位科学家，更是一位德高望重的教育家，在林院士 50 多年的教育生涯里，培养了博士、硕士近百名，他严谨求实的治学风格影响着每一位学子，他孜孜不倦的教育风范更感动着每一个人，如今林院士的学生们都兢兢业业地奋斗在各自的岗位上，在富国强民的道路不懈前行。几十年的奋斗历程沉淀着林院士高尚的品格，他勤劳节俭，默默奉献的精神永远值得吾辈学习。多年来，林院士一直没有寒暑假和节假日，只有星期天才休息，平时他总是坐班车上下班，周六和节假日坐公交车，为了节省出更多的时间工作。如今他依然不懈地追求着、奋斗着。我们将永远秉承林院士的光辉品质，在教书育人、科教兴国、民族腾飞的伟大事业中做出我们应有的贡献。

林皋院士的学生、第一届博士生、现任我校防灾减灾工程研究中心主任的周晶教授和专程从美国赶回的第二届博士生、现任美国 HNTB 公司桥梁工程师的陶建人博士分别代表海内外学子做了深情真挚的发言，祝福恩师生日快乐，健康长寿！会上，郑州大学、大连理工大学土木水利学院工程抗震研究所的历届校友们向林皋院士赠送了纪念品。林皋院士对学校、学院和研究所的关怀表示感谢,他说:"首先以真挚的感激之情感谢我们学校、学院和我们研究所举行这样一次盛大的活动,这些赞美之词我非常不敢当。特别感谢我们毕业的校友从祖国各地、四面八方来到大连,还有陶建人博士跨越太平洋回国,我真诚地表示深深的感谢。第二个使我感到很高兴的是我们毕业的校友在国内外的各个岗位上都做出了非常突出的成绩,很多都值得我很好地学习,我应该向毕业的校友学习。我 80 岁了为什么还坚持在科研第一线,因为我希望祖国强盛,尽我的力量,为祖国再做一些贡献。"林皋院士的发言赢得全场人员的热烈掌声。

随后,陶建人博士、邵龙谭教授、王君杰教授、孙克明博士、王海波教授、陈怀海教授、周晶教授、孙造占博士、李宏男教授、孔宪京教授、李炳奇教授、吴立军教授、赵林博士等 12 位工程抗震研究所的校友依次做了专题报告,汇报了他们在各自的学术领域所取得的研究成果。

在林皋院士 80 寿辰庆祝晚会上,学校和学院领导、林皋院士的好友、工程抗震研究所退休老教授、海内外历届校友以及各兄弟研究所的主要负责人共同为林皋院士祝寿。校党委副书记孔宪京教授致辞。他说,四十多位工程抗震研究所的毕业生远道而来,特别是陶建人博士从美国专程赶回来,是因为我们对林院士怀有深深的敬仰和感激之情。我们要向林院士学习,共同为国家的工程建设多做贡献。让我们一起衷心祝福林院士健康长寿、万事如意,祝愿抗震研究所发展越来越好。全场人员同唱《祝你生日快乐》,祝福林皋院士。

经过长期酝酿和筹备，大连理工大学林皋基金会也在这次学术研讨会上正式宣布成立，基金来源于工程抗震研究所校友、土木水利学院其他研究单位以及校外相关研究机构的捐赠，原始基金数额为 10 万元，继续接受单位、团体和个人的捐赠，用于资助和鼓励在结构抗震、防灾减灾及相关学科的基础研究和应用研究方面做出优异成绩的在读研究生和青年教师。

2009 年 6 月，大连理工大学授予林皋院士建校 60 周年功勋教师称号。自 1951 年从清华大学毕业后来到当时的大连工学院任教，到 2009 年已 58 年。作为水工结构抗震领域的学术领导人，林皋院士为大连理工大学在这一领域的科研教学工作一直保持国内领先水平起到了重要作用。

85 华诞种下银杏树："献身抗震，哺育英才"

2014 年 5 月 28 日上午，"庆祝林皋院士八十五华诞和从教六十三周年植树纪念仪式"在建设工程学部工程抗震研究所举行。85 岁高龄的林皋院士仍然奋战在科学研究的第一线，为提高大坝、核电领域抗震研究水平和培养青年师生辛勤工作着。为了发扬林皋院士为科学献身、执着追求的敬业精神，表达学生和校友的敬意，由在北京工作的林皋的学生提出倡议，经学校批准，在建设工程学部、水利工程学院的支持下，工程抗震研究所在林皋院士长期工作的抗震试验大厅前种下两棵银杏树，并设立一块纪念碑，上面镌刻着林皋院士亲自题写的"献身抗震，哺育英才"八个大字，这是林皋院士对自己多年来工作的总结，也是激励他踔厉奋发工作的强大动力。林皋院士指导的首届硕士生和博士生周晶教授代表学生和抗震校友，题写了纪念碑的落款。

植树纪念仪式由工程抗震研究所所长李昕主持。林院士及夫人蔡立媛，建设工程学部部长李宏男，建设工程学部党委副书记兼副部长王晶华，水利工程学院院长、海岸和近海工程国家重点实验室主任董国海，水利工程学院副院长陈健云，工程抗震研究所教师孔宪京、迟世春、柳春光、朱彤等和部分林皋院士在校学生等参加了该植树纪念仪式。

李宏男部长在讲话中指出，今天以这种方式作为纪念林老师八十五岁生日、从教六十三年非常新颖。两棵银杏树必将茁壮成长，工程抗震学科也将发展壮大，传承林院士的优秀业绩和高尚品格。

董国海院长代表水利工程学院和国家重点实验室致辞，他说，林院士长期工作在第一线，为年轻同志们树立了很好的榜样，带领大家为水利工程一级学科、国家重点学科、海岸和近海工程国家实验室的发展做出了突出贡献。祝愿林院士身体健康。

林院士在活动现场发表感言，他首先感谢学校、学部、学院以及工程抗震研究所全体老师和同学们。他说，我到大连理工大学六十余年来，主要工作是为我国的抗震事业做一点贡献以及培养人才。抗震队伍的不断发展壮大，涌现出一批又一批优秀人才，我感到非常欣慰。希望在学校、学部、学院的支持下，各位老师和同学们能为国家做出更大的贡献。

最后，林老师与夫人蔡立媛和孔宪京教授共同为纪念牌揭幕，并为银杏树培土浇水。参加植树仪式的全体师生在工程抗震研究所门前合影留念。

90华诞：科研工作就像打仗一样，“我们还要向更高峰迈进”

2018年1月2日，林皋院士迎来了89华诞，并跨入了人生的第90年行程。“庆祝林皋院士九十华诞暨从教六十六周年学术交流会”在大连理工大学学术交流公寓举行。学校和建设工程学部领导及师生代表、工程抗震研究所海内外历届校友代表参加了交流会。大连理工大学党委书记王寒松发表讲话，全文如下：

尊敬的林院士、蔡老师、王院士，各位来宾、校友，老师们、同学们：

大家好！今天，我们欢聚一堂，共同庆贺中国科学院院士林皋教授九十华诞。我代表大连理工大学党委和行政、代表全校师生和员工向林院士致以崇高的敬意和美好的祝愿！祝林院士生日快乐、身体健康！同时，向前来参加庆贺活动的各位来宾，向以王复明院士为代表的各位校友表示热烈欢迎！

林院士自1951年清华大学毕业后就来到大连理工大学。在过去的60多年里，他勤奋工作、勇于创新，为学校的人才培养、科学研究和学科建设等倾注了大量心血，做出了突出贡献。如今已届耄耋之年，依然辛勤耕耘在工作第一线，从未停歇，令人无比敬佩。

林院士长期从事水工结构工程、核电结构工程、地震工程等领域的科研工作。从流溪河拱坝挑流泄洪，到以礼河土坝抗震安全评价，再到丰满大坝水下岩塞爆破、红沿河核岛复杂地基抗震研究，林院士的研究工作紧跟国家经济社会发展需求，解决了许多重大工程中的关键技术问题。就在上个月，他的一项研究成果还获得了教育部科技进步奖一等奖。今天，我们学校站在了“双一流”建设的新起点，开启了全力建设中国特色的世界一流大学的新征程。一流学科建设要紧跟时代步伐，面向国际学科前沿、面向国家经济社会主战场，勇于回答时代课题。林院士给我们树立了榜样。土木水利学科与学校建校同步，李士豪、章守恭、陆文发等老前辈开疆拓土，邱大洪、林皋、赵国藩、欧进萍、孔宪京等学术带头人引领发展，伴随着学校的发展壮大，不断实现新的跨越。我们要珍惜来之不易的学科建设成就，勇立潮头，接续奋斗，让“双一流”从规划蓝图变成美好现实。

林院士是国务院首批博士生导师(1981 年)、辽宁省模范教育工作者(1986 年)、全国模范教师(2004 年)。他以人才培养为己任，先后指导博士生、硕士生百余人。王复明院士、孔宪京院士就是典型代表，“师生院士”一度成为学术佳话；还有杰青、优青等一批高端人才，更有行业领域的科研中坚力量和工程技术骨干。林院士高度重视教学工作，现在还给研究生讲授选修课。指导研究生更是亲力亲为，严格要求。他还多次应邀给本科生、研究生做报告，教育引导学生树立和践行社会主义核心价值观，成长成才，爱党报国。他说，“希望你们青少年一代现在就为实现祖国强大的梦想做好准备”,“使中国梦在你们青少年一代的奋斗中变成现实”。林院士就是全校教师的标杆。我们建设一流大学,要把培养一流人才作为首要任务。习近平总书记在2016年全国高校思想政治工作会议上发表重要讲话,指出,“只有培养出一流人才的高校,才能够成为世界一流大学”,我们必须牢固树立人才培养的核心地位,牢牢抓住全面提高人才培养能力这个核心,营造人人关心育人、人人为了育人的良好氛围。

林院士是在党的培养和教育下成长进步的,对党有着深厚的感情。1949年10月1日参加开国大典,他目睹了五星红旗在天安门广场冉冉升起。1953年,他提出入党申请,后因种种原因未能如愿。1983年再次递交了1万多字的入党申请书。他说,“我的知识、我的一切都是属于人民的,没有党、没有中华人民共和国就没有我的一切。我要把这一切献给党,献给人民”。1984年,他终于实现了人生夙愿。要求入党三十多年,经历多次严峻考验,他不懈追求,矢志不移。林院士是一名优秀的共产党员,讲政治、有信念,讲规矩、有纪律,讲道德、有品行,讲奉献、有作为,以实际行动彰显并传承了我校的红色基因。党的十九大和习近平新时代中国特色社会主义思想赋予中国高等教育以丰富的时代内容和思想内涵,加快一流大学和一流学科建设,实现高等教育内涵式发展,是建设社会主义现代化强国对高等教育的新期待!此时此刻,开启新征程、面对新期待,我们更要树立深厚的历史自觉、高度的政治自觉、清醒的党性自觉,传承大工红色基因,弘扬以林院士为代表的土木水利人精神,用红色基因凝聚磅礴力量,努力夺取建设中国特色的世界一流大学的新胜利!

最后，再次祝林院士身体健康，学术之树常青，桃李满天下！祝各位来宾、校友、老师们、同学们工作和学习顺利，新年快乐，吉祥如意！谢谢大家！

党委书记　王寒松

2018 年 12 月 30 日

建设工程学部部长董国海教授致贺词，他代表建设工程学部全体师生向林院士致以衷心的祝贺和崇高的敬意，并向林院士家人表示最诚挚的祝福！他就个人对林院士的了解，谈了三点感受。一是林院士勇于担当，以科研攻关解决工程技术难题。2007 年辽宁红沿河核电厂核岛地基开挖过程中发现分布不规则、岩性较差的捕虏体，必须尽快解决。中广核集团紧急求助，林院士科研团队毅然承担起核岛地基抗震适应性评价的研究任务，以先进的计算模型科学地论证了建设反应堆的可行性和足够的安全性，通过环境保护部专家评估，大大节约了工程投资，保证了施工进度。2008 年汶川大地震，80 岁高龄的林院士第一时间报名到灾区一线，作为水利部专家组成员，紧急赶赴距离震中仅 17 公里的紫坪铺水库大坝勘察震害情况，指出“必须抓紧修复破损的混凝土面板，抢在汛期到来之前排除所有隐患”。此后，他一年之内又分别 5 次赶到灾区指导大坝修复工作，充分显示了老科学家对祖国、对人民的赤胆忠心。二是林院士勤奋钻研，有一股钉钉子精神。林院士不做“口”的巨人，只做“行”的高标。他早年学习英语，后来因为工作需要又学俄语。学到什么程度呢？可以现场口译，还翻译出版了外文教材。他在出差路上也戴着耳机学外语。林院士带盒饭上班，一周工作六天，早来晚走，年年如此。锲而不舍、久久为功，终于在大坝抗震、核电安全、地下结构等多方面颇有建树，成为一代名家。三是林院士非常关心学校和学部的发展建设，关心青年人成长。他对土木水利学科规划、学科国际评估工作、国家重点实验室建设工作等都提出了很好的意见和建议。对于各种会议、研讨、咨询活动，无论工作多忙，他都全程参加。他言传身教，指导研究生亲力亲为，对学位论文，大到文章结构、公式推导，小到遣词造句、标点符号，都严格把关，一一修改。学生开展学术研讨和党团活动，请他做报告，他有求必应，每次都非常认真地准备讲稿。他以诲人不倦的精神诠释着教师的神圣职责，是“四有”好教师的典型代表。林院士被评为“感动大工”年度人物当之无愧。最后，董国海部长说，“林院士有太多太多的故事值得大书特书。建设工程学部特邀学校原高等教育研究所副所长谢秉智教授为林院士撰写学术传记，我要特别感谢谢老师，正是他历时多年的工作，记载下了林院士不平凡的学术成就和科研之路，为我们留下了宝贵的精神财富”。他祝林院士身体健康，生日快乐！

林皋院士表示，感谢学校、学部领导的祝贺。虽年事已高，但还有很多工作没有做。如今，我国完成了从筑坝大国到筑坝强国逐步迈进的历史蜕变。随着国家的发展壮大，我们要不断拓展新的研究方向，服务国家需求。“科研工作就像打仗一样，要占领一个又一个山头，不断攻克更高的山头，我们还要向更高峰迈进。”

图 6-8 在“庆祝林皋院士 80 寿辰学术研讨会暨建校 60 周年工程抗震研究所校友会”上林皋与学生合影(左起陶建人、林皋、孔宪京、孙克明)(2009)

图 6-9 林皋参加抗震研究所组织的“庆祝林皋院士八十五华诞和从教六十三周年植树纪念仪式”(2014)

在学术交流会上，中国工程院院士、郑州大学水利与环境学院王复明教授，阿依艾工程软件（大连）有限公司孙克明总经理，中国水利水电科学研究院工程抗震研究中心王海波总工，清华大学水沙科学与水利水电工程国家重点实验室主任、土木水利学院李庆斌教授，南京航空航天大学航空宇航学院陈怀海教授，大连理工大学建设工程学部周晶教授分别做了学术报告。会后，周晶教授主持召开了校友座谈会。

图 6-10　在“庆祝林皋院士九十寿辰暨从教六十六周年学术交流会上”林皋与学生座谈（2018 年）

第七章

走向世界 合作交流

国际科技合作与交流是当今世界促进科技发展的重要特征和基本途径之一。早在20世纪50年代我国实行“向苏学习”一边倒外交政策的背景下，林皋在进行的我国第一个拱坝模型振动试验研究中，提出了拱坝坝顶挑流泄洪振动的试验方法，研制了相关的激振设备与测试传感器，论证了工程方案的可行性。其成果在中、苏、朝、蒙水利技术会议上交流，在苏联《国外建筑抗震》一书中被评价为“科学水平高，采用了先进的测量仪器”。林皋进行的我国第一个土坝模型抗震试验研究，当时在材料动力特性、试验方法、坝型比较及选择和坝前水库波浪等试验技术方面都有所创新，其成果被水电部选作对外技术交流资料。在“文化大革命”期间仪器设备遭到严重破坏的情况下，为兴建当时我国最高的白山拱坝（高149.5米）的抗震安全评价开展动力模型试验研究，林皋科研团队提出了直接摄影法这一创新性的模型试验技术，测出了白山拱坝的前9阶振动模态，创造世界先进水平，其研究成果在我国地震代表团访美时曾被选为对外交流资料。20世纪80年代改革开放成为我国新时期的基本国策，为林皋这批中国科学家走出国门、走向世界提供了最佳契机，他们在国际学术会议上向国际学术界宣读自己的研究论文，拓展其学术影响，学习和引进国外先进的科学技术，开展国际科技合作与交流，为促进科技进步与发展、提升我国在国际上的学术地位搭建了平台。

第一节 率团出国考察和出席国际学术会议

改革开放迎来了科学的春天，使林皋的大坝抗震研究工作进入了蓬勃发展的第二阶段，在计算理论和模型试验技术方面达到了新的高度。林皋终于可以带着学术成果走出国门、走向世界，率团出国考察访问，参加一系列国际学术会议，在国际学术界发出了他独特的声音，赢得了国际学术界的高度评价。

1987 年 9 月 19 日至 10 月 14 日，由教育部组成高等学校高土石坝工程与科研考察团访问美国和加拿大。林皋任团长，成员有清华大学高莲士、天津大学要明伦、成都工学院刘浩吾等。在美国的行程由美国加利福尼亚州水资源部总工皮尔森负责接待和安排，在加拿大的行程则由加拿大国家研究院的李焯芬教授(现为我国工程院院士)和罗锦添教授负责接待和安排。主要考察了美国的奥洛维尔(Oroville)土坝(坝高 230 m，1968 年建成)和加拿大的麦卡(Mica)土坝(坝高 242m，1972 建成，完建时乃当时世界最高土坝)。两坝均为采用先进技术建成的世界著名大坝，采用砾石土斜心墙。这种材料压实性能好，抗震强度高，压缩性低，不仅便于施工，还能满足防渗要求，20 世纪 60 年代后建设的高土石坝多采用这种防渗材料。在美国还访问了加利福尼亚州大学伯克利分校，与著名的希德(Seed)教授进行了座谈。在加拿大则与不列颠哥伦比亚州水力公司和渥太华工程公司进行了座谈和交流。加拿大方面介绍了透水深地基的防渗技术，麦卡 3 号土坝采用现场浇制的深 120 m 的两层泥浆混凝土墙(厚 0.6 m)进行防渗，两层间距离 3 m。还参观了一些在世界范围内有影响的工程公司，如加州的流动系统(Flow Systems)公司以擅长高速水力切割技术而著名。所到之处受到热情友好的接待，双方表达了加强学术联系和交流的愿望，为今后的国际科技合作与交流打下了良好的基础。例如，林皋回国不久，即介绍了博士毕业生曹亚林至加拿大国家研究院在罗锦添教授指导下开展研究工作。曹亚林现任加拿大加京华人联合总会名誉主席和加京华人中国统一促进会共同主席，为中加民间友谊的发展做出了贡献。林皋作为考察团团长，遇事和大家商量，得到了群众的信任，团结全体人员步调一致顺利完成了考察任务。这次访问促进了我国高校高土石坝技术研究的发展，并获得教育部给予的专项基金资助。

林皋多次参加有关的国际学术会议，如世界地震工程会议、岩土地震工程与土动力学新进展国际会议、世界计算力学会议、国际坝工会议等，来自世界各地的参会代表均数以千计。通过学术交流，拓宽了眼界，活跃了学术思想。会后，林皋还借机访问了一些著名院校，与相关领域的教授建立了联系，并为学校的研究生们争取到资助出国培养的机会。参加国际学术会议后，林皋一般都会对会议的学术动态进行总结，在《国际学术动态》上发表文章。下面介绍若干实例。

1986 年 9 月在美国奥斯汀举行第一届世界计算力学会议，那是林皋第一次出国参加学术会议，提出了学术报告"A Simplified Method for the Dynamic Analysis of Shell

Structures"(《一种壳结构动力分析的简化方法》),后被大会推荐至"Communication in Applied Numerical Methods"(《应用数值方法通讯》)刊物编辑部,并于1998年发表。会后访问了纽约州立大学,与宋祖德教授建立了学术联系,回国后选送了陈根达、吴祖光等博士生出国培养,得到宋祖德教授的资助。

1992年7月,参加西班牙马德里举行的第十届世界地震工程会议。会前应德国斯图加特大学鲁兹(Luz)教授邀请访问该校,做学术报告进行学术交流。顺访了著名的卡尔斯鲁厄理工学院(Karlsruhe大学)水力学试验室并在访问册上留言。会后通过鲁兹教授的介绍帮助我校金伟良博士和徐世烺博士申请到德国洪堡奖学金进行深造。会后到瑞士顺访了洛桑瑞士联邦理工学院沃尔夫教授和宋崇民博士,这次访问对以后林皋研究工作的开展和学术协作起了很重要的作用。

1996年6月,在墨西哥举行的第十一届世界地震工程会议上专门设立了混凝土坝抗震专题组(Special Theme Session STS-30),共选拔了英、美、加拿大、中国、罗马尼亚和瑞士等国的6篇代表性论文进行交流,林皋的论文"A seismic design of arch dams"(《拱坝抗震设计》)为入选论文之一。林皋因未及时得到签证未能到会,但会后论文作者间专门建立了联系,并组织了关于一些问题的讨论。

2001年3月,在美国加利福尼亚州圣迭戈召开第四届国际岩土地震工程与土动力学新进展大会。开幕式后举行题为"State of the Art and Practice Lectures"("最新进展和实践报告")的报告会,林皋被邀请担任第一天上午报告大会的执行主席,并向报告者艾尔伽梅尔教授颁发纪念品。

2004 年 8 月,在加拿大温哥华举行第十三届世界地震工程会议,再一次设立了大坝抗震专题组。负责审稿的国际大坝委员会大坝抗震专业委员会主席威兰德博士来函指出,在送交的 83 篇论文中共选了 10 篇分两组各 5 篇进行交流:第一组 MTC11"Introduction and Embankment Dams"(《介绍和土坝》);第二组 MTC16"Concrete Dams and Discussion"(《混凝土坝和讨论》)。林皋的论文"Some Problems on the Seismic Design of Large Concrete Dams"(《大型混凝土坝抗震设计的若干问题研究》)被安排在第二组第一个进行交流,并将报告时间延长至 20 分钟(大会规定报告时间 15 分钟)。

2004 年 10 月,在南京召开的第四届国际坝工会议上林皋应邀做大会主题报告"On the Earthquake Safety of Concrete Dams"(《混凝土大坝的抗震安全性》)。科技日报于 2004 年 12 月 14 日进行了简要报道,指出该主题报告很受欢迎,对混凝土大坝的抗震问题提出了许多新的论点。他开展了地震作用下混凝土多轴动态强度的研究,指出混凝土的速率敏感性对混凝土大坝接近破坏时的地震响应产生重要影响。他研究了非均质无限地基动力相互作用对混凝土大坝动力响应的影响,指出设计中广泛采用的无质量地基模型所存在的问题。

2007 年 2 月,在葡萄牙里斯本召开的第五届国际坝工会议上,林皋又应邀做大会主题报告"On the Dynamic Stability of Potential Sliding Mass During Earthquakes"(《地震中潜在滑动体的动力稳定性研究》)。他采用了三维 DDA 方法研究

图 7-1　林皋在国际地震工程专题讨论会上做学术报告（1984 年，上海）

图 7-2　林皋率高教部高土石坝代表团访问加拿大麦卡土坝（左起：要明伦、林皋、刘浩武、　莲士）（1987 年）

图 7-3　林皋参加第二届中澳计算力学会议(1997,澳大利亚,悉尼)

图 7-4　2001 年在美国圣迭戈出席第四届国际岩土地震工程与土动力学进展大会时担任大会执行主席并做主题报告

图 7-5 林皋在十四届世界地震工程会议混凝土坝抗震专题会议上做学术报告(2008 年,北京)

图 7-6 林皋在十四届世界地震工程会议上担任混凝土坝抗震专题会议主席(2008 年,北京)

图 7-7 林皋在德国亚琛工业大学举办“工业设施抗震设计国际会议(SeDIF2013)”上做主题报告(2013 年 9 月,德国亚琛)

图 7-8 林皋在“第三届比例边界有限元法最新进展国际研讨会”上做主题报告(2019 年 12 月,宁波大学)

了坝肩和坝基中锥形块体接触问题的动态稳定，指出坝基地震激励加速度高于 0.2～0.3g 时，随着加速度增大动态稳定系数与静态稳定系数可存在较大差别。遗憾的是林皋因签证延误未能出席会议，林皋的报告只能在会议编印的论文集上发表。

第二节　国际与地区交流与合作研究

1981 年，日本东京大学生产技术研究所田村重四郎、久保庆三郎等 4 位著名教授获得日本鹿岛振兴财团资助计划考察中国唐山地震灾区，同时还资助中方学者 4 人至日本进行学术合作与交流。经与中国城乡建设环境保护部抗震办公室联系，派出魏琏、林皋、周永年、符圣聪等 4 人于 1982 年 1 月至 3 月至日本东京大学生产技术研究所开展了为期 3 个月的合作研究。魏琏为团长。魏琏和符圣聪由北京建筑科学研究院派出；林皋由大连理工大学派出；周永年由地震局工程力学研究所派出。1983 年，日方出版了《中日共同研究报告书——近期中国唐山地震中工程地震灾害有关问题分析》，由田村重四郎、片山恒雄、龙冈文夫共同主编。其中，林皋和日方合作者田村重四郎提出的论文“Damage to Dams during Earthquakes in China and in Japan”(《中国和日本大坝震害研究》)，由林皋执笔撰写。此后，林皋与田村重四郎教授(时任日方土木工程学会工程抗震委员会主席)建立了长期学术联系，并多次互访进行学术交流。田村重四郎教授对林皋在日本的考察提供了十分便利的条件。例如，1986年，林皋到日本东京参加日本国家地震工程会议。田村重四郎教授得知林皋当时正参加中国核电结构抗震设计规范的编制工作，就代为安排并派专人陪同至外地考察了日本的滨冈(Hamaoka)核电厂与建设中的柏崎－刈羽(Kashiwazaki-Kariwa)核电厂，访问了日本的核电工程测试中心以及本州四国滨海大桥，收集了有关资料。滨冈与柏崎－刈羽核电厂均位于强地震活动区：滨冈乃日本抗震设计强度最高的核电厂，其 S_1 级和 S_2 级设计分别达到 450 gal 和 600 gal；柏崎－刈羽则位于新潟海滨。核电工程测试中心位于多度津(Tadotsu)，装备有当时世界上最大的双向(x-z 向)振动台，台面尺寸 15 m×15 m，最大载重 1000 t，最大位移±200 mm(水平)±100 mm(竖向)，最大加速度 2.72 g(水平)，1.36 g(竖向)，激励时间 20 秒，频率范围 0～30 Hz，可进行足尺或大比尺核电设备实验。

1988 年 7 月，参加在日本东京和京都举行的第九届世界地震工程会议期间，林皋与冈山大学的竹宫宏和教授建立了合作研究关系。由冈山大学向日本文部省提出申请，编写了海外学术研究—共同研究计划书。研究课题名称为“Studies on Seismic Safety of Structure-Soil Interaction System and Its Rational Design Procedures”(《结构－土壤相互作用系统的抗震安全性及其合理设计方法研究》)。研究代表：竹宫宏和(日方)，林皋(中方)。研究参与者：佐藤忠信、小长井一男(日方)，栾茂田、关飞(中方)等。1990 年，该课题获得日本文部省批准给予资助。双方进行了多次互访和学术交流。栾茂田、关飞等当时均为林皋指导的博士研究生，获得了赴日学习的机会；派送的攻读博士学位的研究生王海波(林皋指导过的硕士生)获得日本文部省奖学金的资助。

2009 年 2 月，到北京参加由中德科学中心举办的中德地震工程研讨会期间，林皋与德国亚琛大学(RWTH Aachen)结构工程首席教授康斯坦丁·梅斯库瑞斯建立了学术联系。梅斯库瑞斯教授邀请了钟红博士(林皋指导的博士研究生，毕业后留校工作)到亚琛大学进行短期访问。2009 年 6 月，钟红成行。在德期间介绍了林皋研究团队在结构－地基动力相互作用方面的研究成果以及有关核电厂地基抗震适应性方面的研究工作。梅斯库瑞斯教授对此表示了浓厚的兴趣，并介绍了德方在结构—地基相互作用方面的研究工作。在钟红回国后，林皋和梅斯库瑞斯教授同意开展研究合作，共同申请中德科学基金。2009 年 8 月，双方向中德科学中心提交了合作研究申请书，研究课题为“Complex Soil-Structure Interaction Issues”(“复杂土－结构相互作用研究”)。这是核电工程、大坝工程等基础设施抗震安全性有关的前沿课题，计划研究时间为 3 年。2010 年 4 月，该项目获得中德科学中心批准(编号 GZ566)，资助 65955 欧元。2010 年 10 月，林皋和钟红访问了亚琛大学，双方进行了深入的学术交流。林皋的研究报告受到德方赞扬。梅斯库瑞斯教授为此项目新招的两名博士生康斯坦丁·米科诺乌(希腊籍)和弗朗西斯卡·塔代伊(意大利籍)已到校报到，同时参加了学术交流。2011 年9 月和 2014 年 3 月，德方两次派博士研究生塔代伊和米科诺乌来大连进行交流。2014 年 3 月，项目结题。2013

年 9 月 26 日至 28 日，双方计划针对研究成果举办国际学术会议进行交流，此时梅斯库瑞斯教授已退休，由科林克尔教授接替。林皋向德方提出建议并经双方商定，将学术交流分两阶段进行。26 日～27 日，举行国际学术交流会“International Conference on Seismic Design of Industrial Facilities”（“工业设施抗震设计国际会议”）；28 日，专门举行“工业设施地震安全性评估与防震减灾”双边研讨会，进一步推进中、德双方学者的交流与合作。经向中德科学中心提出申请，获得批准同意资助中德学者举办双边研讨会。参加国际会议的有来自欧洲、澳洲和拉丁美洲的嘉宾 50 多人。双边研讨会中、德双方各有 13 名代表参加。中方邀请了清华大学、同济大学、上海大学、重庆大学、南京理工大学、兰州理工大学等高等院校的教授；德方则邀请了德国一些著名大学的教授，此外，还邀请了澳大利亚新南威尔士大学的宋崇民教授作为第三方的代表。中方学者和澳方学者的国际旅费以及德方学者的境内旅费与参会费用均由中德科学中心资助。会议的组织工作基本上由德方完成。会议论文集“Seismic Design of Industrial Facilities”（《工业设施抗震设计》），由施普林格出版社出版，由科林克尔、林皋、巴登维格和豪斯乔宾任主编。林皋科研团队通过中德科学基金的支持在复杂地基的波动理论、结构与复杂地基的动力相互作用分析，以及复杂地基上大坝、核电等重要工程结构的地震响应等方面取得了重要的创新性成果。参见第四章、第五章的有关内容。

参加国际学术会议期间，林皋与新南威尔士大学宋崇民教授建立了比较长期的交流与合作研究关系。宋崇民在清华大学获得学士和硕士学位，并在日本东京大学获得博士学位，现为澳籍华人，任新南威尔士大学土木与环境学院基础设施安全与工程中心执行主任。1997 年，宋崇民教授与瑞士联邦理工学院沃尔夫教授共同创立了比例边界有限元方法。这是一种有广泛发展前途的新型通用数值计算方法，具有半解析特点，对无限域问题和奇异性问题的求解有很强的适应性，可以获得比较高的计算精度与效率，已成功地应用于土一结构动力相互作用分析、断裂力学与裂纹扩展、流固耦合、波的传播（声波、弹性波动、电磁波等）等诸多领域的研究，得到了国内外学术界与工程界的重视。1992 年，林皋访问日内瓦瑞士联邦理工学院时即与沃尔夫和宋崇民建立了学术交流联系。2007 年至 2013 年，宋崇民受聘担任大连理工大学海天学者，2016 年 11 月至 2019 年 11 月，受聘担任大连理工大学兼职教授。宋崇民教授于 2008 年、2009 年、2011 年、2013 年、2015 年和 2018 年多次来大连理工大学讲学和进行学术交流，为教师和同学们做学术报告，为研究生开设讲座，介绍比例边界有限元方法的最新进展，并参与指导多名博士生的学位论文。他还邀请和资助林皋课题组的教师多次前往澳大利亚新南威尔士大学访问交流。其中，林皋于 2010 年被邀请到该校访问交流 1 个月；林皋科研组的李建波、钟红、刘俊分别于 2018 年、2012 年和 2016 年到该校做访问学者，为期一年。目前沃尔夫教授已退休多年，宋崇民教授引领着比例边界有限元的进一步发展并做出了许多重要的新贡献。在宋崇民教授 2018 年出版的著作中提出：通过摄影或计算机断层扫描（CT）技术建立结构几何形体模型，利用四叉树/八叉树(Quadtree/Octree)方法可实现网格的自动化生成和自适应调整,具有很高的计算精度,并可据此直接进行比例边界有限元的数值分析。采用有限元方法进行计算分析时,结构的网格剖分常成为设计人员的沉重负担,而采用比例边界有限元方法则可以实现几何模型的网格剖分、自适应调节与计算分析全过程的自动化,为设计人员进行结构分析创造非常方便的条件。林皋科研团队与宋崇民教授开展国际合作研究以来,学术思想进一步活跃,学术气氛有很大改善,带动了研究水平的提高和研究工作领域的拓展。青年教师与博士研究生获益良多。具体表现在大坝—库水动力相互作用、结构—无限地基动力相互作用、结构的断裂分析、奇异应力场分析、波浪与开孔结构的相互作用、储液容器的水面晃动分析、壳体结构的力学分析、地下结构的散射场分析、路面结构的无损检测以及计算电磁学等诸多方面都取得了许多创新性的研究成果。林皋科研团队也已成为国际上比例边界有限元方面的一支有影响的重要研究力量。根据工程索引(EI)的最新统计,按截至 2020 年发表在学术期刊和学术会议上的比例边界有限元方面的论文数量的作者排名顺序为:宋崇明(98)居第 1 位,林皋(90)居第 2 位,刘俊(46)居第 3 位,胡志强(25)居第 7 位,李建波(18)居第 14 位。需要说明的是,该排名对同一作者,如宋崇民,将他的全名 Song Chongmin 与缩写名 Song C. 的论文数是分别进行统计的,所以论文的统计数量不够准确,排名顺序也略有变化。实际排名可能是:林皋科研团队——林皋第 2 位,刘俊第 4 位,胡志强第 6 位,李建波第 9 位;其他国际上比例边界有限元方面的著名专家——宋崇民第 1 位，迪克斯第 3 位，黄第 5 位，杨贞军第 7 位，伯克第 8 位，高伟第 10 位。一些著名的国际会议如计算力学会议等，都安排有比例边界有限元的专场。我国已经开始组织比例边界有限元方面的国际学术讨论会。2017 年 11 月，在南京由河海大学组织了"第一届比例边界有限元新进展学术研讨会"，杜成斌与宋崇民任大会主席，邀请林皋担任名誉主席。2018 年 11 月，在大连由大连理工大学组织了"第二届比例边界有限元新进展学术研讨会"，林皋与宋崇民任大会主席。

图 7-9 林皋(左三)在访问日本东京大学时与日本学者冈本舜三(右一)、田村重四郎(左二)、小长井一郎(左一)等著名教授合影(1990 年，东京)

林皋研究团队还开展了与香港大学及香港理工大学教授间的交流与合作。2005 年 10 月，林皋应香港大学李焯芬教授(现为中国工程院院士)与助理教授杨峻的邀请担任香港大学的访问教授,进行为期一个月的合作研究,课题为“地震灾害环境下的大坝安全评价”。计划联合申请基金,并派送了研究生闫晓荣攻读博士学位。林皋与香港理工大学滕锦光教授(建设与环境学院院长,现为中国科学院院士)也有较长期的交流与合作。1994 年以来,香港理工大学推出“杰出中国访问学人计划”,每年邀请 6 位著名学者到该校访问,促进学术交流、科研协作与联系。1994 年,第一批邀请了大连理工大学大学的钱令希院士。2010 年,林皋获得邀请,于 10 月 28 日参加该校举行的“杰出学人成就表扬典礼”,加强了学术联系,并派送了研究生付兵攻读博士学位。

图 7-10　林皋获文部省资助与日方学者竹宫宏和教授开展合作研究时在工地合影(1990 年)

图 7-11 林皋访问加州理工学院与美国世界地震工程权威专家豪斯纳(Housner)教授合影(1998 年)

图 7-12 林皋(左一)接待美国地震代表团参观大连理工大学抗震试验室(1998 年)

图 7-13 参加国际学术交流会"International Conference on Seismic Design of Industrial Facilities"("工业设施抗震设计国际会议")(2013 年 9 月 26—28 日德国亚琛)的中国学者合影(前排左起:韩建平、宋崇民、林皋、李杰、周叮、李英民,后排左起:韩泽军、陆新征、李威、蒋通、金峰、刘文光、楼梦麟、赵斌)

结　语

林皋院士的学术传记叙述至此,对其生平事迹已尽为列举,但对其最鲜明的个性特点和学术成长特征及其关键性的影响因素应当做进一步梳理和探讨,以求让来者学习和继承。

学术生涯的主要特点

不畏艰险勇于担当

林皋所承担的每一项科研任务几乎都是国家重大工程建设项目中的关键性技术难题。抗震研究本身就是一种责任担当,水电和核电工程建设的安全性评价关乎保障地域工农业生产和人民生命财产的安全,可以说是一件“人命关天”的大事。

在林皋所从事的科研任务中最令人钦佩的是丰满大坝水下岩塞爆破方案的研究。那是 1978 年,丰满水电站因“人防”要求需增建泄水隧洞,进口在深水以下,施工条件十分艰巨。采用水下岩塞爆破方案可节约大量投资,但丰满大坝混凝土质量较差,要在大坝近区进行大直径、大药量的水下岩塞爆破设计,必须首先回答爆破震动对大坝在上游满水情况下的影响和安全性。因为这直接关系到吉林、哈尔滨两市及松花江下游两岸工农业生产和人民的生命财产安全,问题十分尖锐,在设计上必须做出十分可靠的回答。负责设计的东北勘测设计院自 1975 年以来就一直将其作为专题进行研究,曾在全国范围内委托过几个单位进行多年研究,均未得出满意的结论。1978年6月,他们来到大连工学院要求进行研究,但是施工迫在眉睫,研究的时间只剩下6个月,有相当大的难度,特别是责任重大,需要承担很大的风险。林皋在思想上有过斗争,但是想到一个科技工作者的责任就是要想国家之所急,自己刚被任命为抗震研究室主任,不能辜负组织上的信任,于是勇敢地承担下这项很多人不敢接受的艰巨任务。面对的困难很多,林皋当时既没有助手,也没有学生,而且除了制订研究计划和技术路线外,首先要解决的是缺乏现成的爆破震动对大坝动力响应的计算程序,仍然主要依靠个人独立编制。林皋做好了争分夺秒、日夜攻关的准备。在东北勘测设计院委派的岳峻亭和刘俊民两位技术人员的协助下,为了进行程序调试,除了学校的大型计算机外,还需要争取东北勘测设计院优先安排计算机,为此要经常在大连、长春两地之间往返奔波。经历了数不清的不眠之夜,幸运的是,终于按预期圆满地完成了任务,其研究分析计算书顺利地通过了水利部的审查。1979年5月,水下岩塞爆破获得了成功,保证了大坝的安全。爆破中测得的坝体应力和坝顶速度响应与研究预测值十分吻合。东北勘测设计院的领导专程来到学校送来感谢信和工程施工的相册和影片材料,称赞“林皋教授在丰满水下岩塞爆破中对爆破震动效应的合理解答,在科学直接为工程实践服务方面树立了典范,为国家基本建设做出了重大贡献”。这项工程设计、施工和科研成果获得了国家科学技术进步一等奖,过去曾为林皋担心并捏一把汗的周围同志无不诚心地称赞林皋的学术造诣和研究成就,更为他的责任担当精神所折服。

再如,2007 年当辽宁红沿河核电厂 3、4 号核岛地基在开挖过程中发现分布不规则、岩性较差的捕虏体时,面临的又是一场挑战。一方面,核岛是核电厂的核心部位,核岛地基对保障核电厂建筑结构和设备的抗震安全性起着关键作用;另一方面,建设中不良地质问题的出现具有突发性,评价与解决具有急迫性。国家环保总局核与辐射安全中心以及核电厂设计与建设单位对此高度关切。在这一方面国际上尚缺乏处理经验。当时有影响的某核电设计单位提出将 3 号核岛地基全部挖除,然后回填混凝土的方案。这涉及土石方量 5.8 万立方米,预计耗资 5800 万元,并将较长时间地延误工程建设的时间。在如此严峻而急迫的情况下,大连理工大学工程抗震研究所林皋院士及其科研团队通过研究,大胆提出不挖除的处理方案,并以充分的论据和计算成果说服了专家组,使方案得到通过,从而节约了投资,保障了工程如期建设。由此可见,古稀之年的林皋院士依然不忘初心具有强烈的责任担当精神。

自力更生艰苦创业

敢于白手起家,从无到有,艰苦创业,开拓研究道路。20 世纪 50 年代,开展我国第一个拱坝抗震试验。当时,林皋刚从研究生班毕业不久,很多条件都不具备:缺乏动力模型试验的实践经验;没有可供参考的泄洪振动资料;没有现成的激振、测振试验设备和仪器,需要自行设计制作……在困难面前,林皋想到的是:我国百废待兴,我们不能等待,只能自力更生创造条件,开拓前进的道路,培养起了克服困难的决心和勇气,很快组织起了由刚毕业的青年教师和在校学生的研究队伍,明确了分工,使试验得以井然有序地开展(详见第二章第二节)。在一年多的时间内完成了研究任务,为流溪河拱坝工程采用经济的坝顶挑流泄洪方案提供了技术支持。研究成果得到了我国水利界的认可,在苏联介绍国外研究成果的著作中曾给予较高评价。在实践中,林皋带出了一支具有自力更生精神的研究队伍,试验室中不少重要的试验设备都能自行研制加工,其中包括之后研制的有油膜悬浮式振动台,有所创新的直接摄影法以及相应的测振技术和激振设备,进行大型试件导温、导热参数试验的恒温水浴装置等。

与时俱进开拓创新

21 世纪初,我国大量高坝在西南、西北地震活动区进行建设,大坝抗震安全成为需要解决的关键技术问题之一,其中,混凝土的动态特性是受到工程界关注的事关大坝抗震安全的焦点之一。由于第二次世界大战后世界各国将对原子弹爆炸的防护提到了突出重要的地位,于是对混凝土的动态特性开展了比较广泛的研究。混凝土是速率敏感性材料,但核爆炸冲击波作用应变速率高,具有单调和瞬时加载的特点,而且当时受设备限制,研究工作偏重于爆炸条件下混凝土的抗压强度方面。这些成果应用于大坝的抗震分析有其局限性。在国家自然科学基金重点项目的支持下,林皋团队开展了 2000 多个混凝土试件的抗震特性研究,针对地震作用的特点,进行了循环加载条件下材料的速率敏感性试验,结合大坝地震作用的中、低应变率范围,侧重于对混凝土结构抗震安全有重要影响的抗拉强度进行研究。同时开展了速率对弹模、泊松比的影响，单轴、多轴强度，以及温度、湿度等环境因素对混凝土特性的影响等试验，显著深化了混凝土动态特性对大坝抗震安全性影响的认识。研究成果发表于国内外学术刊物上，并出版了英文著作。

20 世纪 50—60 年代和 70—80 年代，国内外大坝抗震安全性研究还主要依靠结构动力模型试验。那时，意大利和日本的模型试验技术吸引了很多研究者的兴趣。林皋也很重视模型试验技术的发展，花费了很大的努力改进试验设备和提高试验的技术水平，并为发展大坝仿真模型破坏试验做出了贡献。最值得提出的是，1972 年进行的当时我国最高的白山拱坝动力模型试验。由于试验设备和测试仪器在“文化大革命”期间被破坏严重，短时内无法修复，而且林皋还在接受审查没有被完全解放。想来想去出路只有一条，就是采用新的试验技术和方法，并且要解决模型材料、试验设备、测试技术以及成果的可信性等诸多难题。林皋和原有的科研助手陈德钜和范垂义共同想办法，终于创立了“直接摄影法”这一新技术，选择软胶作为模型材料。该方法的优点在于模型制作方便，所需时间短，花钱少；材料弹模低，振动变形大，直观性强；模型相对轻型，可以采用比较轻型的振动台作为激振设备，测点的运动轨迹用照相机摄影记录，椭圆的长短轴为 5～8 mm，可保障必要的精度。该结果针对白山拱坝获得了 9 阶振动模态与频率（正对称 5 阶，反对称 4 阶）。采用别的方法很难获得如此众多、清晰的振动模态和频率。可以认为，这是一项有意义的创新。

20世纪中叶，伴随有限元数值计算方法的出现、计算机高强计算能力的发展，以及二者的结合，科学和工程问题求解的面貌发生了巨大变化。今天，在各个学科中数值模拟、仿真和优化在解决各领域的实际问题中已经发挥并将继续发挥着愈来愈重要的作用。林皋十分重视先进数值计算方法在科学研究中的作用。有限元是在各领域获得普遍认可并被广泛应用的精干而有力的数值计算方法。有限元法的特点是对计算域复杂的几何形状和复杂的材料特性具有广泛的适应性，应用简便，并且得到了许多商用软件的支持，是受到广大科技人员欢迎的计算工具。但是，有限元法也有一定的不足和局限性。有限元普遍采用低阶的插值函数，应力计算精度低，计算结果往往对网格划分的依赖性较强，这都不利于将其作为大坝和核电结构等重大工程抗震安全性评价的依据。在对外合作和交流中，林皋敏感地发现比例边界有限元法是一种很有发展潜力的、先进的、新兴的数值计算方法，也是一种半解析半数值的计算方法，使问题的求解维数降低一阶，不仅节省了计算工作量，而且有利于提高结果的计算精度，特别适用于无限域问题和奇异性问题的求解。于是，林皋带领团队加强了这方面的研究，并且发展了与比例边界有限元法创立者澳大利亚学者宋崇民教授的联系与合作。目前，林皋团队已成为国际上对比例边界有限元法有重要影响的研究单位，并成功地将这种方法应用于地下结构、板壳结构、流固耦合、电磁介质、热流传播等领域的求解和创新，特别是在大坝和核电工程抗震安全分析中做出了重要贡献。例如，在坝与库水的动力相互作用、坝和核电结构与复杂地基的动力相互作用、不规则形状水箱的水面晃动、坝和核电结构抗震安全分析的高性能计算方面。

值得指出的是，比例边界有限元相对于有限元的区别体现在应用插值函数描述场变量在单元内变化规律的不同。有限元描述的是场变量在整个单元域内依照插值函数所表现的近似变化；比例边界有限元则描述场变量在单元边界方向（环向）依照插值函数表现的近似变化，而在径向则为按解析求解的准确变化。这样不仅计算工作量有所节约（问题维数降低一阶），而且便于采用高阶单元使计算准确性显著提高。林皋团队提出的基于相似面的比例边界有限元法进一步调整了场变量在单元内的变化规律，拓展了原比例边界有限元法的应用范围，使有些原比例边界有限元和有限元所难以解决的问题可以得到解决，或是可以更好地得到解决。例如，工程中常遇到的复杂层状半空间介质的波动场，以及变厚度壳体结构的力学分析等。

学术引领团队协作

林皋院士认为，现在的科研不像过去靠一支笔、一台计算器就可以搞创造，要想攻克现代科学堡垒，如同打仗一样需要大兵团、诸多兵种协同作战。因此，科研团队的组织协调工作十分重要，其关键在于培育团队协作精神。林皋院士作为学科学术带头人，始终以其高尚的学术品格身先垂范，把握具有战略意义的研究方向，营造科学、民主的学术氛围，宽松的人际环境，使每个成员都有充分发展的空间、展现其聪明才智的舞台、大显身手的用武之地。工程抗震研究所是全校闻名的一个作风好、能力强、气氛洁、团结协作、不断进取的科学研究群体。

早在二十世纪五六十年代，大坝抗震模型试验研究的初始阶段，林皋同其科研助手陈德钜、范垂义三人组成的科研小组就团结协作得非常默契，充分发挥各自的特长。林皋数理基础好，负责试验方案的总体设计，并侧重于理论分析计算。陈德钜和范垂义也都是不可多得的杰出人才。陈德钜聪明，工作能力强，善于思考想办法，在试验准备和实施工作方面做得井井有条。范垂义勤于钻研，认真细致，动手能力强，电测技术熟练，在仪器设备的研制方面做出了成绩。他们在完成试验的研究工作中都发挥了很好的作用。林皋一向学风严谨，实事求是，能够主动帮助并放手让科研助手来主持某些试验研究并撰写学术论文。他为人为学谦虚谨慎、宽厚包容，和周围同志团结协作，深受群众爱戴。到了 80 年代，倪汉根、韩国城等教授纷纷主动加入林皋的科研团队，并一起指导研究生。随着楼梦麟、周晶、孔宪京等博士生毕业留校工作，林皋科研团队不断壮大，实行产学研紧密结合，取得了一项项丰硕的研究成果。坚持对外开放，开展国际合作交流，不断派遣年轻科研人员出国深造，并吸引了如宋崇民等海外华人科学家来校合作交流，强化了优秀人才的群体共生效应，提高了科研团队的凝聚力和创造力。林皋科研团队具有研究面宽、比较全面的特点，他们既搞模型试验研究，又搞理论分析计算；既搞拱坝、土坝等各种坝型的抗震研究，又搞核电厂、地下结构、高层建筑的抗震研究。形成了一个人才荟萃善于打硬仗、具备攻坚克难制胜本领的集体，深受工程界的青睐与眷顾，主动委托其解决技术难题等科研任务源源不断。林皋院士坚守科学的理想，指导学科平台建设，让不同年代的老、中、青学者（含海外学者）都能集聚在他的周围形成独具特色的科研团队和人才梯队的文化模式。林皋院士反复说明"要善于和周围同志们团结合作，相互取长补短，能否和别人合作有时成为事业成败的关键。可以说，我所取得的每一项科研成果都离不开和我一起工作的同志们和同学们的共同努力"。林皋还深深怀念与他在一起较长期合作和战斗的助手和学生们，对他们表示深深的感谢。他们是胡志强、李建波、钟红、刘俊、陈健云、陶建人、关飞、刘军、韩泽军、庞林、张鹏冲、李志远、叶文斌等。

呕心沥血　哺育英才

大连工学院土木结构工程获国务院学位委员会批准为首批有博士学位授予权的学科，林皋教授为首批博士生导师。要立足于国内培养自己的高层次人才，就必须加强学科建设，使其学术水平在整体上有质的提升。经过多年的努力，工程抗震研究所的科技创新实力和学术方向的特色更加鲜明突出，已经成为国内一流、国际知名的科学研究中心和高素质创新人才培养基地。林皋教授认为：研究生教育应承担着培养高素质创新人才和促进科技创新发展的双重使命；研究生的培养方案和培养过程应当是学位课程和学位论文两者的统一，即理论教学与科研实践相结合。为此，林皋教授亲自为研究生讲授"结构动力学"这门本学科最重要的基础理论课程，及"近代抗震技术"这门涉及本学科发展前沿的课程。这两门学位课程深受研究生的欢迎,激发起他们强烈的学习兴趣,大家都喜欢请这位平易近人的学术大师为自己答疑解惑,为自身的学习打下坚实的理论基础,进而步入学位论文阶段。学位论文阶段是培养科研创新能力极为重要的环节,能够让研究生获得一个完整的科学研究过程的训练。首先要抓好学位论文选题这个关键,林皋教授认为,选题的原则应该为国家建设的迫切需要;符合学科发展方向;有可持续发展和进一步拓展的余地;结合研究生个人兴趣和特长,可以调动其研究的积极性。多年来,林皋教授指导的博士生、硕士生的学位论文大都是结合国家科技攻关重大课题项目、国家自然科学基金项目或工程单位委托的课题,既能促进学科的发展,又具有工程实际应用的价值。研究生的思维比较活跃,经常开展学术研讨活动,林皋教授无论多忙,都尽量全程参加予以指导。对于研究生撰写的学位论文,大到论文结构、公式推导,小到遣词造句、标点符号,特别是用英文撰写的论文,都严格把关,给予详细修改。林皋教授孜孜以求、诲人不倦的精神诠释着导师的神圣职责,以亲力亲为、严格要求实现学术传承,以严谨治学的科学精神和言传身教的人格魅力潜移默化地感染着每位研究生。四十多年来,林皋教授先后指导了硕士生、博士生和博士后达百余人,呕心沥血,以哺育英才为己任,不愧为全国模范教师。

林皋院士的学术人生诠释了什么是真正的科学家精神,正如习近平总书记在科学家座谈会上将科学家精神精练地概括为胸怀祖国、服务人民的爱国精神,勇攀高峰、敢为人先的创新精神,追求真理、严谨治学的求实精神,淡泊名利、潜心研究的奉献精神，集智攻关、团结协作的协同精神，甘为人梯、奖掖后学的育人精神。因为科学家精神是科学世界里的精华，它在科技强国的建设中发挥强大的精神力量，我们要大力弘扬科学家精神，让它发扬光大，代代相传。

关键性的影响因素

信念:奉献国家　造福人民

任何一个人的成长与他所处的时代背景、人生追求都密切相关。林皋出生于灾难深重的时代，由于日本帝国主义的侵略，家乡沦陷，小学和中学时期都是在颠沛流离的生活中度过。他小时候就满怀理想，希望自己成长为一名科学家或工程师，为国家做出贡献，但是在那个年代，国家贫穷积弱，遭日寇侵略蹂躏，令人感到前途渺茫，他多么希望国家能够强大，民族能够兴旺，只有这样才能有个人的前途。抗日战争胜利后，考入清华大学，成为他人生历程上的一个转折点。他亲身在天安门广场上迎来了中华人民共和国的成立，见证了中国人民从此站起来。抗美援朝烽火燃起时即将毕业的林皋想到个人与国家的命运息息相关，保卫中华人民共和国是每个青年人的责任，毅然提出了到朝鲜前线去的申请。当组织安排他到哈尔滨工业大学由苏联专家指导的研究班学习时，为了抗美援朝的需要，他主动响应号召暂停学习来到修建军用机场的工地工作，其爱国热情令人敬佩。

与此同时,清华也是林皋事业的起点。在此,林皋打下了为国家水利水电事业服务的坚实基础。张光斗先生从美国考察回国带来了一部美国田纳西流域规划局摄制的《大苦力坝的施工建设》彩色影片,在放映时林皋看到了水利水电工程的伟大,它可以改变山河,兴利除害,造福人民,真是令人振奋,他决心努力学习,学好本领为祖国的水利水电事业服务。参加工作后一项项大坝抗震研究任务接踵而来,他敢于担当责任,心无旁骛、锲而不舍出色地完成国家重点建设工程所委托的研究工作,坚定不移地实践奉献国家、造福人民的信念。直到耄耋之年依然不忘初心,精神矍铄地奋战在科研第一线。他说:"尽我的力量为祖国再做一些贡献。"

学养:知识渊博 造诣精深

林皋在正气中学学习期间,受到优良学风的熏陶,得益于良师的施教,养成勤奋苦读的习惯,打下了坚实的数理基础,学习成绩全班前茅。考入清华大学后更是受到众多大师的精心培育,主修了结构工程和水利工程两个方向的课程,积累了深厚的专业基础理论知识,特别是获得了能令其终身受益的自学能力。他充分利用学校图书馆和系资料室的有利条件,博览群书,包括中外专业书籍和文学名著,像海绵一样汲取知识营养,虽然入学时基础相对薄弱但学习成绩逐年稳步提升,到毕业前几乎每门课程的学习成绩都跃升到全班第一。在苏联专家指导的研究班里又受到了严格的工程训练,成为全班唯一的优秀毕业生,他所做的毕业设计被苏联专家带到各个高校去展示。毕业后即被晋升为全校最年轻的讲师,主讲"水工建筑物"这门专业主干课程,深受学生们的欢迎,并深入钻研"结构动力学",为工程抗震研究打下坚实的理论基础。

林皋所从事的工程抗震研究属于结构工程和地震工程的交叉学科,广泛涉及物理、力学、水利、土木、地质、材料、机械、电子、计算数学等多学科的复杂课题。强烈的进取精神和刻苦钻研的严谨学风,驱使他沉浸在广阔的知识海洋里,构建了融贯理论和实验的工程抗震研究体系。林皋做人、做事总是一丝不苟,精益求精,对科学的执着精神,不仅表现在对待科研工作的态度上,还表现在对学科领域理论孜孜不倦的钻研之中,亦表现在指导研究生耐心细致、诲人不倦的学术传承里。林皋的科研助手和研究生都这样称赞他:无论面对什么样的问题,他都能切中问题的要害,提出相应的解决办法来。由此可见,他的知识是何等渊博,分析和解决问题的能力是何等强。深厚的学术素养是林皋成就科学事业的基石,造就了盛德信厚、造诣精深的大家风范。

"预流":挑战前沿　突破超越

国学大师陈寅恪先生号召学者们要"预流",他说:"一个时代有一个时代的新学问。"学者能与时俱进地跟上时代,就算是"预流",也就是说一代学术大师必须能上承前代之余绪,下开一世之新风,踵事增华,独辟蹊径。林皋院士的视野异常开阔,谙熟科技史识,常常在与学子们座谈时,详细为他们讲述从历次科技革命中相关学科的突破与发展到当今新科技革命新兴学科的发展及可预见的广阔前景,目的是使学子们开阔眼界，引起对科学的兴趣，产生使命感和责任感，从而刻苦钻研。他能从科技发展历史中发现规律，从而预测和把握自己正在研究和将要研究的课题的发展方向和趋势。他具有判断方向的深邃的洞察力，在科学上站在峰顶，始终将目光瞄准世界科技发展的前沿，强调前沿与需求的联系，突出科研与实际的结合，将精力放在新的突破点上，使自己一直走在科学的前列，并不断攀登。林皋院士的学术经历和学术思想的演进体现了一位真正的学者在思想上如何不断超越自我。“预流”“超越”一直是林皋院士学术风格的典型标志。在“预流”“超越”中，林皋院士不断提升人生价值，奉献出一项项达到世界先进水平的研究成果，享受在科技前沿创新中的乐趣，达到一代学术大师“预流”“超越”的思想境界。

职守：专注抗震　服务工程

林皋自从进入土木工程系和水能利用研究班学习，即深刻地领悟了工程是以利用和改造自然为人类服务为鹄的，从事工程技术工作是一项非常复杂和艰苦的过程，对此他有着充分的思想准备，并将它作为自己为之奋斗的崇高事业。当频频不断地接到一项项工程抗震研究任务后，他就把专注抗震、服务工程作为一位科技工作者的神圣职责，以抗震研究为使命，为之投入全部的心血和精力。水电、核电属于有发展前景的清洁能源。从 20 世纪后期开始，环太平洋地震带进入地震活动高发期，随着我国社会主义现代化建设的蓬勃发展，世界大坝建设的中心转移到中国，这些大坝建设大都集中在水力资源丰富但又处于强地震活动多的西部地区，高度从 100 米、200 米直到 300 米，所以大坝抗震研究面临着严峻挑战。林皋及其科研团队恪守职责，不畏艰险，经常亲临工程现场直接感受和采集信息资料，考虑多种因素，协调多重需要，应用多种学科理论和技术，顾及限制因素与约束条件，形成在整体上最优最适用的研究方案，并与设计和施工单位工程技术人员建立密切联系，吸纳他们参加研究工作，组成产学研共同体，力求使研究切合实际达到精准极致，取得一项项具有国际先进水平的研究成果，为工程设计和施工提供科学的技术依据，取得巨大的经济效益和社会效益，受到工程单位的高度赞扬。2008 年 5 月 12 日，发生了汶川大地震，耄耋之年的林皋院士参加水利部专家组紧急集结前去灾区考察，为紫坪铺大坝商讨修复方案，并在一年之内先后 6 次赶赴灾区指导大坝修复工作，充分显示了老科学家对祖国、对人民的赤胆忠心，也充分体现了林皋院士的职业情怀和敬业精神。

个性：心无旁骛　锲而不舍

林皋常常在学校学习的每个阶段的开始时处于不利的条件，但他从不放弃，总能从自己身上找到还有哪些潜力没有充分发挥出来，专心致志努力奋斗，找到适合自己的学习方法赶上去，从每一次的进步中获得成功，不断增强自信心，一步一个脚印，一步一个台阶，在每一个学习阶段结束时最终都能突破，实现超越，使学习成绩名列前茅。林皋在学生时代很崇敬法国著名作家罗曼·罗兰塑造出来的约翰·克利斯朵夫这个人物形象。约翰·克利斯朵夫的精神令人激励昂扬，以其跌宕起伏、绚丽华彩的一生向人们阐释了生命的意义在于：能够在有限的生命历程中不断追求永恒意义的人生价值，赋予有限的生命以无限的意义。

参加工作后，通过多年党的教育和教学科研实践，林皋进一步树立了共产主义的世界观，决心为祖国的社会主义现代化、为共产主义的伟大事业奋斗终生。正如他在《科学家寄语下一代》一书中所撰写的《和青少年朋友谈理想与素质修养》一文最后写道：我愿抄录《钢铁是怎样炼成的》一书中保尔的一段话来与青少年朋友共勉："人最宝贵的是生命，生命每个人只有一次，人的一生应当这样度过：回首往事，他不会因为虚度年华而悔恨，也不会因为卑鄙庸俗而羞愧；临终之际，他能够说：我的整个生命和全部精力，都献给了世界上最壮丽的事业——为解放全人类而斗争！"林皋在长期的研究工作中总是心无旁骛，锲而不舍，以坚强的毅力克服种种困难险阻，比如遇到一些无名的"批判"和无端的"审查"，只要不停止他所热爱的研究工作，即便受尽委屈身处逆境仍然能够恪守科技工作者的职责。在"文化大革命"中学校实验设备仪器遭到严重破坏的条件下，他和研究组的同志提出了直接摄影法这种精确高效的试验方法，获得了居于世界前列的研究成果。党的十一届三中全会以来，春风化雨，为林皋的研究工作创造了大展宏图的机会，推动他全身心地投入，激发了他高度的兴奋感和充实感，把自己的才能和优势发挥到极致，带领科研团队取得了一项项达到国际先进水平的研究成果。

综观林皋一生，经过磨炼形成了坚定的共产主义世界观，决定了他个人总的思想倾向，成为他从事科研活动的基本动力；通过学习和工作实践养成了独特的坚毅性格，心无旁骛、专心致志、锲而不舍、积极进取成为他最鲜明的稳定的个性特征；对自己的行动有一种完美的管控，令行动和意念完美结合，如同行云流水。基于这种几近完美的个性结构，他全神贯注，完全沉浸在自己所从事的研究工作之中，陶醉其中，感受酣畅淋漓的快乐，从心灵上进入科学生涯的最佳境界；使学术与整个生命融为一体，将研究工作视为人生幸福所在，他热爱生活，情感朴厚，研究工作的突破与创新更令他获得幸福的巅峰体验。这充分揭示了一位科学家的坦荡胸怀和极为“阳光”的心路，以积极的心态在科学生涯中不断追求永恒意义的人生价值。

总之，对林皋院士的学术人生可以用他在 85 华诞时所亲笔题写的“献身抗震　哺育英才”八个大字来概括，这既是他不断实现和创造人生价值的“源头活水”，也是他踔厉奋发、勇毅前行的强大动力。

附 录

附录一　林皋年表

1929年　1岁

1月2日，出生于江西省南昌市。父亲林星照曾就读于南京金陵大学，但因祖父去世，被迫中断大学学习，考入江西省邮政管理局做职员。母亲名叫吴懋勤。兄弟姐妹共6人，林皋为长兄，二弟林恺、三妹林冰、四弟林荣、五妹林适、六妹林遂。

1934年　5岁

9月，进入江西省南昌市状元桥小学读书，至1937年8月。

1937年　8岁

7月7日，卢沟桥事变爆发，日本发动全面侵华战争，全国抗战开始。此前林皋都在状元桥小学学习，直到3年级结束。

8月，南昌遭到日军轰炸，父亲将家里的孩子送到农村躲避轰炸，直到年底。这半年来，林皋一直处于停学状态。

1938年 9岁

年初，父亲将林皋接回南昌。此时，江西南昌状元桥小学更名为南昌第十临时小学。林皋继续在该校学习，读四年级下学期。

9月，南昌受到日本侵略者的进攻。林皋随母亲先期转移到江西吉安，在吉安第一区中心小学分校上学，读五年级上学期。后来父亲随邮局搬迁到吉安。

1939年 10岁

2月，吉安第一区中心小学分校被日本飞机炸毁，林皋失学。其间，父亲所在邮局筹划由吉安搬迁至赣州。

9月，父亲所在邮局由吉安搬迁至赣州，林皋随父亲来到赣州，在赣县卓英小学读六年级。

1940年 11岁

7月，在江西赣县卓英小学读完六年级毕业。

9月，小学毕业后，由于不了解如何考初中，林皋错过了很多中学的入学考试。得知刚成立的江西赣县县立中学还在招生，就去报名，入学读初中一年级，直至1943年7月初中毕业。

1943 年　14 岁

9 月，进入江西赣州正气中学高中学习，在高中一年级乙班就读，直至 1945 年 1 月。

1944 年　15 岁

9 月，在正气中学高中读二年级上学期，在乙班名列第一，因此转到甲班。

1945 年　16 岁

1 月，由于担心赣州被日军占领，父亲所在的邮局由赣州迁往宁都。林皋随父亲来到宁都。因正气中学已搬迁，距宁都较远，交通不便，林皋离开正气中学。

3 月，林皋进入江西省立南昌一中继续高中学习，读高中二年级下学期。当时，南昌一中迁到离宁都较近的广昌白水镇。

1946 年　17 岁

1 月，南昌一中由广昌迁回至南昌。林皋在南昌一中继续完成高中的最后一个学期的学习。

7 月，林皋到上海准备参加大学入学考试。后被复旦大学、交通大学、清华大学、浙江大学、武汉大学、北洋大学等大学录取，最终选择去清华大学。

10月，在清华大学校友的帮助下，乘船到天津，转乘火车到清华大学。

11月18日，来到清华大学，办理入学注册手续。

12月，参加纪念“一二·九”运动的晚会。

12月30日，参加北平学生抗议美军暴行的游行活动。

1947年 18岁

5月，参加北平学生组织的反饥饿、反内战游行。

1948年 19岁

3月，因患中耳炎和急性乳突炎，在北京大学医院手术，住院至当年6月份，后回家休学至当年9月。

9月，重新回到清华大学，继续学习。

1949年 20岁

2月，参加清华大学组织的解放军入城宣传活动。

10月1日，在北京天安门广场参加中华人民共和国开国大典。

11月，被批准加入中国新民主主义青年团。

1950年 21岁

因休学半年，同班同学已于1950年6月毕业，林皋仍留在清华大学学习至1951年6月。

1951年 22岁

7月，以优异的成绩从清华大学毕业。主动申请到朝鲜前线参加抗美援朝。因东北建设需要，响应国家统一分配的要求，林皋到建校不久的大连工学院（现大连理工大学）工作。

9月，在大连工学院土木系任教，开始给本科生“结构力学”课程助课。

11月，被学校派到哈尔滨工业大学水能利用研究班学习，接受苏联专家的培训。

1952年 23岁

7月，为了支援抗美援朝战争，被组织抽调到松江（黑龙江宁安）“549”修建委员会修建机场，并担任修建委员会五工区主任。

12月，机场建设工程结束，返回哈尔滨工业大学继续在水能利用研究班学习。

1953年24岁

4月，作为当时哈工大研究生班200多名在校生中唯一的团员代表，光荣出席了哈尔滨市团员代表大会。

9月，随哈尔滨工业大学水能利用研究班迁到大连工学院，继续学习，导师为苏联专家郭洛瓦切夫斯基。

作为译者之一，翻译俄文版《水力学、水文学、水文测验学》。

1954年25岁

6月，从大连工学院土木系水能利用研究班毕业，是当年唯一获得“优等生”称号的毕业生。

9月，继续在大连工学院土木系任教，讲授“水工结构”和“水力学”这两门课，指导进修教师毕业设计。

9月7日，晋升为讲师。

1955年　26岁

3月，担任“水工建筑物”任课教师，并指导学生的毕业设计。

1956年　27岁

撰写论文《支墩坝支墩抗弯稳定性计算》，被1957年全国第一届力学学术会议收录。

作为译者和校核者之一，翻译俄文版《支墩坝》。

1957年 28岁

接受上海设计院委托，针对广东流溪河拱坝由于坝顶挑流泄洪所引起的水流脉动振动对大坝安全运行的影响问题，在国内首先开展了拱坝振动的模型试验研究工作。这是林皋首次承担科研项目。设计出水流脉动压力的模拟装置，论证了坝顶挑流泄洪方案的可行性。这是我国第一个拱坝振动试验。从此，林皋在大坝振动、抗震领域开展了长达50多年的科学研究工作。

1958年 29岁

根据广东省流溪河拱坝坝顶挑流泄洪水流脉动振动研究成果，撰写《研究拱坝振动的模型相似律》研究论文，发表在1958年《水利学报》上。该文在国内首次提出了水工建筑物振动模型试验的相似律，为我国水坝抗震模型试验研究提供了重要的理论基础。

承担了我国强地震活动区第一座大型土坝工程——云南省以礼河土石坝——抗震试验研究，该项目一直持续到1960年。

校核苏联著名学者格里申所著《水工建筑物》教材中文版。

荣获大连工学院1958年度先进工作者称号。

1959年　30岁

担任大连工学院水利系水工结构教研室副主任。

荣获大连工学院先进工作者称号。

1960年　31岁

根据以礼河抗震试验研究成果，撰写了研究论文《602-1工程土坝抗震试验研究报告》，发表在1960年《大连工学院学刊》上。

撰写的《土坝的抗震试验》参加全国第二次抗震会议交流，被水电部推荐为对外技术交流资料之一。

开始进行长江三峡大坝抗震研究，直至1961年。

1962年　33岁

大连工学院水利系水工教研室与水电站教研室合并为水电站教研室，林皋任副主任。

1963年　34岁

2月10日，由于在水工抗震研究方面的突出成果，经辽宁省教育厅批准，晋升为副教授，成为当时学校最年轻的副教授。

根据长江三峡大坝抗震研究结果，在《大连工学院学刊》

上发表论文《混凝土重力坝在地震及冲击荷载作用下的动应力分析》。

1964 年　35 岁

水工教研室从水电站教研室分离出来，林皋任水工教研室副主任。

12 月，作为全国青年社会主义建设积极分子出席了全国青联大会。

1965 年　36 岁

3 月，作为主要研究人员，开展骨料间接予冷予热模型试验工作，并对温控措施的效果及其影响因素进行了详细分析。该项目的工程背景是，为解决桓仁混凝土坝在冬、夏季施工温控要求所提出的间接予冷予热骨料工程措施存在的问题，浑江水电工程局和大连工学院水工研究室，共同开展这一试验工作。

参与三峡大坝抗核爆炸的抗震试验，受到罗瑞卿大将接见。

1966 年　37 岁

结合东北地区混凝土大坝的温控工程问题，开展大体积混凝土导温导热系数研究，自行设计和研制了四级配混凝土导温导热系数测量装置。

1968年　39岁

因抗日战争时期在正气中学学习过，所以被怀疑参加国民党青年组织，受到不公正的审查和对待。

1969年　40岁

1月，由于正气中学校友会事件，被隔离审查，至1969年5月。

7月，在辽宁汤河水库工地劳动，至同年10月。

1970年　41岁

5月，参加基建劳动，至同年7月。

7月，在大连工学院，参加防空洞建设的劳动。

1971年　42岁

3月，到旅大市庄河县青堆子大连工学院学农基地劳动，直到1972年8月。

1972年　43岁

8月，结束庄河县青堆子大连工学院学农基地劳动，回到学校。

承担了东北勘测设计院白山拱坝的抗震模型试验研究工作，和同事陈德钜、范垂义一起提出了一种新型坝体振动测试技术——直接摄影法，以及相应的测试理论。

1973年　44岁

根据白山拱坝的振动试验中提出的直接摄影法测试方法和理论，结合试验结果，撰写了研究论文《水坝动力模型试验的直接摄影法》，发表在《大连工学院学报》。

1974年　45岁

参加水电部《水工建筑物抗震设计规范(试行)》[SPJ10-78]的编制工作，其中，有关坝面动水压力的研究成果为该规范所采用。

1975年　46岁

2月4日19点36分，辽宁海城、营口发生7.3级大地震，震源深度16.21公里，震中烈度为9度。林皋和陈德钜一起去地震现场进行勘查，拍摄震害现场照片。

根据白山拱坝和丰满重力坝的振动试验结果，撰写了研究论文《水坝动水压力的计算方法和计算程序研究》，发表于《大连工学院学报》，该论文的研究成果为《水工建筑物抗震设计规范(试行)》〔SDJ10-78〕所采用，形成具有我国特色的大坝地震动水压力分布的计算公式。

1976年 47岁

5月，再次到庄河县青堆子大连工学院学农基地劳动，11月回到大连。

1978年 49岁

6月，受东北勘测设计院委托，负责开展“丰满大坝在水下岩塞爆破冲击波和地震波作用下的动力分析研究计算”研究工作，评估水下岩塞爆破对丰满大坝安全的影响程度，科研成果为工程决策提供了可靠的技术依据。这项研究工作后来在1985年获得了国家科技进步奖一等奖。

任工程抗震研究所第一任主任。

参与制定《水工建筑物抗震设计规范（试行）》[SDJ10-78)，受到全国科学大会的奖励。

软胶动力模型试验——直接摄影法——受到省科技大会的表扬。

开始招收硕士研究生，第一届硕士生共5人。

开始给硕士生讲授“结构动力学”课程。

获得大连工学院先进工作者称号。

1979年 50岁

2月7日，负责的“大头坝的抗震特性研究”项目通过了大连工学院水利水电研究所组织的鉴定。鉴定意见认为这一项目在坝体动力特性的试验研究方面接近世界水平，同意推荐该项目为重大科研成果。

12月3日，经大连工学院学术委员会和党委讨论，同意晋升林皋为教授。

1980年　51岁

3月，经中国共产党大连工学院委员会、辽宁省高等教育局、辽宁省人民政府的批准，晋升为教授。

1981年　52岁

9月，被国务院评为首批水工结构博士生导师，是大连工学院水利工程系第一位博士生导师。

1983年　54岁

7月28日，向党组织递交入党申请书。

10月，参加全国总工会第十次代表大会，当选为全国总工会第十届执行委员。

12月12日，编制了中国科学院科学基金申请书和研究工作计划，研究课题名称为“有限条带法研究拱坝振动特性”，研究期限为1983年9月至1985年12月。

1984年　55岁

7月20日，被批准加入中国共产党。

获得国家行政机关工作人员奖励。

1985年　56岁

参与完成的丰满岩塞爆破项目获得国家科技进步奖一等奖。

被评为大连工学院先进工作者，并被学校推荐为大连市劳动模范。

12月26日，负责的中国科学院科学基金“有限条带法研究拱坝振动特性”项目按照计划完成。中国科学院学部委员、水电部总工程师潘家铮教授认为林皋“发展了一个进行拱坝静、动态分析的较简捷、准确的新方法”。

1986年　57岁

7月1日，中国共产党大连市委员会授予大连市优秀共产党员称号。

11月21日，被授予辽宁省模范教师、模范教育工作者称号。

9月20日至10月5日，出席在美国得克萨斯州奥斯丁举行的世界第一届计算力学会议。

11月，作为项目负责人，与水利电力部成都勘测设计院签订国家"七五"科技攻关项目专题合同。专题名称为高混凝土坝设计计算方法与设计准则的研究，编号为17-2-2，包括两个子题：1.高坝的应力和稳定计算方法之一——多拱梁法程序的完善和改进(编号2-1)；2.高坝的抗震设计(编号3-2)。

作为项目负责人，与水利电力部西北勘测设计院签订国家"七五"科技攻关项目专题合同。专题名称为高混凝土坝设计计算方法与设计准则的研究(编号17-2-二)，包括两个子题：1.高坝的稳定与抗震(编号二，三)；2.高水头大直径压力钢管的合理布置和结构设计的综合研究(编号四)。

12月9日至12月23日，出席在日本举行的第七届地震工程学术讨论会。

1987年　58岁

4月20日，作为项目负责人签订"七五"国家重点科技项目(项目编号和名称为75-19-核安全技术研究)合同。承担的专题名称为"充液设备流固耦合抗震分析"。该项目将开展压力壳或贮液罐在流固耦合作用下的动力模型试验、计算分析方法的研究。专家评审建议该项目由大连工学院和清华大学两个单位共同承担，其中，大连工学院为主持单位，清华大学为协作单位。

5月，对1958年至1987年近30年间所领导的水工抗震研究团队完成的水坝抗震研究工作进行总结，申报国家自然科学奖，项目名称为水坝抗震理论与试验研究。1988年5月，获得国家教育委员会科学技术进步奖二等奖。

6月30日，经土木系党支部推荐，由中国共产党大连工学院委员会批准授予林皋院优秀党员称号。

9月19日至10月14日期间，作为团长，率领教育部高等学校高土石坝考察团去美国和加拿大访问，其间先后访问了两所著名大学、一所国家研究院、八所有影响的工程设计机构和公司，并考察了三个世界著名工程。

1988年　59岁

3月22日，由于在科研工作中的突出表现，被大连市人民政府授予1986—1987年度“大连市特等劳动模范”称号。

7月，作为负责人主持完成的“水坝抗震理论与试验技术”项目，获得国家教育委员会科学技术进步二等奖。

7月6日，由于在科研、工作中的突出表现，被大连理工大学党委评为校优秀党员。

7月31日至8月14日，参加了在日本东京和京都举行的第九届世界地震工程会议，在会议上发表了题为“Structure-Foundation Interaction Effects on Seismic Load Reduction of Concrete Gravity Dams”(“结构基础相互作用对混凝土板地震荷载的减震作用”)的研究论文(作者依次为Lin Gao林皋，Zhang Ruifeng张瑞丰，Wang Fuming王复明)。

12月16日，东北地区水力发电工程学会推荐林皋参评“辽宁省优秀科技工作者”。经辽宁省科学技术协会评委会评审，1989年3月21日，辽宁省科学技术协会同意授予林皋“辽宁省优秀科技工作者”称号。

1989 年　60 岁

1 月 15 日，作为专题负责人所完成的“样条半解析方法及其工程应用”专题，通过了由河南省教育委员会组织专家的鉴定。鉴定意见认为本项目在黏弹性多层地基动力分析方面取得突破性进展，成果很有特色，已达到国际先进水平。主要研究人员为王复明、周鸿钧、林皋、张瑞丰、李庆斌。

4 月 30 日，经中国教育工会大连理工大学委员会和大连市总工会推荐，大连市人民政府同意推荐，由辽宁省人民政府批准授予林皋“辽宁省劳动模范”称号。

1990 年　61 岁

5 月，负责完成了“拱坝多拱梁法分析的完善和改进”和“李家峡拱坝动力破坏模型试验研究报告”等两项“七五”国家重点科技攻关项目子题的研究报告。

6 月 30 日，作为项目负责人完成的两个“七五”国家科技攻关项目“高拱坝多拱梁应力计算程序的改进和完善”(编号 17-2-2(2-1))、“高坝的抗震分析”(编号 17-2-2(3-2))，同时通过了能源部、水利部、水利水电规划设计总院的鉴定。评审专家认为：(1)“高拱坝多拱梁应力计算程序的改进和完善”项目的研究成果在学术上有创新，达到国内先进水平；(2)“高坝的抗震分析”项目的研究成果在学术上有创新，其研究成果达到国际先进水平。

7 月 14 日至 7 月 29 日，获日本文部省资助访问了日本冈山大学和东京大学生产技术研究所，与冈山大学竹宫宏和教授和东京大学田村重四郎教授、冈本舜三名誉教授、小长井助教授会面，并就双方今后的合作研究进行了探讨。

12月11日，作为项目负责人接受能源部、水利部中南勘测设计院委托，开展“龙滩水电站混凝土重力坝方案大坝抗震计算及抗震模型试验”项目研究工作，时间为1990年12月11日至1992年6月30日。

1991年 62岁

12月7日，由中华人民共和国国家教育委员会推荐，林皋成为享受国务院政府特殊津贴专家。

12月10日，参与的“样条半解析方法及其工程应用”项目，经由河南省科技进步奖评审委员会评审，获得河南省科学技术进步三等奖。林掩皋作为获奖人，排名第3。

12月25日，作为项目负责人代表大连工学院与能源部中南勘测设计院签订了“八五”国家重点科技项目（攻关）子题合同，子题名称为成层体系碾压混凝土重力坝抗震研究（动力分析）（编号85-208-04-04-09）。

1992年 63岁

4月13日，和楼梦麟作为子题负责人，代表大连理工大学，与能源部签订了“八五”国家重点科技项目（攻关）计划（简称“八五”国家科技攻关项目）的子题合同，该子题名称为

“高拱坝坝体、坝基抗震特性及动力设计方法研究”(编号 85-208-01-01-17),所属专题名称为“坝体、库水和坝基相互作用动、静力分析研究”,所属课题名称为“高拱坝关键技术研究”,起止年限为 1991 年 9 月至 1995 年 6 月。

7 月 6 日,负责完成的由成都水利电力部成都勘测设计院委托的国家“七五”科技攻关项目专题研究的两个子题[17-2-2(2-1)“高坝的应力和稳定计算方法之一多拱梁程序的完善和改进”,17-2-2(3-2)“高混凝土坝设计计算方法与设计准则的研究”]的研究成果,作为成都水利电力部成都勘测设计院所负责的“高拱坝体型优化及结构设计的研究”项目研究成果的一部分,经由能源部科学技术进步奖电力评审委员会的评审,荣获 1991 年度能源部电力科学技术进步奖一等奖,排名第七。

12 月 8 日,和周晶作为子题负责人,代表大连理工大学,与能源部签订了“八五”国家重点科技项目(攻关)计划的子题合同,该子题名称为“高拱坝抗震安全评价的理论与试验研究”(编号 85-208-01-01-33),所属专题名称为“坝体、库水和坝基相互作用动、静力分析研究”,所属课题名称为“高拱坝关键技术研究”,起止年限为 1992 年 10 月至 1995 年 10 月。该项目是与电力工业部昆明勘测设计院合作的。

1993 年　64 岁

6 月,负责完成的“地下结构抗震分析”项目,获得国家教育委员会科技进步三等奖。

6月18日，作为评审专家参加云峰大坝安全定期检查鉴定会议。

11月，参加在南京举办的“八五”国家科技攻关项目“坝体、库水和坝基相互作用动、静力分析研究”（编号85-208-01-01专）课题攻关阶段成果交流会。

12月，国家教育委员会委托大连理工大学聘请专家以通讯鉴定的形式，对作为项目负责人完成的“龙滩大坝抗震计算及抗震模型试验”课题进行了鉴定，专家认为该项目的研究成果达到国际先进水平，具有推广价值。

1994年　65岁

12月，被光华科技基金会授予1994年度光华科技基金奖二等奖奖励。

1995年　66岁

2月，负责完成了“八五”国家科技攻关项目“坝体、库水和坝基相互作用动、静力分析研究”的两个子题报告：《高拱坝坝体、坝基抗震特性及动力设计方法研究子题报告》《高拱坝抗震安全评价的理论与试验研究子题报告》。

5月，因负责完成“龙滩大坝抗震计算及抗震模型实验”项目，获得国家教育委员会科学技术进步二等奖奖励，是第一完成人。该项目是由电力部中南勘测设计院委托，“八五”国家科技攻关项目子题“成层体系碾压混凝土重力坝抗震研究(动力分析)”的研究内容。

5月7日至5月12日,由电力部科技司聘请专家以鉴定会议的形式,对林皋、楼梦麟作为项目负责人完成的“高拱坝坝体、坝基抗震特性及动力设计方法研究”(编号85-208-01-01-17)项目进行了鉴定,专家认为该项目的研究成果总体达到国际先进水平,部分达到国际领先水平。

11月30日,负责完成的“龙滩大坝抗震计算及抗震模型试验”项目的研究成果,申报国家科学技术进步奖。主要完成人依次为林皋、周晶、范垂义、金春山、陈汉、陈廷国。

12月,因参与“龙滩碾压混凝土重力坝结构设计与施工方法”项目的研究工作,获得了由电力工业部水利水电规划设计总院评审的“一九九五年度水电水利规划设计总院科技进步一等奖”。

1996年　67岁

6月,在墨西哥召开的第十一届世界地震工程会议上,林皋提交的论文(“Aseismic Design of Arch Dams”)(拱坝的抗震设计)代表我国入选大坝抗震专题组进行交流。

11月26日,由电力工业部科技司聘请专家以会议鉴定的形式,对大连理工大学和电力工业部昆明勘测设计院共同完成的“高拱坝抗震安全评价的理论与试验研究”(编号85-208-01-01-33)项目进行了鉴定,其中,大连理工大学是主要完成单位,林皋、周晶是项目负责人。专家认为该项目的研究成果总体上达到国际先进水平。

12月，因负责并参加“八五”国家科技攻关项目“坝体、库水和坝基相互作用动、静力分析”专题的研究，获得水电水利规划设计总院科技进步一等奖。

12月4日，作为项目负责人提交了辽宁省教育委员会科学技术进步奖申报书，项目名称：混凝土的动断裂特性和大坝的抗震安全评价。该项研究考虑了循环加载历史对高拱坝混凝土的动态强度与断裂特性方面的影响。该成果于1997年4月获得辽宁省科学技术进步一等奖。

1997年　68岁

4月，中国科学院院士张光斗、邱大洪、程庆国联名推荐林皋为中国科学院院士候选人。推荐人认为“林皋长期从事水工结构工程领域的教学和研究工作，具有比较高的学术水平，在高等教育和工程界享有一定声望。他在水坝抗震理论和模型试验技术、地下结构抗震分析、混凝土结构动态断裂等技术理论和工程实际问题的研究方面具有比较深的学术造诣，并多次在解决大坝、海港和核电厂等工程设计的关键技术问题中做了重要工作，为我国能源和水利事业的发展做出了贡献”。

4月30日，被中共大连市委、大连市人民政府授予“大连市优秀专家”称号。

6月5日，和周晶作为子题负责人，代表大连理工大学，与电力工业部签订了“九五”国家重点科技项目（攻关）计划的子题合同。该子题名称为“高拱坝抗震结构工程措施研究"[编号 96-221-03-03-04(2)],所属专题名称为"高拱坝地震应力控制标准和抗震结构工程措施研究",所属课题名称为"300m 级高拱坝抗震技术研究",起止年限为 1996 年 1 月至 1995 年 10 月。

7 月 12 日,因负责并完成了"八五"国家科技攻关项目专题"坝体、库水和坝基相互作用动、静力分析研究"的子题研究工作,获得电力工业部科学技术进步奖二等奖。

10 月,当选为中国科学院技术科学部院士。

12 月,被中国科学技术协会授予全国优秀科技工作者荣誉称号。

1998 年　69 岁

2 月 10 日,"龙滩碾压混凝土重力坝结构设计与施工方法研究"项目获得电力工业部科学技术进步奖二等奖。

6 月,与河海大学、中国水利水电合作申请的项目"复杂条件下的高拱坝(300 米级)建设中的应用基础研究"获得国家自然科学基金重点项目的资助。该项目中,河海大学为负责单位,林皋为大连理工大学课题组负责人,负责混凝土动态强度及其对大坝地震响应的影响研究。

1999 年　70 岁

10 月 25 日,参与"核电厂抗震设计规范的研究和编制"项目的研究成果,获得中国地震局科学技术进步一等奖。

参与编写《水工建筑物抗震设计规范》，获得国家电力公司科学技术进步二等奖。

2000年　71岁

1月30日至2月4日，在新西兰的奥克兰参加第十二届世界地震工程大会（Twelfth World Conference on Earthquake Engineering，12WCEE），并在大坝专题小组中做了题为"Structural Control of a High Arch Dam"（高拱坝的结构控制）的报告，作者为林皋和迟世春。

2001年　72岁

3月26～31日，在美国加利福尼亚州的圣迭戈市参加第四届岩土地震工程会议（Fourth International Conference on Recent Advances in Geotechnical Earthquake Engineering and Soil Dynamics），并做了题为"Similarity Rule for Dynamic Model Tests of Geotechnical Structures"（岩土结构动力模型试验的相似准则）的学术报告。

参与"溪洛渡及小湾超大型地下洞室群合理布置及围岩稳定研究"项目的研究成果，获得中国电力科学技术奖二等奖。

作为负责人，与中国水利水电科学研究院抗震中心和北京交通大学合作，获得了国家自然科学基金重点项目的资助，研究期限为四年，从2002年1月开始至2005年12月结束。项目名称为“高拱坝地震破坏机理和大坝混凝土动态强度研究”。主要研究内容为:高拱坝非线性地震响应和地震破坏模式的数值模拟、混凝土的动态强度试验、混凝土的本构模型和变形特性研究、满库条件下高拱坝地震动力破坏模型的试验研究。

大连理工大学水工结构学科被评为全国重点学科。

2002年 73岁

5月23日,国家自然科学基金委工程与材料科学学部和江苏省科技厅同时组织专家在南京召开验收会和鉴定会,对由河海大学负责、林皋参与完成的国家自然科学基金重点项目“复杂条件下高拱坝(300米级)建设工程的应用基础研究”工作成果进行验收和评审,专家组通过认真讨论,认为项目完成了预定目标,同意验收,本项目的研究成果,总体上达到国际先进水平。

参与高等学校水利学科教材《水工建筑物》第五版的再版编写工作,负责“土石坝”一章。

9月,负责完成的“九五”国家科技攻关计划专题(“高拱坝地震应力控制标准和抗震结构工程措施研究”)的子题研究成果,获水电总院科技进步奖一等奖。

2003年 74岁

5月7日,和周晶共同负责了“九五”国家重点科技攻关项目的子题项目“200m以上高拱坝地震应力控制标准研究”，该子题所属专题“高拱坝地震应力控制标准和抗震结构工程措施研究”的研究成果获得了云南省科学技术奖一等奖。

2004年 75岁

2月10日，作为大连理工大学负责人，与河海大学、中国水利水电科学研究院共同完成的自然科学基金重点项目“复杂条件下高拱坝(300米级)建设中的应用基础研究”获得教育部科技进步奖二等奖的奖励，林皋排名第二。在该项目中，河海大学是负责单位。

8月1日至8月6日，参加了在加拿大温哥华举行的第十三届世界地震工程会议，并在“大坝抗震特别专题分会场”做了“Some Problems on the Seismic Design of Large Concrete Dams”(大型混凝土坝抗震设计的若干问题研究)的主题报告。

9月8日，经大连理工大学推荐申报，辽宁省人民政府教育厅同意，教育部、人事部批准，授予林皋“全国模范教师”荣誉称号。

10月18日至20日，在南京参加了第四届国际坝工会议，并在大会上做主题报告，报告题目为“On the Earthquake Safety of Concrete Dams”(混凝土大坝的抗震安全性)。报告中，他根据近年来的研究成果，针对目前混凝土大坝的抗震研究中的薄弱环节，如混凝土多轴动态强度、混凝土材料强度、变形的率敏感性、非均质无限地基动力相互作用对大坝地震响应的影响等问题提出了新的观点。

10月25日，应第六届全国MTS材料试验学术会议的邀请，林皋去西安参加此次会议，访问长安大学，并向公路学院和建工学院的师生做了题为“结构抗震技术的发展”的学术报告，介绍了近年来，建筑结构的性能设计、振动控制等抗震研究的前沿内容及其发展。

2005年　76岁

10月7日，与清华大学、昆明理工大学合作申请的课题“西部强震区高拱坝抗震功能设计的若干基础理论研究”，获得国家自然科学基金重大研究计划重点项目的资助。执行年限2006年1月至2009年12月。林皋是大连理工大学课题组负责人，主要研究内容：混凝土多轴动力强度的数值模拟；拱坝地震损伤发展进程的数值模型；高拱坝抗震功能设计方案；拱坝抗震模型试验。

2006年　77岁

4月16～17日，负责完成的国家自然科学基金重点项目“高拱坝地震破坏机理和大坝混凝土动态强度研究”顺利通过国家自然科学基金委员会工程与材料科学部组织的结题验收，综合评价为“A”。

12月31日，受教育部委托，由张楚汉院士和钟登华教授分别担任组长、副组长的函评小组对林皋负责完成的国家自然科学基金重点项目“高拱坝材料动态特性和地震破坏机理研究以及在大坝抗震安全评价中的应用”进行了科技鉴定，鉴定意见认为本项目的研究成果总体上达到国际领先水平。

2007年　78岁

3月，获得中国共产党大连市委员会和大连市人民政府颁发的“大连市荣誉优秀专家”证书。

9月，大连理工大学推荐林皋负责的国家自然科学基金重点项目“高拱坝地震破坏机理和大坝混凝土动态强度研究”研究成果申报高等学校科学技术奖科学技术进步奖。

10月9日，受聘为国家重点基础研究发展计划（973计划）“城市工程的地震破坏与控制”项目专家组成员。

2008年　79岁

1月25日，负责完成的国家自然科学基金重点项目“高拱坝地震破坏机理和大坝混凝土动态强度研究”的研究成果，获得教育部科学技术进步奖一等奖。

5月22日，“5·12”汶川地震后，作为国家水利部的水利专家，前往地震灾区勘察紫坪埔水库水利设施的震害情况，会商修复预案。在汶川地震发生之后，林皋一年内六次赶往紫坪铺水库考察大坝实际情况并对其进行鉴定。

6月26日，教育部组织的专家组（由张楚汉院士和郑颖人院士分别担任组长和副组长，成员为周创兵、陈生水、杜修力、刘汉龙、陈云敏)对大连理工大学团队自20世纪90年代中期以来开展的核电站海域工程堤防构筑物抗震安全评价方法研究(孔宪京负责)、复杂地基条件下的核电厂地基适应性评价体系研究(林皋负责)的工作成果,进行了函审鉴定,项目名称为"核电站海域工程堤防构筑物抗震安全评价方法研究"。鉴定意见认为本项目的研究成果"总体上达到国际先进水平,其中,核电站堤防构筑物抗震安全评价系统研究(孔宪京负责)和核电厂地基的抗震适应性分析(林皋负责)方面,达到了国际领先水平"。本项目中,在主要研制人员中,林皋排名第二。

10月12日至17日,参加在北京召开的第十四届世界地震工程会议,并在大坝抗震专题组做了题为"Effects of Reservoir Boundary Absorption on the Earthquake Response of Arch Dams"(水库边界吸收作用对拱坝地震响应的影响)的报告。

11月,荣获中共大连市委员会和大连市政府授予的"支援四川地震灾区工作先进个人"称号。在汶川地震后,他以80岁高龄,一年内六赴灾区考察大坝震害,商讨灾后重建策略,进行技术交流,以自己的专业知识和实际行动支援了灾区的重建工作。

2009年 80岁

1月2日,庆祝林皋院士80寿辰学术研讨会暨建校60周年工程抗震研究所校友会在大连理工大学举行。

1月20日，由大连理工大学团队申报的项目“核电站海域工程堤防构筑物抗震安全评价研究”经教育部专家评审，获得教育部科学技术进步奖一等奖，林皋为第二完成人。

1月，受聘为大连市防震减灾专库专家。

5月12日至14日，出席在成都召开的全国水工抗震防灾学术交流会，并在会上做了《汶川大地震中大坝灾害与大坝抗震安全分析》的主题报告。

6月21日，荣获大连理工大学建校60周年功勋教师称号。自1951年从清华大学毕业后来到当时的大连工学院任教，到2009年已58年，作为水工结构抗震领域的学术领导人，为大连理工大学在这一领域的科研教学工作一直保持国内领先水平起到了重要作用。

2010年　81岁

3月，作为负责人，从2006年以来至2009年，完成了多项核电工程（如红沿河、台山、防城港等工程）与地基抗震适应性相关的研究工作，为核岛厂房抗震设计提供了可靠的技术依据，获得大连市科技进步奖一等奖，项目名称为：复杂不均匀地基核电厂的抗震适应性分析，林皋为第一完成人。

4月，作为中方负责人，与德国亚琛工业大学教授康斯坦丁·梅斯库瑞斯共同申请的课题“Complex Soil-Structure Interaction Essues”（复杂土-结构相互作用问题研究）获得中德科学中心的批准，项目执行期为：2010年10月1日—2013年12月30日。

6月，被授予大连理工大学2009—2011年度优秀共产党员称号。

10月28日，香港理工大学隆重举行“杰出学人成就表扬典礼”。林皋被邀请和表扬，并进行了学术交流。自1994年以来，香港理工大学推出“杰出中国学人访问计划”。每年邀请6位著名学者到该校访问，促进学术交流、科研协作与联系。

11月29日，由大连理工大学团队申报的项目“核电站海域工程堤防构筑物抗震安全评价及其工程实践”经教育部专家评审，获得国家科学技术进步奖二等奖，林皋为第二完成人。在该项成果中，林皋所负责的课题组创立了复杂不均匀地基上核电厂抗震适应性分析的评价体系，显著提升了我国核电结构和设备抗震安全评价的水平。

2011年　82岁

10月21～23日，参加了中国水力发电工程学会抗震防灾专业委员主办、大连理工大学等单位承办的“第三届全国水工抗震防灾学术交流会”，并做主题报告“科学与工程问题数值计算方法的发展”。

12月，与法国电力公司(EDF)北京总部的专家进行学术交流，介绍课题组在核电抗震方面的研究成果。

2012 年　83 岁

1 月，作为主要参加人，开始开展国家自然科学基金重点项目“地震作用下核电厂工程结构的功能失效机理及抗震安全评价”(2012.01—2016.12)的研究工作。

1 月，作为负责人，开始开展国家科技重大专项“大型先进压水堆核电站”中的子项“工程场地和结构参数的不确定分析与实验”(2012.01—2014.12)的研究工作。

2013 年　84 岁

3 月 22 日，研究成果获云南省科学技术奖二等奖(项目名称：强震区高碾压混凝土重力坝抗震的关键技术问题研究及工程应用，第三完成人)。

9 月 26 日至 27 日，参加了在德国亚琛工业大学举行的 International Conference on Seismic Design of Industrial Facilities(工业设施抗震设计国际会议)，并做大会主题报告“A 3D Dynamic Impedance of Arbitrary-Shaped Foundation on Anisotropic Multi-Layered Halfspace”(非各向同性层状半空间地基上任意形状基础的三维动力阻抗函数)，会议获中德基金资助，由中德双方共同主办，林皋为中方负责人。

2014 年　85 岁

5 月 28 日，大连理工大学建设工程学部工程抗震研究所举行了“庆祝林皋院士八十五华诞和从教六十三周年植树纪念仪式”。

10月，访问合肥工业大学，并为师生做了题为“Dynamic Soil-Structure Interaction Analysis”（土-结构动力相互作用分析）的学术报告。

10月21日，带领课题组成员访问了中国科学院合肥物质科学研究院的核能安全技术研究所的核能研究团队FDS，并在FDS青年联合会主办的“凤凰科技大讲堂”做了题为“核电结构抗震安全评价研究”的学术报告。

2015年 86岁

2月10日，受环保部核与辐射安全中心聘请，在北京参加福建福清核电厂5、6号机组（华龙一号）专项二：抗震设计及安全壳结构完整性第一次审评对话会，担任审评会专家组组长。

5月18日，受环保部核与辐射安全中心聘请，在北京召开的防城港核电3、4号机组（华龙一号）初步安全分析报告审评对话会，担任审评会专家组组长。

9月14日，受环保部核与辐射安全中心聘请，在北京召开的福建福清核电厂5、6号机组（华龙一号）核岛基础稳定性分析报告专家审评会，担任审评会专家组组长。

2016年　87岁

7月，由林皋团队参与申报的“十三五”国家重点研发项目“复杂工程力学高性能应用软件系统研制”获得科技部的批准。林皋为本项目的顾问以及课题1(共性基础算法与精细物理建模技术)中专题1(提高单元应力场精度的方法研究)、专题2(坝—库水—无限地基动力相互作用高精度算法研究)的实际负责人。

2017年　88岁

7月，参加了在北京举办的“第二届中国国际核电厂建构筑物可靠性与抗震性能评价技术交流论坛”，并做主题报告，题目为“第三代核电水箱的晃荡分析”。

12月，参加了在南京河海大学举办的“第一届比例边界有限元新进展国际学术交流会”，被聘担任名誉主席，并做主题报告，题目为“A SBFE Approach for The Analysis of Shell Structures”(壳体结构分析的比例边界有限元法)。

2018年　89岁

1月2日，林皋院士九十寿辰暨从教六十六周年学术交流会在大连理工大学举行。

1月，林皋院士团队的研究项目“提高第三代核电站抗震安全性的研究及工程应用”获教育部2017年度科技进步奖一等奖(林皋排名第一)。

11月4日,在大连理工大学组织召开的“第二届比例边界有限元方法新进展国际学术交流会”中,任大会主席,并做主题报告,题目为“Analysis of Spherical Shells based on Scaled Boundary Finite Element Method”(基于比例边界有限元法的球形壳体分析)。

2019年 90岁

2月,向中共辽宁省委组织部提交“关于发挥辽宁省人才作用,引领辽宁振兴发展的若干建议”,为我省人才计划提出建议。

5月24—26日,参加了在武汉举办的“第一届土木工程计算与仿真技术学术会议”,任顾问委员会委员,并做了大会报告《壳体结构力学分析的特点及建议的新方法》。

8月14日,参加了在大连举办的“中国地震学会成立40周年学术大会”,任顾问委员会委员,并做大会报告《复杂介质中地下结构地震响应的新计算模型》。

9月10日,参加了在哈尔滨举办的“第四届中国国际核电厂建构筑物可靠性与抗震性能评价技术交流论坛”,并做大会主题报告。

10月10日,参加了在北京举办的“第七届全国水工抗震防灾学术交流会”,并做大会主题报告,题目为《结构与复杂地基动力相互作用的计算模型及大坝的地震响应分析》。

11月18日,光明日报头版刊登文章《九旬院士林皋:“还要向更高峰迈进”》,介绍林皋院士。

11月29日,参加了在宁波大学举办的“第三届比例边界有限元方法新进展国际学术交流会”,任大会名誉主席,并做大会主题报告,题目为“A New Development of the Scaled Boundary Finite Element Method”(比例边界有限元方法的新发展)。

2020年 91岁

10月24—25日,参加了在上海举行的“第五届中国国际核电厂建筑物可靠性与抗震性能评价技术交流论坛”,并做大会主题报告,题目为“复杂地基条件下核电结构的土-结构相互作用计算模型”。

11月28日,参加了在大连举办的“第一届海上一带一路灾害防御高端学术论坛”,并做大会主题报告,题目为“核岛结构的抗震安全分析”。

12月3—4日,参加了在深圳举办的“第二届核工业结构技术大会”,并做大会主题报告,题目为“提高核电厂安全壳抗震分析精准度的计算模型与方法”。

2021年 92岁

5月28日—6月1日,参加了在北京举行的中国科学院第二十次院士大会、中国工程院第十五次院士大会和中国科协第十次全国代表大会。

2022年　93岁

7月10日，参加了在大连召开的“第二届近远海重大工程与海洋岩土灾害防护研讨会”，以及“第六届中国国际核电厂建构筑物可靠性与抗震性能评价技术交流论坛”，做大会主题报告，题目为“提高核电结构抗震安全评价可靠性的计算模型与计算方法的改进意见”。

8月，被大连市政府授予“大连市突出贡献专家”。

12月，参加了在南京河海大学举办的“第四届比例边界有限元新进展国际学术交流会”，担任大会主席，并做主题报告，题目为“A Scaling Surface Based SBFE Element for Shell Structure Analysis”（基于相似面单元理论的壳体结构分析的单元形态）。

附录二 林皋主要获奖情况

序号	名称	颁发单位	获奖时间	获奖项目名称
1	国家科学技术进步奖一等奖	国家科学技术进步奖评审委员会	1985	丰满水电站泄水洞进水口水下岩塞爆破，第五完成人
2	“振兴大连建功立业”奖	大连市总工会	1986/5/1	
3	大连市优秀共产党员	中国共产党大连市委员会	1986/7/1	
4	模范教育工作者	辽宁省人民政府	1986/11	
5	大连市特等劳动模范	中共大连市委员会、大连市人民政府	1988/3	
6	国家教育委员会科学技术进步二等奖	国家教育委员会	1988/7	水坝抗震理论与实验技术，第一完成人
7	辽宁省劳动模范	辽宁省人民政府	1989/4	
8	全国高等学校先进科技工作者	国家教育委员会、国家科学技术委员会	1990/12	
9	河南省科学技术进步奖三等奖	河南省科学技术进步奖评审委员会	1991/12/10	样条半解析方法及其工程应用，第三完成人
10	能源部电力科学技术进步奖一等奖	能源部电力科学技术进步奖电力评审委员会	1992/7/6	高拱坝体型优化及结构设计的研究，第七完成人

（续表）

序号	名称	颁发单位	获奖时间	获奖项目名称
11	国家教育委员会科学技术进步三等奖	国家教育委员会	1993/6	地下结构抗震分析，第一完成人
12	光华科技基金奖二等奖	光华科技基金会	1994/12	
13	国家教育委员会科学技术进步二等奖	国家教育委员会	1995/5	龙滩大坝抗震计算及抗震模型实验，第一完成人
14	辽宁省教育委员会科学技术进步三等奖	辽宁省教育委员会科学技术进步奖评审委员会	1996/5/6	工程结构多维地震反应分析及抗震设计计算方法的研究，第五完成人
15	水电水利规划设计总院科技进步一等奖	电力工业部水电水利规划设计总院	1996/12	坝体、库水和坝基互相作用动、静力分析，第十九完成人
16	辽宁省教育委员会科学技术进步一等奖	辽宁省教育委员会科学技术进步奖评审委员会	1997/4/10	混凝土的动态断裂特性和大坝的抗震安全评价，第一完成人
17	大连市优秀专家	中共大连市委、大连市人民政府	1997/4/30	
18	电力工业部科学技术进步奖二等奖	电力工业部	1997/7/12	坝体、库水和坝基相互作用动、静力分析研究，第五完成人
19	全国优秀科技工作者	中国科学技术协会	1997/12	
20	电力工业部科学技术进步奖二等奖	电力工业部	1998/2/10	龙滩碾压混凝土重力坝结构设计与施工方法研究，第九完成人

（续表）

序号	名称	颁发单位	获奖时间	获奖项目名称
21	中国地震局科学技术进步一等奖	中国地震局	1999/10/25	核电厂抗震设计规范的研究和编制，第四完成人
22	国家电力公司科学技术进步二等奖	国家电力公司	1999	水工建筑物抗震设计规范，第五完成人
23	中国电力科学技术奖二等奖	国家电力公司	2001	溪洛渡及小湾超大型地下洞室群合理布置及围岩稳定研究，第九完成人
24	水电总院科技进步奖一等奖	国家电力公司水电水利规划设计总院	2002/9	高拱坝地震应力控制标准和抗震结构工程措施研究，第七完成人
25	云南省科学技术奖一等奖	云南省人民政府	2003/5/7	高拱坝地震应力控制标准和抗震结构工程措施研究，第五完成人
26	教育部科学技术奖二等奖	中华人民共和国教育部	2004/2/10	复杂条件下高拱坝（300米级）建设中的应用基础研究，第二完成人
27	全国模范教师	中华人民共和国教育部、人事部	2004/9	
28	大连市荣誉优秀专家	中共大连市委、大连市人民政府	2007/3	
29	教育部科学技术进步奖一等奖	中华人民共和国教育部	2008/1/25	高拱坝地震破坏机理和大坝混凝土动态强度研究，第二完成人

（续表）

序号	名称	颁发单位	获奖时间	获奖项目名称
30	支援四川地震灾区工作先进个人	中共大连市委、大连市人民政府	2008/11	
31	教育部科学技术进步奖一等奖	中华人民共和国教育部	2009/1/20	核电站海域工程堤防构筑物抗震安全评价研究，第二完成人
32	国家级教学成果奖二等奖	中华人民共和国教育部	2009/9	国家“十五”规划教材《水工建筑物》，第三完成人
33	大连理工大学功勋教师	大连理工大学	2009	
34	大连市科学技术进步奖一等奖	大连市人民政府	2010/3	复杂不均匀地基核电厂的抗震适应性分析，第一完成人
35	国家科学技术进步奖二等奖	中华人民共和国国务院	2010/11	核电站海域工程堤防构筑物抗震安全评价及其工程实践，第二完成人
36	大连理工大学2009—2011年度优秀共产党员	中共大连理工大学委员会	2011/6	
37	科学技术进步二等奖	中国水电工程顾问集团公司	2011	强震区高碾压混凝土重力坝抗震的关键技术问题研究及工程应用，第三完成人
38	云南省科学技术奖二等奖	云南省人民政府	2013/3/22	强震区高碾压混凝土重力坝抗震的关键技术问题研究及工程应用，第三完成人

（续表）

序号	名称	颁发单位	获奖时间	获奖项目名称
39	教育部科技进步奖一等奖	中华人民共和国教育部	2018/1	提高第三代核电站抗震安全性的研究及其工程应用，第一完成人
40	大连市突出贡献专家	中共大连市委员会，大连市人民政府	2022/8	

附录三 林皋主要著作

[1] 林皋. 大坝抗震技术的发展. 北京: 中国电力出版社, 2010

[2] 李庆斌, 周鸿钧, 林皋, 董耀星. 特解边界元法及其工程应用. 北京: 科学技术文献出版社, 2010

[3] 王复明, 林皋. 层状地基分析的样条半解析法及其应用. 郑州: 河南科技出版社, 1988

[4] Yan Dongming, Lin Gao, Chen Genda. Dynamic Properties of Concrete under Multiaxial Loading, Nora Science Publication, 2012, New York.

[5] Klinkel S, Lin G, Butenweg C, Holtschoppen B. Seismic Design of Industrial Facilities, 2013, Springer Vieweg

[6] Lin Gao. History and Progress of Seismic Analysis and Safety Evaluation of High Dams. Seismic Safety of Dams in China, Chinese National Committee on Large Dams, Beijing, China, 2014, May, 85-219

附录四　林皋主要学术论文

中文期刊论文

[1]　林皋. 研究拱坝震动的模型相似律. 水利学报, 1958(01): 79-104.

[2]　大连工学院水工结构静力实验室 603 试验组. 支墩坝纵向弯曲实验研究. 大连工学院学刊, 1959(05): 83-105. (陈德钜、林皋等, 陈德钜执笔)

[3]　林皋. 拱坝地震力作用的近似分析. 大连工学院学刊, 1959(05): 71-82.

[4]　林皋. 砼坝在地震及冲击荷载作用下的动应力分析. 大连工学院学刊, 1963(02): 65-84.

[5]　林皋. 混凝土重力坝的地震应力. 高等学校自然科学学报, 1964(03): 306-316.

[6]　水工研究室. 大型混凝土试件的导温、导热系数试验. 大连工学院学报, 1966(01): 25-35. (林皋等, 林皋执笔)

[7]　水利系振动试验组. 水坝动力模型试验的直接摄影法. 大连工学院学报, 1973(02): 17-37. (林皋、陈德钜等, 林皋、陈德钜执笔)

[8]　水工建筑专业抗震组. 水坝动水压力的计算方法和计算程序研究. 大连工学院学报, 1975(04): 72-100. (林皋、陈德钜等, 林皋执笔)

[9] 水利系抗震研究室. 有限变位对频率和振型影响的讨论. 大连工学院学报, 1978(01): 41-46.

[10] 林皋. 重力坝的抗震特性. 大连工学院学报, 1979(03): 28-37.

[11] 林皋, 楼梦麟, 周永平. 板、壳结构动力分析的一种简化方法. 大连工学院学报, 1981(04): 73-84.

[12] 林皋. 混凝土大坝抗震设计和研究中的若干问题. 水力发电学报, 1982(02): 33-49.

[13] 周永平, 倪汉根, 林皋. 坝上附属建筑物的地震荷载. 水力发电学报, 1982(02): 65-75.

[14] 林皋, 楼梦麟, 孙克明. 拱坝振动计算的梁拱子结构模态方法. 大连工学院学报, 1983(04): 9-16.

[15] 周晶, 林皋, 倪汉根. 切缝对大坝动力特性的影响. 土木工程学报, 1983(03): 33-45.

[16] 楼梦麟, 林皋, 倪汉根. 成层地基上水坝的自振特性. 土木工程学报, 1983(04): 10-22.

[17] 楼梦麟, 林皋. 地震动空间相关性对水坝地震反应的影响. 水力发电学报, 1984(02): 36-46.

[18] 楼梦麟, 林皋. 重力坝地震行波反应分析. 水利学报, 1984(05): 26-32.

[19] 张瑞丰, 倪汉根, 林皋. 混凝土重力坝抗震设计的简化方法. 水利学报, 1984(07): 33-38.

[20] 楼梦麟, 林皋. 附属结构的地震反应. 地震工程与工程振动, 1984(02): 127-142.

[21] 刘廉纯, 林皋. 混凝土重力坝断面的抗震优化设计. 土

木工程学报，1984(01)：49-58.
[22] 楼梦麟，林皋．层状地基对土坝振动模态特性的影响．大连工学院学报，1985(04)：59-66.
[23] 周晶，倪汉根，林皋．重力坝坝面水平裂缝的地震应力强度因子．水利学报，1985(04)：18-26.
[24] 林皋，孙克明，楼梦麟．拱坝壳体动静态分析的条带模态综合法．固体力学学报，1985(04)：456-469.
[25] 楼梦麟，林皋．坝基相互作用对重力坝地震反应的影响．水力发电学报，1986(01)：44-54.
[26] 楼梦麟，林皋．粘弹性地基中人工边界的波动反射效应．水利学报，1986(06)：20-30.
[27] 楼梦麟，林皋．水坝与地基动力相互作用问题的复模态分析方法．土木工程学报，1986(01)：81-92.
[28] 王复明，周鸿钧，林皋．样条有限点法解非规则薄板弯曲问题．工程力学，1986(04)：54-70.
[29] 林皋，邢伯晨．空腹拱坝的抗震性能研究．大连工学院学报，1986(03)：85-90.
[30] 楼梦麟，林皋．粘弹性地基上重力坝的振动模态特性．地震工程与工程振动，1987(02)：78-88.
[31] 曹亚林，何广讷，林皋．土中振动孔隙水压力升长程度的能量分析法．大连工学院学报，1987(03)：83-89.
[32] 林皋，孙克明．拱坝动静力分析的改进多拱梁法及其应用．岩土工程学报，1987(01)：26-34.
[33] 林皋，倪汉根，孔宪京．地震作用下土坝抗裂稳定性的判别．岩土工程学报，1987(04)：45-51.

[34] 楼梦麟，林皋，倪汉根. 层状地基动力柔度矩阵的简化计算方法. 水利学报，1987(03)：24-32.

[35] 首培烋，楼梦麟，林皋. 粘弹性地基中人工边界的波动反射效应. 水利学报，1987(04)：72-73.

[36] 周鸿钧，王复明，林皋. 薄拱坝自振特性的简便算法. 水利学报，1987(08)：63-68.

[37] 王海波，林皋. 半无限弹性介质中管线地震反应分析. 土木工程学报，1987(03)：80-91.

[38] 王复明，周鸿钧，林皋. 样条半解析法计算变厚度板. 郑州工学院学报，1987(02)：35-41.

[39] 林皋. 日本的核电站建设. 世界地震工程，1987(03)：40-44.

[40] 林皋，邬瑞峰. 大连工学院地震工程研究情况介绍. 世界地震工程，1987(04)：66-69.

[41] 王复明，林皋. 粘弹性层状地基动力柔度系数的半解析解. 地震工程与工程振动，1988(02)：27-36.

[42] 林皋，高扬. 地基特性对土石坝地震反应的影响. 大连工学院学报，1988(01)：95-102.

[43] 吴再光，韩国城，林皋. 砂土地震液化的概率分析. 大连工学院学报，1988(02)：111-118.

[44] 栾茂田，金崇磐，林皋. 非均质地基上浅基础的极限承载力. 岩土工程学报，1988(04)：14-27.

[45] 吴再光，韩国城，林皋. 非线性土层平稳随机地震反应分析的等价线性化法. 水利学报，1988(08)：68-73.

[46] 吴再光，韩国城，林皋. 非线性土层随机地震反应的概

率平均等价线性化法. 岩土工程学报, 1989(04): 9-16.
[47] 林皋. 从第九届世界地震工程会议看地震工程的研究动向. 世界地震工程, 1989(02): 1-6+17.
[48] 关飞, 胡聿贤, 林皋. SH波输入下土-结构相互作用影响参数的研究. 地震工程与工程振动, 1989(04): 29-39.
[49] 栾茂田, 金崇磐, 林皋. 非均质堤坝振动特性简化分析. 大连理工大学学报, 1989(04): 479-488.
[50] 孔宪京, 韩国城, 李俊杰, 林皋. 防渗面板对堆石坝体自振特性的影响. 大连理工大学学报, 1989(05): 583-588.
[51] 郭雪莽, 林皋. 渗流对大坝及基础的影响. 水电科技论文集: 1990: 7.
[52] 李庆斌, 周鸿钧, 林皋. 异弹模界面裂缝的动断裂分析. 地震工程与工程振动, 1990(04): 63-72.
[53] 陈根达, 金春山, 林皋. 拉西瓦水电站场址地震危险性分析. 大连理工大学学报, 1990(01): 101-109.
[54] 林皋, 关飞. 用边界元法研究地震波在不规则地形处的散射问题. 大连理工大学学报, 1990(02): 145-152.
[55] 周晶, 林皋. 地震中坝体混凝土的抗剪特性. 大连理工大学学报, 1990(02): 161-166.
[56] 吴再光, 韩国城, 林皋. 土石坝模型平稳随机振动试验及数值计算. 大连理工大学学报, 1990(02): 167-172.
[57] 栾茂田, 金崇磐, 林皋. 非均质土石坝及地基竖向地震反应简化分析. 水力发电学报, 1990(01): 48-62.
[58] 吴再光, 林皋, 韩国城. 随机地震作用下砂土液化概率

分析. 岩土工程学报，1990(05)：1-8.

[59] 栾茂田，金崇磐，林皋. 非均布地震载荷作用下土坡的稳定性. 水利学报，1990(01)：65-72.

[60] 栾茂田，金崇磐，林皋. 挡土墙后粘性填料土压力计算. 水运工程，1990(02)：1-9.

[61] 王复明，林皋. 粘弹性非均质地基的动力柔度系数. 土木工程学报，1990(01)：54-64.

[62] 李庆斌，周鸿钧，林皋. 特解边界元法及其在若干问题中的应用. 郑州工学院学报，1990(01)：1-8.

[63] 李庆斌，林皋，周鸿钧. 异弹模界面裂缝的动态实验研究. 实验力学，1990(03)：275-281.

[64] 林皋. 地下结构抗震分析综述(上). 世界地震工程，1990(02)：1-10.

[65] 林皋. 地下结构抗震分析综述(下). 世界地震工程，1990(03)：1-10＋42.

[66] 林皋，关飞. 结构-地基相互作用对重力坝地震反应的影响. 地震工程与工程振动，1991(04)：65-76.

[67] 李庆斌，林皋，周鸿钧. 异弹模界面裂缝的边界元分析及其应用. 大连理工大学学报，1991(02)：199-204.

[68] 栾茂田，金崇磐，林皋. 非均质土体稳定性分析的广义极限平衡法及其应用. 大连理工大学学报，1991(04)：463-472.

[69] 吴再光，韩国城，林皋. 土石坝地震永久变形的危险性分析. 岩土工程学报，1991(02)：13-20.

[70] 李庆斌，周鸿钧，林皋. 重力坝、地基、库水体系动特性

分析的特解边界元法. 水利学报, 1991(08): 64-71.
[71] 吴再光, 林皋, 韩国城. 土层非平稳有效应力随机地震反应分析. 水利学报, 1991(09): 25-31.
[72] 林皋. 土-结构动力相互作用. 世界地震工程, 1991(01): 4-21+36.
[73] 吴再光, 林皋, 韩国城. 水平成层地基非平稳随机地震反应分析. 土木工程学报, 1992(03): 60-67.
[74] 林皋. 岩土地震工程及土动力学的新进展. 世界地震工程, 1992(02): 1-11.
[75] 张瑞丰, 林皋. 一种新的储液罐动力提离计算模型. 地震工程与工程振动, 1992(03): 100-106.
[76] 刘鹏程, 林皋, 金春山. 考虑地震环境的人造地震动合成方法. 地震工程与工程振动, 1992(04): 9-15.
[77] 栾茂田, 金崇磐, 林皋. 非均质地基振动特性及地震反应分析. 大连理工大学学报, 1992(01): 81-87.
[78] 周晶, 林皋, 王承伦. 双曲拱坝的地震破坏模型试验. 大连理工大学学报, 1992(02): 218-223.
[79] 栾茂田, 林皋. 土料非线性滞回本构模型的半解析半离散构造方法. 大连理工大学学报, 1992(06): 694-701.
[80] 栾茂田, 林皋. 场地地震反应一维非线性计算模型. 工程力学, 1992(01): 94-103.
[81] 翟奇愚, 林皋, 尹双增, 周晶. 应用修正的虚裂纹模型研究混凝土结构的三维裂缝扩展. 计算结构力学及其应用, 1992(01): 71-78.

[82] 孙造占，林皋．一种基于关联表的推理方法．计算结构力学及其应用，1992(04)：437-444.
[83] 栾茂田，金崇磐，林皋．土体稳定分析极限平衡法改进及其应用．岩土工程学报，1992(S1)：20-29.
[84] 张瑞丰，林皋．地震作用下储液罐的提离效应．烟台大学学报(自然科学与工程版)，1992(03)：75-82.
[85] 张瑞丰，林皋．轴对称充水壳体流固耦合振动非对称方程的对称化．烟台大学学报(自然科学与工程版)，1992(04)：46-49+55.
[86] 张瑞丰，林皋．储液罐的动力提离．烟台大学学报(自然科学与工程版)，1992(Z1)：153-158.
[87] 吴再光，林皋，韩国城．水平成层地基非平稳随机地震反应分析．土木工程学报，1992(03)：60-67.
[88] 李宏男，林皋．导管架海洋平台在多维地震动作用下的随机反应．海洋工程，1992(04)：25-30.
[89] 栾茂田，金崇磐，林皋，赵颖．层状非均质土坡抗震稳定性的变分解法．地震工程与工程振动，1993(04)：73-80.
[90] 齐聪山，林皋．断裂过程区折线应力分布模型．大连理工大学学报，1993(01)：65-71.
[91] 孙造占，林皋．水工结构设计专家系统中的知识表示和推理．大连理工大学学报，1993(02)：218-224+244.
[92] 董继辉，林皋．拱坝静力分析的一种简化方法．大连理工大学学报，1993(05)：584-590.
[93] 李彤，金春山，林皋．不规则地形波散射的混合方法研

究. 大连理工大学学报, 1993(06): 719-723.
[94] 李宏男, 林皋. 我国混凝土断裂力学研究的部分新进展. 工程力学, 1993(03): 37-47.
[95] 张瑞丰, 范垂义, 林皋. 异弹模界面裂缝地震断裂分析的特解边界元法及在重力坝中的应用. 水利学报, 1993(08): 77-81.
[96] 林皋, 栾茂田, 陈怀海. 土-结构相互作用对高层建筑非线性地震反应的影响. 土木工程学报, 1993(04): 1-13.
[97] 孙造占, 林皋. 拱坝设计专家系统中的知识表示. 水力发电, 1993(01): 48-52.
[98] 孙造占, 林皋. 设计型专家系统的知识表示. 计算机研究与发展, 1993(10): 44-48.
[99] 栾茂田, 林皋. 非均质地基上条形基础动力阻抗函数的简化分析模型. 振动工程学报, 1993(03): 263-268.
[100] 林皋. 第十届世界地震工程会议的回顾与展望. 世界地震工程, 1993(02): 9-18.
[101] 林皋, 关飞. 由轴对称脉冲引起的地表响应. 大连理工大学学报, 1994(04): 448-455.
[102] 林皋, 李炳奇, 申爱国. 半无限弹性空间域内点加振格林函数的计算. 力学学报, 1994(05): 583-592.
[103] 林皋, 周洪涛, 黄承逵. 循环加载历史对混凝土断裂特性影响的试验研究. 水利学报, 1994(05): 25-30+44.
[104] 陈怀海, 林皋. 层状粘弹性地基动力柔度的高效算法.

振动工程学报，1994(01)：96-102.
[105] 栾茂田，林皋. 场地地震反应非线性分析的有效时域算法. 大连理工大学学报，1994(02)：228-234.
[106] 林皋，齐聪山，周洪涛. 混凝土断裂问题的数学规划法解. 土木工程学报，1995(02)：53-62.
[107] 栾茂田，林皋，郭莹. 土体稳定分析的改进滑楔模型及其应用. 岩土工程学报，1995(04)：1-9.
[108] 李俊杰，韩国城，林皋. 混凝土面板堆石坝自振周期的简化公式. 振动工程学报，1995(03)：274-280.
[109] 朱彤，林皋，马恒春，周晶. 龙滩大坝的动力模型破坏试验研究. 水电站设计，1995(02)：48-54.
[110] 李宏男，王炳乾，林皋. 爆破地震效应若干问题的探讨. 爆炸与冲击，1996(01)：61-67.
[111] 栾茂田，林皋. 地基动力阻抗的双自由度集总参数模. 大连理工大学学报，1996(04)：109-114.
[112] 林皋，梁青槐. 地下结构的抗震设计. 土木工程学报，1996(01)：15-24.
[113] 陈健云，林皋，陈万吉. 8-21 节点块体精化不协调元. 计算力学学报，1997(01)：45-52.
[114] 栾茂田，林皋. 岩土地震工程与土动力学会议综述(二). 国际学术动态，1997(02)：68-72＋80.
[115] 栾茂田，林皋. 岩土地震工程与土动力学会议综述(三). 国际学术动态，1997(03)：75-78＋71.
[116] 林皋，孔宪京. 岩土地基防灾区划研究动向. 国际学术动态，1997(08)：71-74.

[117] 栾茂田，林皋. 岩土地震工程与土动力学会议综述(一). 国际学术动态，1997(01)：66-74.
[118] 阎石，李宏男，林皋. 可调频调液柱型阻尼器振动控制参数研究. 地震工程与工程振动，1998(04)：96-102.
[119] 林皋，陈健云，周晶，王君杰. 拱坝河谷的地震波散射效应及坝基体系的动力响应. 大连理工大学学报，1998(05)：83-87.
[120] 林皋，陈健云，张忠义，金正浩. 埋藏式钢管的抗外压稳定研究. 大连理工大学学报，1998(06)：84-88.
[121] 迟世春，林皋. 混凝土面板堆石坝与库水动力相互作用研究. 大连理工大学学报，1998(06)：102-107.
[122] 陈健云，林皋，陈万吉. 精化 8-20 节点块体元的综合一致质量阵及几种质量阵构成方法的讨论. 计算力学学报，1998(04)：89-94.
[123] 迟世春，林皋，孔宪京. 堆石料残余体应变对计算面板堆石坝永久变形的影响. 水力发电学报，1998(01)：60-68.
[124] 陈健云，林皋. 复杂地基中波动问题的数值模拟及其近似求解方法. 水利学报，1998(09)：58-62.
[125] 陈健云，林皋. 三维结线动力无穷元及其特性研究. 岩土力学，1998(03)：14-19.
[126] 林皋，周晶. 中澳计算力学研讨会综述. 国际学术动态，1998(06)：73-76.
[127] 林皋. 优化结构工程的新技术新方法. 国际学术动态，

1999(02)：66-72+75.
[128] 冯明珲，吕和祥，林皋，武永存. 白石水库工程 RCD 碾压混凝土配合比设计分析. 大连理工大学学报，1999(04)：105-109.
[129] 林皋. 廿一世纪建筑结构设计和建造技术的发展动向. 建筑结构，1999(08)：45-51.
[130] 林皋，陈健云，林蓓. 拱坝-地基动力体系的简化计算模型及其在地震作用下的动力反应分析. 计算力学学报，1999(02)：6-11.
[131] 陈健云，林皋，林蓓. 三维结线动力无穷元. 计算力学学报，1999(04)：453-459.
[132] 陈健云，林皋. 拱坝-地基体系的多点输入虚拟激励法及随机响应分析. 上海力学，1999(01)：76-81.
[133] 李南生，周晶，林皋. 有横缝高拱坝的动力接触模型及其数值解. 水利学报，1999(12)：17-22.
[134] 陈健云，林皋. 小湾拱坝考虑横缝的非线性分析. 土木工程学报，1999(01)：66-70.
[135] 林皋，周晶，胡志强. 丰满大坝抗震安全性评价. 大坝与安全，1999(03)：31-35.
[136] 韩林海，林皋. 钢管高强混凝土结构的特点和发展. 钢结构，1999(01)：38-45.
[137] 迟世春，林皋. 不同动水压力质量阵对面板堆石坝动力特性的影响. 水电站设计，1999(01)：47-53.
[138] 阎石，林皋，李晓光，李宏男. 相邻建筑结构的模糊振动控制. 地震工程与工程振动，2000(02)：39-43.

[139] 林皋，朱彤，林蓓. 结构动力模型试验的相似技巧. 大连理工大学学报，2000(01)：1-8.
[140] 王哲，林皋，逯静洲. 混凝土的单轴率型本构模型. 大连理工大学学报，2000(05)：597-601.
[141] 陈怀海，林皋. 坝面动水压力影响系数的一种简化求法. 计算力学学报，2000(02)：238-241.
[142] 王哲，林皋. 混凝土的一种非相关流塑性本构模型. 水利学报，2000(04)：8-13.
[143] 陈健云，林皋. 多点输入随机地震动拱坝-地基体系反应分析. 世界地震工程，2000(03) ：39-43.
[144] 阳明盛，林皋，金海. 将线性规划模型引入拱坝优化设计. 大连理工大学学报，2001(02)：237-243.
[145] 逯静洲，林皋，王哲. 基于神经网络方法对混凝土损伤特性研究. 大连理工大学学报，2001(04)：491-497.
[146] 肖诗云，林皋，王哲，逯静洲. 应变率对混凝土抗拉特性影响. 大连理工大学学报，2001(06)：721-725.
[147] 黎勇，栾茂田，林皋. 水位循环变化作用下有纵缝重力坝的非线性特性. 水力发电学报，2001(02)：26-35.
[148] 林皋，王哲，逯静洲，肖诗云. 三向等压荷载历史对混凝土的强度和变形特性影响的研究. 水力发电学报，2001(03)：31-41.
[149] 逯静洲，林皋，肖诗云，王哲. 混凝土材料经历三向受压荷载历史后抗拉强度劣化的研究. 水利学报，2001(01)：68-75.
[150] 林皋，陈健云. 混凝土大坝的抗震安全评价. 水利学

报，2001(02)：8-15.
[151] 栾茂田，黎勇，林皋．非连续变形计算力学模型及其在有缝重力坝静力分析中的应用．水利学报，2001(04)：40-46.
[152] 逯静洲，林皋，肖诗云，王哲．混凝土材料经历三向受压荷载历史后抗压强度劣化的研究．水利学报，2001(11)：8-14.
[153] 陈健云，胡志强，林皋．超大型地下洞室群的三维地震响应分析．岩土工程学报，2001(04)：494-498.
[154] 迟世春，林皋．带裂缝重力坝并缝效果研究．世界地震工程，2001(02)：104-109.
[155] 陈健云，林皋，李静．高拱坝的非线性开裂静动力响应分析．世界地震工程，2001(03)：85-90.
[156] 迟世春，胡志强，林皋．丰满大坝静动力特性分析．世界地震工程，2001(03)：91-97.
[157] 陈健云，胡志强，林皋．超大型地下洞室群的随机地震响应分析．水利学报，2002(01)：71-75.
[158] 林皋，王哲．可以考虑压应力球量历史影响的混凝土强度准则．土木工程学报，2002(05)：1-6.
[159] 曾宪明，林皋，易平，尤萍丽．土钉支护软土边坡的加固机理实验研究．岩石力学与工程学报，2002(03)：429-433.
[160] 迟世春，林皋．拱坝的动力控制研究．世界地震工程，2002(01)：1-8.
[161] 肖晓春，林皋，迟世春．桩-土-结构动力相互作用的分

析模型与方法. 世界地震工程, 2002(04): 123-130.
[162] 肖诗云, 林皋, 李宏男. 拱坝非线性地震反应分析. 地震工程与工程振动, 2002(04): 36-40.
[163] 柳春光, 林皋. 已建立交桥工程系统抗震加固优化方法研究. 大连理工大学学报, 2002(03): 338-341.
[164] 逯静洲, 林皋, 王哲, 肖诗云. 混凝土经历三向受压荷载历史后强度劣化及超声波探伤方法的研究. 工程力学, 2002(05): 52-57.
[165] 肖诗云, 林皋, 逯静洲, 王哲. 应变率对混凝土抗压特性的影响. 哈尔滨建筑大学学报, 2002(05): 35-39.
[166] 孔令刚, 林皋, 李志军, 王永学, 李广伟, 曲月霞. 冰激锥体振动物理模拟实验. 海洋工程, 2002(01): 24-28.
[167] 张运良, 李志军, 林皋, 王永学, 刘君. 冰-结构动力相互作用过程的 DDA 模拟. 冰川冻土, 2003(S2): 313-316.
[168] 柳春光, 林皋, 洪峰. 桥梁工程系统地震可靠性分析. 大连理工大学学报, 2003(01): 104-108.
[169] 陈健云, 胡志强, 林皋. 大型地下结构三维地震响应特点研究. 大连理工大学学报, 2003(03): 344-348.
[170] 肖诗云, 林皋, 王哲. Drucker-Prager 材料一致率型本构模型. 工程力学, 2003(04): 147-151.
[171] 胡志强, 陈健云, 陈万吉, 林皋, 李学文. 弹塑性接触问题的非光滑非线性方程组方法. 计算力学学报, 2003(06): 684-690.

[172] 林皋，陈健云，肖诗云. 混凝土的动力特性与拱坝的非线性地震响应. 水利学报，2003(06)：30-36.
[173] 逯静洲，林皋. 人工神经网络技术在混凝土本构模型中的应用. 土木工程学报，2003(04)：38-42+48.
[174] 张勇强，林皋，阎东明. 混凝土早期强度的试验研究. 沈阳建筑工程学院学报(自然科学版)，2003(02)：85-89.
[175] 陈健云，林皋，胡志强. 考虑混凝土应变率变化的高拱坝非线性动力响应研究. 计算力学学报，2004(01)：45-49.
[176] 张运良，林皋，王永学，李志军，李广伟. 一种改进的动态载荷时域识别方法. 计算力学学报，2004(02)：209-215.
[177] 王哲，林皋. 无耦合条件下的多子系统静动态统一本构关系(下)——铝的双子系统静动态统一本构模型. 计算力学学报，2004(02)：231-235.
[178] 李建波，陈健云，林皋. 求解非均匀无限地基相互作用力的有限元时域阻尼抽取法. 岩土工程学报，2004(02)：263-267.
[179] 李建波，陈健云，林皋. 相互作用分析中地震动输入长周期校正研究. 大连理工大学学报，2004(04)：550-555.
[180] 朱彤，林皋，马恒春. 混凝土仿真材料特性及其应用的试验研究. 水力发电学报，2004(04)：31-37.
[181] 李建波，陈健云，林皋. 针对三维有限元数据场的精

确后处理算法. 计算机辅助设计与图形学学报, 2004(08): 1169-1175.
[182] 林皋, 胡志强. 拱坝横缝影响及有效抗震措施的研究. 世界地震工程, 2004(03): 1-8.
[183] 陈健云, 林皋, 李建波. 无限介质中波动散射问题时域求解的算法研究. 岩石力学与工程学报, 2004(19): 3330-3336.
[184] 逯静洲, 林皋, 李庆斌. 混凝土三轴循环本构关系的神经网络模拟. 烟台大学学报(自然科学与工程版), 2004(03): 205-211.
[185] 逯静洲, 林皋, 王哲. 混凝土经历荷载历史后损伤特性研究. 烟台大学学报(自然科学与工程版), 2004(04): 277-287.
[186] 张运良, 林皋, 李志军, 李广伟. 冰激柔性锥体振动实验研究. 大连理工大学学报, 2004(06): 877-882.
[187] 肖诗云, 林皋, 李宏男. 混凝土 WW 三参数率相关动态本构模型. 计算力学学报, 2004(06): 641-646.
[188] 林皋. 混凝土大坝抗震技术的发展现状与展望(Ⅰ). 水科学与工程技术, 2004(06): 1-3.
[189] 林皋, 胡志强, 陈健云. 考虑横缝影响的拱坝动力分析. 地震工程与工程振动, 2004(06): 45-52+72.
[190] 魏翠玲, 林皋, 关文阁, 吴平川, 韩晓斌. 基于柔度曲率差的桥梁健康诊断方法. 河北建筑科技学院学报, 2004(04): 39-41.
[191] 刘军, 闫东明, 林皋, 张业民, 陈健云. 直接拉伸状态

下混凝土动力损伤本构模型的研究. 辽宁工学院学报, 2004(06): 45-47+50.
[192] 逯静洲, 林皋, 李庆斌. 三轴加载条件下混凝土的神经网络本构模型. 工程力学, 2004(06): 21-25.
[193] 肖诗云, 李宏男, 杜荣强, 林皋. 应变率对拱坝地震反应的影响. 土木工程学报, 2005(08): 5-9+127.
[194] 闫东明, 林皋, 王哲, 张勇强. 不同应变速率下混凝土直接拉伸试验研究. 土木工程学报, 2005(06): 97-103.
[195] 李亮, 迟世春, 林皋. 引入和声策略的遗传算法在土坡非圆临界滑动面求解中的应用. 水利学报, 2005(08): 913-918+924.
[196] 闫东明, 林皋. 环境因素对混凝土强度特性的影响. 人民黄河, 2005(10): 61-62+79.
[197] 杜建国, 林皋. 地基刚度和不均匀性对混凝土大坝地震响应的影响. 岩土工程学报, 2005(07): 819-823.
[198] 闫晓荣, 林皋. 基于混凝土应力-应变关系的正交各向异性损伤模型及其应用. 水科学与工程技术, 2005(04): 39-43.
[199] 林皋. 混凝土大坝抗震技术的发展现状与展望(Ⅱ). 水科学与工程技术, 2005(01): 1-3.
[200] 林皋, 杜建国. 基于 SBFEM 的坝-库水相互作用分析. 大连理工大学学报, 2005(05): 723-729.
[201] 逯静洲, 林皋, 王哲, 肖诗云. 三向等压荷载历史后混凝土超声波探伤方法研究. 应用基础与工程科学学

报，2005(03)：96-102.
[202] 林皋，闫东明，肖诗云，胡志强．应变速率对混凝土特性及工程结构地震响应的影响．土木工程学报，2005(11)：1-8+63.
[203] 袁颖，林皋，柳春光，周爱红．遗传算法在结构损伤识别中的应用研究．防灾减灾工程学报，2005(04)：369-374.
[204] 闫东明，林皋．混凝土单轴动态压缩特性试验研究．水科学与工程技术，2005(06)：8-10.
[205] 李建波，林皋，陈健云．简便精确的有限元后处理可视化算法研究．大连理工大学学报，2005(01)：102-107.
[206] 张运良，林皋，王永学，李志军，李广伟．动冰力时域识别方法的试验验证．中国海洋平台，2005(01)：9-13.
[207] 丁丽娜，林皋，李博宁．结构高度对静力弹塑性分析结果的影响．世界地震工程，2005(01)：146-149.
[208] 金海，林皋，阳明盛．以应力为目标的拱坝体型优化线性规划模型．水利水运工程学报，2005(01)：8-14.
[209] 闫东明，林皋，王哲．变幅循环荷载作用下混凝土的单轴拉伸特性．水利学报，2005(05)：593-597.
[210] 李建波，林皋，陈健云，胡志强．结构-地基动力相互作用时域数值计算模型研究．地震工程与工程振动，2005(02)：169-176.
[211] 柳春光，林皋．桥梁结构 push-over 方法抗震性能研

究. 大连理工大学学报, 2005(03): 395-400.
[212] 闫东明, 林皋, 王哲, 张勇强. 不同环境下混凝土动态直接拉伸特性研究. 大连理工大学学报, 2005(03): 416-421.
[213] 李建波, 陈健云, 林皋. 无限地基-结构动力相互作用分析的分区递归时域算法研究. 工程力学, 2005(03): 88-96.
[214] 袁颖, 林皋, 周爱红, 闫东明. 一种结构损伤评估的两阶段法研究. 机械强度, 2005(02): 257-261.
[215] 任红梅, 林皋. 基于 SBFEM 的地下结构抗震分析. 安徽建筑工业学院学报(自然科学版), 2005(03): 28-31.
[216] 林皋, 崔鸣, 周晶. 红石拱桥损伤检测与识别. 大连理工大学学报, 2006(01): 63-68.
[217] 杜建国, 林皋, 钟红. 基于锥体理论的三维拱坝无限地基 SBFEM 模型. 水电能源科学, 2006(01): 25-29+98.
[218] 闫东明, 林皋, 刘钧玉, 袁颖. 定侧压下混凝土的双轴动态抗压强度及破坏模式. 水利学报, 2006(02): 200-204.
[219] 林皋. 混凝土大坝抗震安全评价的发展趋向. 防灾减灾工程学报, 2006(01): 1-12.
[220] 胡志强, 林皋, 陈万吉. 用 B-可微方程组求解接触问题的一种推广. 哈尔滨工业大学学报, 2006(02): 268-273.

[221] 闫东明，林皋．不同初始静态荷载下混凝土动态抗压特性试验研究．水利学报，2006(03)：360-364.

[222] 闫晓荣，林皋，陈健云．一种考虑横缝非线性的接触模型．中国农村水利水电，2006(03)：78-81+85.

[223] 李建波，陈健云，林皋．非网格重剖分模拟宏观裂纹体的扩展有限单元法(Ⅰ：基础理论)．计算力学学报，2006(02)：207-213.

[224] 闫东明，林皋．混凝土动态拉伸试验及其数据分析方法研究．哈尔滨工业大学学报，2006(04)：622-625+643.

[225] 杜荣强，林皋．混凝土动力损伤本构关系的基础理论及应用．哈尔滨工业大学学报，2006(05)：746-751.

[226] 袁颖，林皋，闫东明，周爱红．基于柔度投影法和遗传算法的结构损伤识别方法研究．振动与冲击，2006(03)：61-65+206.

[227] 冷飞，林皋．塑性流动法则的相关性．哈尔滨工业大学学报，2006(06)：934-936.

[228] 李建波，陈健云，林皋．非网格重剖分模拟宏观裂纹体的扩展有限单元法(Ⅱ：数值实现)．计算力学学报，2006(03)：317-323.

[229] 闫东明，林皋．混凝土动态性能试验研究现状及展望．水科学与工程技术，2006(04)：1-7.

[230] 闫东明，林皋．双向应力状态下混凝土的动态压缩试验研究．工程力学，2006(09)：104-108.

[231] 闫东明，林皋，刘钧玉，袁颖．不同环境下混凝土动态

抗压特性试验研究. 大连理工大学学报, 2006(05): 707-711.

[232] 杜荣强, 林皋, 胡志强. 混凝土重力坝动力弹塑性损伤安全评价. 水利学报, 2006(09): 1056-1062.

[233] 肖诗云, 李宏男, 杜荣强, 林皋. 混凝土四参数动态本构模型. 哈尔滨工业大学学报, 2006(10): 1754-1757+1785.

[234] 王建全, 林皋, 刘君. 三维块体接触判断方法的分析与改进. 岩石力学与工程学报, 2006(11): 2247-2257.

[235] 杜建国, 林皋, 胡志强. 非均质无限地基上高拱坝的动力响应分析. 岩石力学与工程学报, 2006(S2): 4104-4111.

[236] 钟红, 林皋, 李建波. 空间结构-地基动力相互作用数值分析时域算法研究. 大连理工大学学报, 2007(01): 78-84.

[237] 杜建国, 林皋. 基于比例边界有限元法的结构-地基动力相互作用时域算法的改进. 水利学报, 2007, 38(01): 8-14.

[238] 徐涛, 林皋, 唐春安, 胡志强, 朱万成. 拉伸载荷作用下混凝土蠕变-损伤破坏过程数值模拟. 土木工程学报, 2007(01): 28-33.

[239] 闫东明, 林皋, 徐平. 三向应力状态下混凝土动态强度和变形特性研究. 工程力学, 2007(03): 58-64.

[240] 闫东明, 林皋. 混凝土动力试验设备的发展现状与展望. 水科学与工程技术, 2007(01): 1-4.

[241] 闫东明，林皋. 单向恒定侧压下混凝土动态抗压特性试验研究. 爆炸与冲击，2007(27)：121-125.

[242] 刘军，林皋. 地震作用下大体积混凝土结构损伤发展估计. 大连理工大学学报，2007(02)：228-232.

[243] 袁颖，林皋，闫东明，周爱红. 基于残余力向量法和改进遗传算法的结构损伤识别研究. 计算力学学报，2007(02)：224-230.

[244] 杜建国，林皋. 比例边界有限元子结构法研究. 世界地震工程，2007(01)：67-72.

[245] 林皋，李建波，赵娟，梁正召. 单轴拉压状态下混凝土破坏的细观数值演化分析. 建筑科学与工程学报，2007(24)：1-6.

[246] 闫东明，林皋. 三向应力状态下混凝土强度和变形特性研究. 中国工程科学，2007(06)：64-70.

[247] 杜荣强，林皋，冷飞. 混凝土动力本构模型的基础理论与建模应用综述. 世界地震工程，2007(02)：5-11.

[248] 袁颖，林皋，周爱红，闫东明. 基于改进遗传算法的桥梁结构损伤识别应用研究. 应用力学学报，2007，No. 92(02)：186-190＋336.

[249] 李建波，景月岭，林皋，陈健云. 大跨径结构多点激励抗震分析的时频域数值转换算法. 沈阳建筑大学学报(自然科学版)，2007，No. 109(05)：756-759＋763.

[250] 李建波，林皋，陈健云，赵娟. 混凝土损伤演化的随机力学参数细观数值影响分析. 建筑科学与工程学报，2007，No. 82(03)：7-12.

[251] 闫东明，林皋．混凝土在动态双向压力作用下的强度和变形特性．岩土力学，2007，No．140(09)：2003-2008．

[252] 杜荣强，林皋．混凝土弹塑性多轴损伤模型及其应用．大连理工大学学报，2007(04)：567-572．

[253] 袁颖，林皋，周爱红，周海辉．基于不完备模态测试信息的结构损伤识别方法研究．大连理工大学学报，2007(05)：693-698．

[254] 陈健云，李建波，林皋，马秀平．结构-地基动力相互作用时域数值分析的显-隐式分区异步长递归算法．岩石力学与工程学报，2007，No．191(12)：2481-2487．

[255] 钟红，林皋，胡志强．有限元计算中疏密网格过渡方法研究．计算力学学报，2007(06)：887-891＋898．

[256] 李建波，林皋，陈健云．随机凹凸型骨料在混凝土细观数值模型中配置算法研究．大连理工大学学报，2008，6：869-874．

[257] 景月岭，李建波，林皋．结构动力数值分析的时频域转换算法研究．大连理工大学学报，2008，6：875-880．

[258] 李建波，林皋，陈健云．复杂轮廓实体内级配随机颗粒的受控填充算法．计算机辅助设计与图形学学报，2008，11：1521-1526．

[259] 林皋，任红梅．复杂不均匀地层中地下结构波动响应频域分析．大连理工大学学报，2008，1：105-111．

[260] 冷飞，林皋，杜荣强．基于热力学定律的混凝土本构

模型研究. 工程力学，2008，2：144-147+167.
[261] 刘钧玉，林皋，杜建国. 基于SBFEM的多裂纹问题断裂分析. 大连理工大学学报，2008，3：392-397.
[262] 林皋. 大坝抗震研究成果与应用. 中国科技奖励，2008，5：43.
[263] 杜建国，林皋，谢清粮. 大坝-地基动力相互作用研究中的几个问题. 水利与建筑工程学报，2008，3：1-4+17.
[264] 钟红，林皋，李建波，胡志强. 高拱坝地震损伤破坏的数值模拟. 水利学报，2008，7：848-853+862.
[265] 秦泗凤，柳春光，林皋，王会利. 基于改进ASPA法的高阶振型对桥墩抗震性能的影响评价. 中国公路学报，2008，5：57-62.
[266] 刘钧玉，林皋，范书立，杜建国，胡志强. 裂纹面受荷载作用的应力强度因子的计算. 计算力学学报，2008，5：621-626.
[267] 林皋. 土石坝抗震发展现状与评述. 岩土工程学报创刊30周年纪念文集，2008.
[268] 林皋. 汶川大地震中大坝震害与大坝抗震安全性分析. 大连理工大学学报，2009，5：657-666.
[269] 杜建国，林皋，谢清粮. 一种新的求解坝面动水压力的半解析方法. 振动与冲击，2009，3：31-34+45+197.
[270] 刘钧玉，林皋，胡志强，李建波. 裂纹内水压分布对重力坝断裂特性的影响. 土木工程学报，2009，3：132-

141.
[271] 杜建国，林皋，谢清粮. 无限地基中断层对混凝土大坝地震响应的影响. 长江科学院院报，2009，26(3)：40-43.
[272] 钟红，林皋，陈健云. 一种用于有限元疏密过渡的新型十三节点单元. 哈尔滨工业大学学报，2009，41(4)：219-221.
[273] 杜荣强，林皋，章青，陈士海，李云锋，王海超. 大岗山高拱坝强地震作用下损伤破坏分析. 计算力学学报，2009，26(3)：347-352.
[274] 闫东明，林皋，徐平，赵凤遥. 混凝土双轴动态试验及其数据处理方法. 哈尔滨工业大学学报，2009，41(6)：160-163.
[275] 王钰睫，林皋，胡志强. 拱梁分载法计算模型的改进和实现. 水科学与工程技术，2009，3：10-14.
[276] 杜建国，林皋，张洪海. 结构-地基相互作用研究的回顾与展望. 工业建筑，2009，39(S1)：791-796.
[277] 刘钧玉，林皋，李建波，胡志强. 重力坝动态断裂分析. 水利学报，2009，40(9)：1096-1102.
[278] 林皋. 汶川大地震中大坝震害与大坝抗震安全性分析. 大连理工大学学报，2009，49(5)：657-666.
[279] 刘钧玉，林皋，胡志强. 重力坝-地基-库水系统动态断裂分析. 工程力学，2009，26(11)：114-120.
[280] 朱秀云，李建波，林皋，钟红. 基于谐响应的核电厂地基动阻抗数值求解算法. 建筑科学与工程学报，2009，

26(3)：65-70.
[281] 杜建国，林皋，谢清粮. 一种新的求解坝面动水压力的半解析方法. 振动与冲击，2009，28(3)：31-34＋45＋197.
[282] 张锐，迟世春，林皋. 高土石坝地震加速度分布特征三维分析. 水电能源科学，2010，28(4)：83-85.
[283] 杜荣强，林皋，陈士海，李云峰. 强地震作用下高拱坝的破坏分析. 水利学报，2010，41(5)：567-574.
[284] 钟红，林皋. 高拱坝地震损伤破坏的并行计算研究. 计算力学学报，2010，27(2)：218-224.
[285] 冷飞，林皋. 基于热力学的混凝土塑性和粘塑性本构模型研究. 大连理工大学学报，2010，50(3)：386-392.
[286] 李建波，肖琴，林皋. 高耸塔体结构抗震设计的动力相互作用模型研究. 世界地震工程，2010，26(2)：7-12.
[287] 闫东明，林皋. 影响混凝土动态性能的因素分析. 世界地震工程，2010，26(2)：30-36.
[288] 付兵，李建波，林皋，陈健云. 基于真实骨料形状库的混凝土细观数值模型. 建筑科学与工程学报，2010，27(2)：10-17.
[289] 钟红，林皋，李红军，陈健云. 拱坝地震破坏的模型试验与数值模拟. 水力发电学报，2010，29(4)：148-153＋183.
[290] 林皋，刘军，胡志强. 混凝土损伤类本构关系研究现

状与进展. 大连理工大学学报, 2010, 50(6): 1055-1064.

[291] 李建波, 林皋, 朱秀云, 钟红, 闫东明. 核电厂楼层谱抗震计算的场地模型及其影响分析. 核动力工程, 2010, 31(4): 91-95.

[292] 丰茂东, 李建波, 林皋, 刘智光. 随机力学参量对混凝土细观损伤演化的影响. 建筑科学与工程学报, 2010, 27(4): 1-6.

[293] 朱朝磊, 李建波, 林皋. 基于SBFEM任意角度混合型裂纹断裂能计算的J积分方法研究. 土木工程学报, 2011, 44(4): 16-22.

[294] 王娜丽, 钟红, 林皋. FRP片材表面加固混凝土重力坝坝踵抗震性能数值模拟. 水利水电技术, 2011, 42(2): 12-16.

[295] 刘俊, 林皋, 李建波. 超高压输电线路工频电场分析的比例边界有限元方法. 水电能源科学, 2011, 29(3): 155-158.

[296] 刘钧玉, 林皋, 胡志强. 裂纹面荷载作用下多裂纹应力强度因子计算. 工程力学, 2011, 28(4): 7-12.

[297] 刘燕军, 林皋, 李建波, 钟红. 计算核电厂楼层反应谱的直接法及其对比分析. 世界地震工程, 2011, 27(2): 93-99.

[298] 孙利, 钟红, 林皋. 高速铁路地震预警系统现状综述. 世界地震工程, 2011, 27(3): 89-96.

[299] 胡志强, 林皋, 王毅, 刘俊. 基于Hamilton体系的弹

性力学问题的比例边界有限元方法. 计算力学学报, 2011, 28(4): 510-516.

[300] 李伟东, 林皋, 李建波. 频率波数域内层状地基动力柔度的精细求解. 防灾减灾工程学报, 2011, 31(5): 512-516.

[301] 李晓燕, 钟红, 林皋. 地震作用下混凝土重力坝破坏过程与破坏形态数值仿真. 水利学报, 2011, 42(10): 1209-1217.

[302] 林皋. 核电工程结构抗震设计研究综述(Ⅰ). 人民长江, 2011, 42(19): 1-6.

[303] 林皋. 核电工程结构抗震设计研究综述(Ⅱ). 人民长江, 2011, 42(21): 1-6.

[304] 方宏远, 林皋, 张蓓. 基于辛方法模拟探地雷达电磁波在道路结构层中的传播. 华东公路, 2011, 6: 6-8.

[305] 朱秀云, 李建波, 林皋, 胡志强. 基于SBFEM的核电厂地基动阻抗数值求解算法研究. 核动力工程, 2011, 32(S1): 48-53.

[306] 刘俊, 林皋, 王复明, 李建波. 静电场分析的比例边界有限元法. 大连理工大学学报, 2011, 51(5): 731-736.

[307] 李建波, 林皋, 钟红, 胡志强. 核电结构设计中参数不确定性对楼层谱计算影响分析. 大连理工大学学报, 2011, 51(5): 725-730.

[308] 钟红, 林皋, 李红军. 拱坝_无限地基系统非线性地震超载分析. 大连理工大学学报, 2011, 51(1): 96-102.

[309] 刘俊，林皋，李建波. 波浪与外圆弧开孔壁双圆筒柱的相互作用. 力学学报，2012，44(1)：174-178.

[310] 钟红，李晓燕，林皋. 基于破坏形态的重力坝地震易损性研究. 大连理工大学学报，2012，52(1)：60-65.

[311] 张勇，林皋，刘俊，胡志强. 波导本征问题的等几何分析方法. 应用力学学报，2012，29(2)：113-119+235.

[312] 张勇，林皋，胡志强. 比例边界等几何分析方法Ⅰ：波导本征问题. 力学学报，2012，44(2)：382-392.

[313] 王娜丽，钟红，林皋. 混凝土重力坝FRP片材表面加固抗震性能研究. 防灾减灾工程学报，2012，32(2)：138-144.

[314] 尹训强，李建波，林皋. DSEM时域数值模型求解关键影响因素分析. 大连理工大学学报，2012，52(2)：246-252.

[315] 张勇，林皋，刘俊，徐喜荣. 等几何分析法应用于偏心柱面静电场问题. 电波科学学报，2012，27(1)：177-183+212.

[316] 林皋，李建波，钟红，胡志强. 考虑地震动不确定性的核电厂楼层反应谱分析. 大连理工大学学报，2012，52(3)：387-392.

[317] 林皋，韩泽军，李伟东，李建波. 多层地基条带基础动力刚度矩阵的精细积分算法. 力学学报，2012，44(3)：557-567.

[318] 刘军，林皋. 适用于混凝土结构非线性分析的损伤本构模型研究. 土木工程学报，2012，45(6)：50-57.

[319] 孙天夫，林皋，李建波，于雅鑫. 粘弹性阻尼器对网架结构振动疲劳寿命的影响. 噪声与振动控制，2012，32(3)：55-58+77.

[320] 林皋，刘俊. 波浪对双层圆弧型贯底式开孔介质防波堤的绕射. 哈尔滨工程大学学报，2012，33(5)：539-546.

[321] 刘俊，林皋，李建波. 带双层开孔外筒的圆筒结构的水动力特性研究. 物理学报，2012，61(12)：8-21.

[322] 张勇，林皋，胡志强，刘俊. 基于等几何分析方法求解任意截面波导本征问题. 计算物理，2012，29(4)：534-542.

[323] 景月岭，林皋，李建波. 多次各向异性散射模式对S波能量密度包络曲线的影响. 地球物理学报，2012，55(6)：1993-2003.

[324] 张勇，林皋，胡志强，钟红. 基于等几何分析的比例边界有限元方法. 计算力学学报，2012，29(3)：433-438.

[325] 韩泽军，林皋，钟红. 改进的比例边界有限元法求解层状地基动力刚度矩阵. 水电能源科学，2012，30(7)：100-104.

[326] 方宏远，林皋，张蓓. 求解电磁波在层状有耗介质中反射和透射的精细积分方法. 大连理工大学学报，2012，52(5)：707-712.

[327] 屈威，钟红，林皋. 基于LabVIEW的多通道高铁桥梁振动测试系统的搭建. 仪表技术与传感器，2012，8:

15-18.
[328] 方宏远，林皋，张蓓，李晓龙. 基于改进粒子群算法的路面厚度反演分析. 中外公路，2012，32(4)：81-84.
[329] 尹训强，李建波，林皋. 基于 UPFs 的三维紧支粘弹性边界单元. 世界地震工程，2012，28(3)：95-100.
[330] 李锋，童伟，李建波，林皋. 重力坝抗震安全评价中有限元梁杆体系新模型的适用性. 世界地震工程，2012，28(3)：5-10.
[331] 林皋，韩泽军，李建波. 多层地基条带基础动力刚度矩阵的精细积分算法. 力学学报，2012，44(03)：557-567.
[332] 刘俊，林皋，李建波. 短峰波与双层开孔圆筒柱相互作用的数值分析. 计算力学学报，2012，29(5)：646-653.
[333] 张勇，林皋，胡志强，徐喜荣. 基于移动相似中心的比例边界有限元方法. 计算力学学报，2012，29(5)：726-733.
[334] 张勇，林皋，胡志强，徐喜荣. 等几何分析方法求解静电场非齐次边值问题. 电波科学学报，2012，27(5)：997-1004+1063-1064.
[335] 刘钧玉，林皋，胡志强，李建波，张勇. 结构-地基相互作用的频域计算模型. 大连理工大学学报，2012，52(6)：850-854.
[336] 闫喜，李建波，林皋. 高性能比例边界有限元场地动力模型研究. 水电能源科学，2012，30(10)：97-100+

213.
[337] 韩泽军，林皋. 三维层状地基动力刚度矩阵连分式算法. 大连理工大学学报，2012，52(6)：862-869.
[338] 张勇，林皋，刘俊，胡志强. 静电场问题的等几何分析方法. 大连理工大学学报，2012，6：870-877.
[339] 林皋，韩泽军，李建波. 层状地基任意形状刚性基础动力响应求解. 力学学报，2012，44(6)：1016-1027.
[340] 王娜丽，钟红，林皋. FRP在混凝土重力坝抗震加固中的应用研究. 水力发电学报，2012，31(6)：186-191.
[341] 尹训强，李建波，林皋. 基于UPFs的三维紧支粘弹性边界单元. 世界地震工程，2012，28(3)：95-100.
[342] 林皋，刘俊. 波导本征问题分析的比例边界有限元方法. 计算力学学报，2013，30(1)：1-9.
[343] 方宏远，林皋. 基于辛算法模拟探地雷达在复杂地电模型中的传播. 地球物理学报，2013，56(2)：653-659.
[344] 林皋，刘俊，李建波. 短峰波与圆弧型贯底式多孔介质防波堤相互作用研究. 大连理工大学学报，2013，53(1)：82-89.
[345] 尹训强，李建波，林皋，胡志强. 基于ANSYS平台的阻尼溶剂抽取法及其工程应用. 工程力学，2013，30(3)：98-105.
[346] 张勇，林皋，胡志强. 等几何分析方法中重控制点问题的研究与应用. 工程力学，2013，30(2)：1-7.

[347] 孔宪京，林皋．核电厂工程结构抗震研究进展．中国工程科学，2013，15(4)：62-74.
[348] 王峰，林皋，郑保敬，刘俊，李建波．带源参数热传导问题的基于滑动 Kriging 插值的 MLPG 法．力学季刊，2013，34(2)：175-180.
[349] 李伟东，林皋，祝红山．对偶体系下层状地基动柔度精细解法．工业建筑，2013，43(9)：92-95+164.
[350] 刘常亮，尹训强，林皋，李建波，胡志强．基于 ANSYS 平台的高速列车-轨道-桥梁时变系统地震响应分析．振动与冲击，2013，32(21)：58-64.
[351] 王毅，林皋，胡志强．考虑库水特性的重力坝动水压力求解．沈阳工业大学学报，2014，36(1)：114-120.
[352] 王峰，林皋，郑保敬，胡志强，刘俊．基于滑动 Kriging 插值的无网格 MLPG 法求解结构动力问题．振动与冲击，2014，33(4)：27-31.
[353] 王毅，林皋，胡志强．基于 SBFEM 的竖向地震重力坝动水压力算法研究．振动与冲击，2014，1：183-187+193.
[354] 林皋．大坝抗震分析中地震动输入方式研究．人民长江，2014，45(23)：35-38.
[355] 杨林青，韩泽军，林皋．多层地基上相邻基础动力相互作用求解．工业建筑，2014，44(S1)：746-751.
[356] 王峰，林皋，郑保敬，刘俊．非线性热传导问题的基于滑动 Kriging 插值的 MLPG 法．大连理工大学学报，2014，54(3)：339-344.

[357] 秦帆，李建波，林皋，朱秀云. 核电楼层谱不确定性分析的并行算法研究. 水电能源科学，2014，32(9)：112-115.

[358] 朱秀云，潘蓉，林皋，胡勐乾. 基于荷载时程分析法的钢筋混凝土与钢板混凝土墙冲击响应对比分析. 振动与冲击，2014，33(22)：172-177.

[358] 屈迪，林皋，李建波，尹训强. 近车站地铁运行引起的环境振动的实验与分析. 防灾减灾工程学报，2014，34(2)：173-179.

[360] 朱秀云，潘蓉，林皋，李亮. 基于 ANSYS/LS-DYNA 的钢板混凝土墙冲击实验的有限元分析. 爆炸与冲击，2015，35(2)：222-228.

[361] 陈白斌，李建波，林皋. 基于 X-SBFEM 的裂纹体非网格重剖分耦合模型研究. 工程力学，2015，35(3)：15-21.

[362] 朱秀云，潘蓉，林皋，李亮. 基于荷载时程分析法的商用飞机撞击钢板混凝土结构安全壳的有限元分析. 振动与冲击，2015，34(1)：1-5.

[363] 蒋新新，李建波，林皋，刘俊，周小侃. 利用 ANSYS 瞬态分析直接进行结构静-动力分析的一种方法. 计算机应用，2014，34(S1)：338-340.

[364] 袁颖，周爱红，林皋. 并联复合隔震体系的地震耗能机制和能量响应分析，世界地震工程，2014，30(02)：36-42.

[365] 钟红，暴艳利，林皋. 基于多边形比例边界有限元的

重力坝裂缝扩展过程模拟，水利学报，2014，45(S1)：30-37.
[366] 陈白斌，李建波，林皋. 无需裂尖增强函数的扩展比例边界有限元法. 水利学报，2015，46(04)：489-496+504.
[367] 暴艳利，钟红，林皋，基于多边形比例边界有限元的重力坝地震断裂模拟. 水电能源科学，2015，33(04)：72-75+42.
[368] 尹训强，李建波，林皋. 无限地基相互作用力时域求解的阻尼溶剂逐步抽取法. 工程力学，2015，32(09)：20-26.
[369] 韩泽军，林皋，李建波. 二维层状地基格林函数的求解. 土木工程学报，2015，48(10)：99-107.
[370] 李建波，李志远，秦帆. 林皋核电楼层谱参数不确定性影响的评价方法研究. 核动力工程，2015，36(06)：70-74.
[371] 薛冰寒，林皋，胡志强，庞林. 摩擦接触问题的比例边界等几何 B 可微方程组方法. 力学学报，2016，48(03)：615-623.
[372] 李建波，林皋，常向东，李志远. 核电厂核岛场址非均质特征与抗震分析模型研究. 人民长江，2016，47(01)：73-78.
[373] 李建波，李志远，林皋. 层状地基上核电结构抗震分析与应用. 地震研究，2016，39(1)：28-33+179.
[374] 林皋，庞林. 大坝结构静动力分析的精细化模型. 地

震研究，2016，39(1)：1 9+179.
[375] 宋建希，李建波，林皋. 层状场址自由场动力分析的等价线性法研究. 电子学报，2016，44(1)：200-205.
[376] 王峰，林皋，刘俊，李建波. 基于面片拼接的等几何分析方法求解波导本征值问题. 电子学报，2016，44(01)：200-205.
[377] 李志远，李建波，林皋. 核岛近区域复杂场地的波动场动力特性研究. 地震工程与工程振动，2016，36(01)：18-23.
[378] 李建波，牛翔，林皋. 基于长周期谱值特征的人工地震波初筛与预校正研究. 大连理工大学学报，2016，56(02)：127-131.
[379] 韩泽军，林皋，周小文. 三维横观各向同性层状地基任意点格林函数求解. 岩土工程学报，2016，38(12)：2218-2225.
[380] 韩泽军，林皋，周小文，李建波. 横观各向同性层状地基上埋置刚性条带基础动力刚度矩阵求解. 岩土工程学报，2016，38(06)：1117-1124.
[381] 庞林，林皋，钟红. 比例边界等几何方法在断裂力学中的应用. 工程力学，2016，33(07)：7-14.
[382] 尹训强，李建波，王桂萱，林皋. 复杂非均质场地条件下核岛厂房结构地震响应分析研究. 土木工程学报，2016，49(8)：53-60+83.
[383] 李建波，陈白斌，林皋. 基于水平集算法的扩展比例边界有限元法研究，工程力学，2016，33(8)：8-14

[384] 朱秀云，林皋，潘蓉，路雨. 基于荷载时程分析法的钢板混凝土结构墙的抗冲击性能敏感性分析. 爆炸与冲击，2016，36(5)：670-679.

[385] 李建波，梅润雨，林皋，张鹏冲. 基于人工透射边界的核电厂结构抗震分析. 核动力工程，2016，37(05)：24-28.

[386] 林皋，李鹏，刘俊，张勇，王峰. 基于裁剪造型的等几何分析方法求解波导本征值问题. 电子学报，2016，44(10)：2548-2555.

[387] 李建波，牛翔，林皋. 楼层谱人工时程波的拟合算法及技术. 工业建筑，2016，46(10)：6-8.

[388] 庞林，林皋，李建波，薛冰寒. 比例边界有限元分析侧边界上施加不连续荷载的问题. 水利学报，2017，48(02)：246-251.

[389] 薛冰寒，林皋，胡志强，张勇. 求解摩擦接触问题的IGA-B可微方程组方法. 工程力学，2016，33(10)：35-43.

[390] 王峰，周宜红，郑保敬，林皋. 基于滑动Kriging插值的MLPG法求解结构非耦合热应力问题. 应用数学和力学，2016，37(11)：1217-1227.

[391] 庞林，林皋，张勇，王峰，李建波. 热传导问题的比例边界等几何分析. 计算力学学报，2016，33(06)：807-812.

[392] 薛冰寒，林皋，庞林，胡志强. 热传导问题的比例边界等几何Mortar方法. 工程热物理学报，2016，37

(12): 2645-2652.
[393] 周磊，钟红，李建波，林皋，李忠诚，陈金凤. 按不同标准设计的CPR1000安全壳内压易损性分析. 工业建筑，2017，47(01): 16-20.
[394] 林皋. 大坝抗震分析与安全评价. 水电与抽水蓄能，2017，3(02): 14-27.
[395] 朱秀云，林皋，潘蓉. 基底隔震对核电站反应堆厂房的地震响应影响分析. 原子能科学技术，2017，51(04): 706-712.
[396] 钟红，林皋，李红军. 坝基界面在非线性水压力驱动下的非线性断裂过程模拟. 工程力学，2017，34(04): 42-48.
[397] 林皋，地下结构地震响应的计算模型. 力学学报，2017，49(03): 528-542.
[398] 王峰，周宜红，林皋，赵春菊，郑保敬. 二维稳态热传导问题改进的EFG-SBM法. 工程热物理学报，2017，38(06): 1288-1299.
[399] 牛智勇，胡志强，林皋. 考虑法向初始抗拉强度和切向抗剪强度变化的拱坝横缝模型研究. 水电与抽水蓄能，2017，3(03): 71-77.
[400] 薛冰寒，林皋，胡志强. 基于非重叠Mortar方法的比例边界等几何分析. 计算力学学报，2017，34(04): 447-452.
[401] 傅兴安，李建波，林皋. 基于X-SBFEM的非线性断裂数值模型研究. 大连理工大学学报，2017，57(05):

494-500.

[402] 庞林，林皋. 缝水压力和裂缝面接触条件对重力坝裂缝扩展影响. 计算力学学报，2017，34(5)：535-540.

[403] 梅润雨，李建波，林皋. 具有隔震构造的安全壳飞机撞击耦合动力响应模拟分析. 工程力学，2017，34(11)：202-209.

[404] 王峰，周宜红，林皋，赵春菊，何卫平. 二维静电场问题的面片拼接等几何分析方法研究. 电子学报，2018，46(02)：456-463.

[405] 韩泽军，林皋，周小文，杨林青. 横观各向同性层状地基动应力响应的求解与分析. 岩土力学，2018，39(06)：2287-2294.

[406] 王妍，林皋. 三维层状路面结构动力响应的混合变量法. 岩土工程学报，2018，40(12)：2231-2240

[407] 李志远，李建波，林皋，韩泽军. 基于子结构法的成层场地中沉积河谷的散射分析. 岩土力学，2018，39(09)：3453-3460.

[408] 李志远，李建波，林皋，韩泽军. 饱和层状地基条形基础动刚度的精细积分算法. 工程力学，2018，35(06)：15-23.

[409] 李志远，李建波，林皋. 局部复杂场地 Rayleigh 波传播特性分析的 SBFEM 模型研究. 岩土力学，2018，39(11)：4242-4250.

[410] 王峰，林皋，周宜红，赵春菊，周华维. 非均质材料的扩展无单元 Galerkin 法模拟. 工程力学，2018，35

(08)：14-20+66.
[411] 李建波，梅润雨，于梦，林皋．具有隔震构造的核电站安全壳在强烈地震和大型商用飞机撞击下的振动响应分析．工程力学，2018，35(09)：81-88
[412] 李建波，侯禹君，林皋．基于量纲转换的SBFEM基础动刚度连分式求解改进．人民长江，2018，49(19)：87-93.
[413] 李志远，李建波，林皋．各向异性对半圆形河谷散射影响的数值分析．计算力学学报，2019，36(01)：117-123.
[414] 王峰，郑保敬，林皋，周宜红，范勇．热弹性动力学耦合问题的插值型移动最小二乘无网格法研究．工程力学，2019，36(04)：37-43+51.
[415] 林皋，张鹏冲．板结构计算模型的新发展．计算力学学报，2019，36(04)：429-440.
[416] 王峰，林皋，李洋波，吕从聪．非均质材料热传导问题的扩展无单元伽辽金法．华中科技大学学报(自然科学版)，2019，47(12)：116-120.
[417] 杨林青，韩泽军，林皋，周小文，潘宗泽．横观各向同性层状地基上任意形状刚性基础动力响应求解与分析．岩土工程学报，2020，42(07)：1257-1267.
[418] 李志远，钟红，胡志强，林皋．局部褶皱对层状地基马蹄形孔洞散射的影响分析。工程力学，2020，37(08)：237-245.
[419] 李艳朋，李建波，林皋．库底吸收对重力坝动力响应

的影响分析. 水力发电学报, 2021, 40(03): 145-154.

[420] 朱秀云, 林皋, 路雨, 潘蓉. 大型商用飞机撞击钢板混凝土结构安全壳的有限元分析. 原子能科学技术, 2021, 55(03): 510-517.

[421] 李艳朋, 李建波, 林皋. 坝体-地基-库水系统的动力有限元分析及其应用. 水力发电, 2021, 47(04): 51-55.

[422] 林皋, 李志远, 李建波, 复杂地基条件下土-结构动力相互作用分析. 岩土工程学报, 2021, 43(09): 1573-1580.

英文期刊论文

[1] Lin Gao, Sun Ke-ming, Lou Meng-lin. A simplified method for the dynamic analysis of shell structures. Communications in Applied Numerical Methods, 1988 (04): 243-249.

[2] Lin Gao, Zhou Jing, Fan Chui-yi. Dynamic model rupture test and safety evaluation of concrete gravity dams. Dam Engineering, 1993, 4(2): 173-186.

[3] Gao Lin, Cong-shan Qi, Hong-tao Zhou. An analytical approach of the fictitious crack model for concrete. Engineering Fracture Mechanics, 1994, 47(2): 269-280.

[4] Zhou J., Lin G., Zhu T. Jefferson A. D., Williams F. W. Experimental investigations into seismic failure of high arch dams. Journal of Structural Engineering,

2000, 126(8): 926-935.

[5] Zhang Yun-liang, Lin Gao, Li Zhi-jun, Wang Yong-xue. Application of DDA approach to simulation of ice breaking process and evaluation of ice force acting on a structure. China Ocean Engineering, 2002, 03: 273-282.

[6] Lin G. , Lu J. , Wang Z. , Xiao S. Study on the reduction of tensile strength of concrete due to triaxial compressive loading history. Magazine of Concrete Research, 2002, 54(2): 113-124.

[7] Liu Jun, Kong Xian-jing, Lin Gao. Formulations of the three-dimensional discontinuous deformation analysis method. Acta Mechanica Sinica, 2004, 30(3): 270-282.

[8] Lin Gao, Hu Zhi-qiang. Earthquake safety assessment of concrete arch and gravity dams. Earthquake Engineering and Engineering Vibration, 2005, 4(2): 251-264.

[9] Wang Jian-quan, Lin Gao, Liu Jun. Static and dynamic stability analysis using 3D-DDA with incision body scheme. Earthquake Engineering and Engineering Vibration, 2006, 5(2): 273-283.

[10] Yan Dong-ming, Lin Gao. Dynamic properties of concrete in direct tension. Cement and Concrete Research, 2006, 36(7): 1371-1378.

[11] Yan Dong-ming, Lin Gao. Effect of initial static load on the rate-sensitive behavior of concrete in compression. Key Engineering Materials, 2006, 45(326-328): 1109-1112.

[12] Liu Jun-yu, Lin Gao. Evaluation of stress intensity factors subjected to arbitrarily distributed tractions on crack surfaces. China Ocean Engineering, 2007, 02: 293-303.

[13] Jin Hai, Lin Gao, Yang Ming-sheng. Bin-objective shape optimization based on linear programming model of arch dam. Journal of Harbin Institute of Technology, 2007, 03: 436-439.

[14] Lin Gao, Yan Dong-ming, Yuan Ying. Response of concrete to dynamic elevated-amplitude cyclic tension. ACI Materials Journal, 2007, 104(6): 561-566.

[15] Lin Gao, Du Jian-guo, Hu Zhi-qiang. Earthquake analysis of arch and gravity dams including the effects of foundation inhomogeneity. Frontiers of Structural and Civil Engineering, 2007, 1(1): 41-50.

[16] Lin Gao, Du Jian-guo, Hu Zhi-qiang. Dynamic dam-reservoir interaction analysis including effect of reservoir boundary absorption. Science in China Series E-Technological Sciences, 2007, 50(1): 1-10.

[17] D. Yan, G. Lin. Dynamic behavior of concrete in biaxial compression. Magazine of Concrete Research,

2007, 59(1): 45-52.

[18] Yan Dong-ming, Lin Gao. Influence of initial static stress on the dynamic properties of concrete. Cement & Concrete Composites, 2008, 30(4): 327-333.

[19] Zhong Hong, Lin Gao. An efficient time-domain damping solvent extraction algorithm and its application to arch dam-foundation interaction analysis. Communications in Numerical Methods in Engineering, 2008, 24(9): 727-748.

[20] Yan Dong-ming, Lin Gao, Chen Gen-da. Dynamic properties of plain concrete in triaxial stress state. Aci Materials Journal, 2009, 106(1): 89-94.

[21] Leng Fei, Lin Gao. Dissipation-based consistent rate-dependent model for concrete. Acta Mechanica Solida Sinica, 2010, 23(2): 147-155.

[22] Xiao Shi-yun, Li Hong-nan, Lin Gao. 3D consistency dynamic constitutive model of concrete. Earthquake Engineering and Engineering Vibration, 2010, 9(2): 233-246.

[23] Liu Jun, Lin Gao. An elastoplastic-anisotropic damage model for concrete. Advances in Building Materials, 2011(261-263): 371-375.

[24] Liu Jun, Lin Gao, Li Jian-bo. Scaled boundary finite element method for analysis of power frequency electric field of EHV transmission lines. Water Resources

and Power, 2011, 29(3): 155-158.

[25] Zhong, Hong, Lin, Gao, Li Xiao-yan. Seismic failure modeling of concrete dams considering heterogeneity of concrete. Soil Dynamics and Earthquake Engineering, 2011, 31(12): 1678-1689.

[26] Liu Jun, Lin, Gao, Fu, Bing. The use of visco-elasto-plastic damage constitutive model to simulate nonlinear behavior of concrete. Acta Mechanica Solida Sinica, 2011, 24(5): 411-428.

[27] Liu Jun, Lin Gao, Li Jian-bo. Short-crested waves interaction with a concentric porous cylinder system with partially porous outer cylinder. China Ocean Engineering, 2012, 26(2): 217-234.

[28] Lu Shan, Liu Jun, Lin Gao. Research of high performance scaled boundary finite element dynamic model. Water Resources and Power, 2012, 30(10): 97-100, 213.

[29] Liu Jun, Lin Gao, Li Jian-bo. Short-crested waves interaction with a concentric cylindrical structure with double-layered perforated walls. Ocean Engineering, 2012, 40: 76-90.

[30] Fang Hong-yuan, Lin Gao. Symplectic partitioned Runge-Kutta methods for two-dimensional numerical model of ground penetrating radar. Computers & Geosciences, 2012, 49: 323-329.

[31] Lin Gao, Wang Yi, Hu Zhi-qiang. An efficient approach for frequency-domain and time-domain hydrodynamic analysis of dam-reservoir systems. Earthquake Engineering & Structural Dynamics, 2012, 41(13): 1725-1749.

[32] Liu Jun, Lin Gao, Li Jian-bo. Analysis of quadruple corner-cut ridged square waveguide using a scaled boundary finite element method. Applied Mathematical Modelling, 2012, 36(10): 4797-4809.

[33] Zhang Yong, Lin Gao, Hu Zhi-qiang, Liu Jun. Isogeometric analysis for elliptical waveguide eigenvalue problems. Journal of Central South University, 2013, 1: 105-113.

[34] Wang Feng, Lin Gao, Zheng Bao-jing, Hu Zhi-qiang. An improved local radial point interpolation method for transient heat conduction analysis. Chinese Physics B, 2013, 6: 131-138.

[35] Liu Jun, Lin Gao, Zhong Hong. An elastoplastic damage constitutive model for concrete. China Ocean Engineering, 2013, 2: 169-182.

[36] Yin Xunqiang, Li Jianbo, Wu Chenglin, Lin Gao. ANSYS implementation of damping solvent stepwise extraction method for nonlinear seismic analysis of large 3-D structures. Soil Dynamic and Earthquake Engineering, 2013, 44:139-152.

[37] Liu Jun-yu, Lin Gao, Li Xiao-chuan, Xu Feng-lin. Evaluation of stress intensity factors for multiple cracked circular disks under crack surface tractions with SBFEM. China Ocean Engineering, 2013, 3: 417-426.

[38] Lin Gao, Zhu Chao-lei, Li Jian-bo, Hu Zhi-qiang. Dynamic crack propagation analysis using scaled boundary finite element method. Transactions of Tianjin University, 2013, 6: 391-397.

[39] Li Jian-bo, Liu Jun, Lin Gao. Dynamic interaction numerical models in the time domain based on the high performance scaled boundary finite element method. Earthquake Engineering And Engineering Vibration, 2013, 12(4): 541-546.

[40] Lin Gao, Jing Yue-ling, Li Jian-bo. High frequency S wave envelope synthesis using a multiple nonisotropic scattering model: Application to aftershocks from the 2008 Wenchuan earthquake. Earthquake Engineering and Engineering Vibration, 2013, 12(2): 185-194.

[41] Zhu Chao-lei, Lin Gao, Li Jian-bo. Modelling cohesive crack growth in concrete beams using scaled boundary finite element method based on super-element remeshing technique. Computers & Structures, 2013, 121: 76-86.

[42] Liu Jun, Lin Gao. Numerical modelling of wave inter-

action with a concentric cylindrical system with an arc-shaped porous outer cylinder. European Journal of Mechanics B-Fluids, 2013, 37: 59-71.

[43] Liu Jun, Lin Gao. Scaled boundary FEM solution of short-crested wave interaction with a concentric structure with double-layer arc-shaped perforated cylinders. Computers & Fluids, 2013, 79: 82-104.

[44] Fang Hong-yuan, Lin Gao, Zhang Rui-li. The first-order symplectic euler method for simulation of GPR wave propagation in pavement structure. IEEE Transactions on Geoscience and Remote Sensing, 2013, 51 (1): 93-98.

[45] Wang Yi, Lin Gao, Hu Zhi-qiang. Novel nonreflecting boundary condition for an infinite reservoir based on the scaled boundary finite-element method. Journal of Engineering Mechanics, 2015, 141(5).

[46] Lin Gao, Han Ze-jun, Zhong Hong. A precise integration approach for dynamic impedance of rigid strip footing on arbitrary anisotropic layered half-space. Soil Dynamics and Earthquake Engineering, 2013, 49: 96-108.

[47] Liu Jun, Lin Gao. A scaled boundary finite element method applied to electrostatic problems. Engineering Analysis with Boundary Elements, 2013, 36 (12): 1721-1732.

[48] Lin Gao, Han Ze-jun, Li Jian-bo. An efficient approach for dynamic impedance of surface footing on layered half-space. Soil Dynamics And Earthquake Engineering, 2013, 49: 39-51.

[49] Lin Gao. History and progress of seismic analysis and safety evaluation of high dams. Seismic Safety of Dams in China, Chinese National Committee on Large Dams, Beijing, China, 2014, 5: 85-219.

[50] Lin Gao, Zhang Yong, Hu Zhi-qiang, Zhong Hong. Scaled boundary isogeometric analysis for 2D elastostatics. Science China-Physics Mechanics & Astronomy, 2014, 57(2): 286-300.

[51] Lin Gao, Han Ze-jun, Soil-structure interaction analysis on anisotropic stratified medium. Geotechnique, 2014, 64 (7):570-580.

[52] Zhong Hong, Qu Di, Lin Gao, Li Hong-jun. Application of sensor networks to the measurement of subway-induced ground-borne vibration near the station. International Journal of Distributed Sensor Networks, 2014(11): 1-10.

[53] Jing, Yueling, Yuehua Zeng, and Gao Lin. High-frequency seismogram envelope inversion using a multiple nonisotropic scattering model: Application to aftershocks of the 2008 Wells earthquake. Bulletin of the Seismological Society of America, 2014, 104(2): 823-

839.

[54] Hong Zhong, Ooi, Ean Tat, Chongmin Song, Tao Ding, Gao Lin, Hongjun Li. Experimental and numerical study of the dependency of interface fracture in concrete-rock specimens on mode mixity. Engineering Fracture Mechanics. 2014, 124: 287-309

[55] Shan Lu, Jun Liu, and Gao Lin. High performance of the scaled boundary finite element method applied to the inclined soil field in time domain. Engineering Analysis with Boundary Elements. 2015, 56: 1-19.

[56] Gao Lin, Jun Liu, Jianbo Li, Zhiqiang Hu, A scaled boundary finite element approach for sloshing analysis of liquid storage tanks. Engineering Analysis with Boundary Elements. 2015, 56: 70-80.

[57] Gao Lin, Zejun Han, and Jianbo Li. General formulation and solution procedure for harmonic response of rigid foundation on isotropic as well as anisotropic multilayered half-space. Soil Dynamics and Earthquake Engineering. 2015, 70: 48-59.

[58] Jianbo Li, Xing'an Fu, Baibin Chen, Chenglin Wu, Gao Lin. Modeling crack propagation with the extended scaled boundary finite element method based on the level set method. Computers & Structures, 2016, 167: 50-68.

[59] Zejun Han, Gao Lin, Jianbo Li, Dynamic impedance

functions for arbitrary-shaped rigid foundation embedded in anisotropic multilayered soil. Journal of Engineering Mechanics, 2015,141 (11): 04015045.

[60] Gao Lin, Shan Lu, and Jun Liu. Duality system-based derivation of the modified scaled boundary finite element method in the time domain and its application to anisotropic soil. Applied Mathematical Modelling. 2016, 40: 5230-5255.

[61] Pengchong Zhang, Jun Liu, and Gao Lin. Axisymmetric solutions for the multi-layered transversely isotropic piezoelectric medium. Applied Mathematics and Computation, 2016, 290: 355-375.

[62] Gao Lin, Lin Pang, Zhiqiang Hu, Yong Zhang. Improving accuracy and efficiency of stress analysis using scaled boundary finite elements. Engineering Analysis with Boundary Elements, 2016, 67: 26-42.

[63] Gao Lin, Shan Lu, Jun Liu. Transmitting boundary for transient analysis of wave propagation in layered media formulated based on acceleration unit-impulse response. Soil Dynamics and Earthquake Engineering, 2016, 90: 494-509.

[64] Jun Liu, Pengchong Zhang, Gao Lin, Wang Wenyuan, Shan Lu. Solutions for the magneto-electro-elastic plate using the scaled boundary finite element method. Engineering Analysis with Boundary Ele-

ments, 2016, 68: 103-114.

[65] Jianbo Li, Gao Lin, Jun Liu, Zhiyuan Li. Research on the attribution evaluating methods of dynamic effects of various parameter uncertainties on the in-structure floor response spectra of nuclear power plant. Earthquake Engineering and Engineering Vibration, 2017, 16(1): 47-54.

[66] Peng Li, Gao Lin, Jun Liu, Yang Zhou, Bin Xu. Solution of steady-state thermoelastic problems using a scaled boundary representation based on nonuniform rational B-splines. Journal of Thermal Stresses, 2018, 41(2): 222-246.

[67] Lin Pang, Gao Lin, and Zhiqiang Hu. A refined global-local approach for evaluation of singular stress field based on scaled boundary finite element method. Acta Mechanica Solida Sinica, 2017, 30(2): 123-136.

[68] Zejun Han, Gao Lin, and Jianbo Li. Dynamic 3D foundation-soil-foundation interaction on stratified soi. International Journal of Structural Stability and Dynamics, 2017, 17(3): 1750032.

[69] Gao Lin, Zejun Han, Shan Lu, Jun Liu. Wave motion equation and the dynamic Green's function for a transverse isotropic multilayered half-space. Soils and Foundations, 2017, 57(3): 397-411.

[70] Gao Lin, Peng Li, Jun Liu, Pengchong Zhang. Tran-

sient heat conduction analysis using the NURBS-enhanced scaled boundary finite element method and modified precise integration method. Acta Mechanica Solida Sinica. 2017, 30(5): 445-464.

[71] Binghan Xue, Gao Lin, and Zhiqiang Hu. Scaled boundary isogeometric analysis for electrostatic problems. Engineering Analysis with Boundary Elements. 2017, 85: 20-29.

[72] Gao Lin, Pengchong Zhang, Jun Liu, Jianbo Li. Analysis of laminated composite and sandwich plates based on the scaled boundary finite element method. Composite Structures, 2018, 187: 579-592.

[73] Lei Zhou, Jianbo Li, Hong Zhong, Gao Lin, Zhongcheng Li. Fragility comparison analysis of CPR1000 PWR containment subjected to internal pressure. Nuclear Engineering and Design. 2018, 330: 250-264.

[74] Gao Lin, BingHan Xue, and Zhiqiang Hu. A mortar contact formulation using scaled boundary isogeometric analysis. Science China Physics, Mechanics & Astronomy, 2018, 61(7): 074621.

[75] Gao Lin, Zhiyuan Li, and Jianbo Li, A substructure replacement technique for the numerical solution of wave scattering problem. Soil Dynamics and Earthquake Engineering, 2018, 111: 87-97.

[76] Gao Lin, Zhi-yuan Li, Jian-bo Li, Wave scattering and diffraction of subsurface cavities in layered half-space for incident SV, -P and SH waves. International Journal for Numerical and Analytical Methods in Geomechanics, 2019, 44(2): 239-260.

[77] Wen Bin Ye, Zhongcheng Li, Jun Liu, QuanSheng Zang, Gao Lin. Higher order semi-analytical solution for bending of angle-ply composite laminated cylindrical shells based on three-dimensional theory of elasticity. Thin-Walled Structures, 2019, 145: 106392.

[78] Quan Sheng Zang, Jun Liu, Long Yu, Gao Lin. Boundary element analysis of liquid sloshing characteristics in axisymmetric tanks with various porous baffles. Applied Ocean Research, 2019, 93: 101963.

[79] Zhiyuan Li, JianBo Li, Gao Lin. Dynamic response of arbitrarily shaped foundation embedded in multilayered partially saturated half-space. International Journal of Geomechanics, 2019, 19(11): 040191-1～11.

[80] Quansheng Zang, Hongyuan Fang, Jun Liu, Gao Lin. Boundary element model for investigation of the effects of various porous baffles on liquid sloshing in the two dimensional rectangular tank. Engineering analysis with boundary elements, 2019, 108: 484-500.

[81] Wenbin Ye, Jun Liu, Hongyuan Fang, Gao Lin. High-performance analysis of the interaction between

plate and multi-layered elastic foundation using SBFEM-FEM. Composite Structures, 2019, 214: 1-11.

[82] Zhi-yuan Li, Jian-bo Li, Gao Lin. A precise radiation boundary method for dynamic response of a double-layered tunnel embedded in a layered half-space. Journal of Applied Geophysics, 2019, 162: 93-107.

[83] Jianbo Li, Runyu Mei, Yougang Wang, Gao Lin, Rong Pan. Vibration analysis of third generation nuclear power plant considering soil-structure-interaction effect under the impact of large commercial aircraft. The Structural Design of Tall and Special Buildings, 2020, 29(16): 1-25.

[84] Jun Liu, Wenbin Ye, Quansheng Zang, Gao Lin. Deformation of laminated and sandwich cylindrical shell with covered or embedded piezoelectric layers under compression and electrical loading. Composite Structures, 2020, 240: 112041

[85] Wenbin Ye, Jun Liu, Hongyuan Fang, Gao Lin. Numerical solutions for magneto-electro-elastic laminated plates resting on Winkler foundation or elastic half-space. Computers and Mathematics with Applications, 2020, 79(8): 2388-2410.

[86] Gao Lin, Wenbin Ye, Zhiyuan Li, Jun Liu. Analysis of spherical shell structure based on SBFEM. Engineering Computations, 2020, 37(6): 2035-2050.

[87] Wenbin Ye, Jun Liu, Quansheng Zang, Gao Lin. Investigation of bending behavior for laminated composite magneto-electro-elastic cylindrical shells subjected to mechanical or electric/magnetic loads. Computers & Mathematics with Applications, 2020, 80(7): 1839-1857.

[88] Jun Liu, Quansheng Zang, Wenbin Ye, Gao Lin. High performance of sloshing problem in cylindrical tank with various barrels by isogeometric boundary element method. Engineering Analysis with Boundary Elements, 2020, 114: 148-165.

[89] Quansheng Zang, Jun Liu, Lu Lu, Gao Lin. A NURBS-based isogeometric boundary element method for analysis of liquid sloshing in axisymmetric tanks with various porous baffles. European Journal of Mechanics - B/Fluids, 2020, 81: 129-150.

[90] Zang Quansheng, Jun Liu, Yang Zhou, Gao Lin. On investigation of liquid sloshing in cylindrical tanks with single and multiply-connected domains using isogeometric boundary element method. Journal of Pressure Vessel Technology, 2020, 143(2): 021402.

[91] Yanpeng Li, Zhiyuan Li, Zhiqiang Hu, Gao Lin. Coupled FEM/SBFEM investigation on the characteristic analysis of seismic motions of a trapezoidal canyon in a layered half-space. Engineering Analysis with Bounda-

ry Elements, 2021, 132: 248-262.

[92] Zhao Yin, Jing Zhang, Fan Yang, WenBin Ye, Gao Lin. An efficient scaled boundary finite element approach in bending and bucking analysis of functionally graded piezoelectric plates. Engineering Analysis with Boundary Elements, 2021, 132: 168-181.

[93] Xiuyun Zhu, Rong Pan, Jianbo Li, Gao Lin, Study of isolation effectiveness of nuclear reactor building with three-dimensional seismic base isolation. Engineering Computations, 2021, 39(4): 1209-1233.

[94] Quansheng Zang, Jun Liu, Wenbin Ye, Gao Hangduo, Gao Lin. Plate-bending analysis by NURBS-based scaled boundary finite-element method. Journal of Engineering Mechanics, 2021, 147(9): 040210-1～18.

[95] Xiuyun Zhu, Jianbo Li, Gao Lin, Rong Pan. Influence of vertical equivalent damping ratio on seismic isolation effectiveness of nuclear reactor building. Energies, 2021, 14(15): 4602.

[96] Xiuyun Zhu,, Jianbo Li, Gao Lin, Rong Pan, Liang Li. Sensitivity analysis of steel-plate concrete containment against a large commercial aircraft. Energies, 2021, 14(10): 2829.

[97] Jun Liu, Congkuan Hao, Wenbin Ye, Fan Yang, Gao Lin. Free vibration and transient dynamic response of

functionally graded sandwich plates with power-law nonhomogeneity by the scaled boundary finite element method. Computer Methods in Applied Mechanics and Engineering, 2021, 376(4): 113665.

[98] Quansheng Zang, Jun Liu, Wenbin Ye, Gao Lin. Isogeometric boundary element method for steady-state heat transfer with concentrated/surface heat sources. Engineering Analysis with Boundary Elements, 2021, 122(12): 202-213.

[99] Yanpeng Li, Zhiqiang Hu, Zhiyuan Li, Gao Lin, Lei Zhou. Practical technique for analysing free-field response of horizontally layered viscoelastic half-space excited by vertically travelling seismic waves. Soil Dynamics and Earthquake Engineering, 2021, 151: 106968.

[100] Zhao Yin, Hangduo Gao, Gao Lin. Bending and free vibration analysis of functionally graded plates made of porous materials according to a novel the semi-analytical method. Engineering Analysis with Boundary Elements, 2021, 133: 185-199.

[101] Xiuyun Zhu, Gao Lin, Rong Pan, Jianbo Li. Design and analysis of isolation effectiveness for three-dimensional base-seismic isolation of nuclear island building. Nuclear Engineering and Technology, 2021, 54 (1): 374-385.

[102] Quansheng Zang, Jun Liu, Wenbin Ye, Gao Lin. Isogeometric boundary element for analyzing steady-state heat conduction problems under spatially varying conductivity and internal heat source. Computers & Mathematics with Applications, 2021, 80(7): 1767-1792.

附录五 林皋指导的研究生(硕士生、博士生、博士后)名单

博士毕业生(截至2023年3月)

毕业年份	博士毕业生
1985	楼梦麟
1986	周晶
1987	孙克明,陶建人,王复明,曹亚林,黄建波
1988	吴再光,马震岳
1989	栾茂田,何子干
1990	孔宪京,郭学莽,张瑞丰,关飞,李庆斌,刘鹏程
1991	翟奇愚,齐聪山,李俊杰,孙造占
1992	李彤
1993	李炳奇,陈怀海,刘文廷
1994	梁青槐
1996	申爱国,张忠义,周洪涛
1997	陈健云
1999	秦学志
2000	闫石
2002	肖诗云,刘永军,张运良,肖晓春,逯静洲
2004	朱彤,胡志强,金海
2005	李建波

（续表）

毕业年份	博士毕业生
2006	袁颖，闫东明，杜荣强，王建全，秦理曼，李亮，王建有
2007	杜建国，范书立，刘金云
2008	张锐，刘钧玉，冷飞，钟红，秦泗凤，贾宇峰，李红军
2009	郭晓霞，唐世斌，相彪
2012	刘军，刘俊，方宏远
2013	景月岭，张勇，王毅，尹训强
2014	朱朝磊，韩泽军
2015	王峰
2017	庞林，卢珊，张鹏冲
2018	薛冰寒，李鹏
2019	李志远
2020	梅润雨
2022	叶文斌
2023	臧全胜

硕士毕业生（截至 2023 年 3 月）

毕业年份	硕士毕业生
1981	楼梦麟，周晶，蒋永光，周永平，杨继华
1982	张瑞丰，刘廉纯
1983	孔宪京，黄显利，孙克明，陶建人
1984	邢伯晨

（续表）

毕业年份	硕士毕业生
1985	唐达
1986	王海波
1987	高扬
1988	董继辉，连伟良，孙造占
1989	冯明辉，魏翠玲
1990	范建朋
1991	尹放林
1992	邵宇
1993	周洪涛
1994	张大为
1995	王世杰
1996	李兴武
1997	王晓辉，王巍
1998	胡志强
1999	李静
2001	孔令刚，齐同军
2002	方明霁，鞠连义
2003	丁丽娜，张勇强，李建波
2004	崔鸣，刘军，张惠敏
2005	任鸿梅，韩雪，闫晓荣
2006	赵娟
2007	张栋

（续表）

毕业年份	硕士毕业生
2008	肖琴
2009	王鈺睫，朱秀云，仇兆明
2010	丁锦铭，逄俊杰，丰茂东，刘燕军，付兵
2011	李伟东，李晓燕，孙利，徐朝阳，郑利涛
2012	屈威，孙天夫，王娜丽，李锋，闫喜
2013	沈炜，屈迪，徐建峰，刘常亮
2014	蒋新新，秦帆
2015	陈白斌，暴艳利
2016	张春潮，宋建希
2017	牛智勇，付兴安，迟恒
2018	谢宜静，付国涛，李广州
2019	郑帅杰，高欣，于过，于梦，丁英俊，周颖健
2020	修培伦，刘韦宏
2021	许新
2022	张海坤，杜梦洁

博士后（截至 2023 年 3 月）

出站年份	博士后
1990	吴再光
1992	李宏男
1995	王君杰

（续表）

出站年份	博士后
1997	韩林海
1998	迟世春
1999	李南生
2001	曾宪明
2003	柳春光
2010	徐涛
2019	李志远
2022	叶文斌

后 记

为撰写本书,我们与林皋院士的接触多了起来。年事已高的林皋院士依然如往常一样在科学研究和人才培养第一线工作,十分繁忙。为支持本项目的实施,他挤出了许多宝贵的时间,尽量地安排访谈、回忆、查询、核阅、补充、修改,等等,总是认真对待、一丝不苟地协助我们完成任务,让我们无比感动,深受教育。我们在资料采集与课题研究的过程中,除尽力投入大量时间和精力外,还有强烈的情感投入,这位平易近人、和蔼可亲的老科学家也深深地赢得了我们由衷的爱戴,当然这可归结为林皋院士的人格魅力。

大连理工大学建设工程学部原党委副书记、副部长王晶华副研究员为林皋院士传记写作的统筹协调做了大量工作。本书由大连理工大学原高等教育研究所副所长谢秉智教授主笔撰写,谢秉智教授之所以能够接受写作邀请,一为对林皋院士的敬仰,二为对高等教育研究的兴趣。他与林皋院士是同一时代的人,从 20 世纪 50 年代开始就同在学校工作,对历史事件、校情校史等耳熟能详。在深入钻研全部资料的基础上,寻着林皋院士学术成长的脉络,尤其注意其在各个时期、重要事件和关键节点上内心的想法和做法,准确、完整地还原其学术成长的历程,分析其学术思想形成、学术成就取得的过程及成因,以林皋院士为个案研究,探索科技人才成长的规律。在多次访谈、探讨的过程中,他们具有许多共同语言,交流甚深,内心产生共鸣。大连理工大学工程抗震研究所胡志强副教授,作为林皋院士的秘书和科研团队的成员之一,平时同林皋院士接触最为密切,不仅做了大量的资料采集工作,而且能够有效地与林皋院士及时沟通,依据相关材料编辑了本书的附录，并精心地为本书插入了珍贵的图片。研究小组成员配合十分默契，共同努力所取得的成果为本书的完成奠定了坚实的基础。

在资料收集和本书写作过程中，得到清华大学档案馆、大连理工大学档案馆、大连理工大学建设工程学部，以及各个时期与林皋院士有业务联系合作的诸多单位，林皋院士的朋友、同事和研究生的支持帮助，不能一一列举，在此一并致谢。

在本书付梓之际，把它呈现给读者之时，我们的心情仍然十分忐忑，主要原因还是林皋院士学术人生中的大事、要事极多，唯恐在记述中有不足或谬误之处，敬请指正。

林皋院士学术资料采集与课题研究小组